21世纪全国高等院校财经管理系列实用规划教材



# 财务分析学

主　编　张献英　王永刚
副主编　张秀清　何　亮　张　涛

北京大学出版社
PEKING UNIVERSITY PRESS

# 丛　书　序

我国越来越多的高等院校设置了经济管理类学科专业，这是一个包括经济学、管理科学与工程、工商管理、公共管理、农业经济管理、图书档案学6个二级学科门类和22个专业的庞大学科体系。2006年教育部的数据表明在全国普通高校中经济类专业布点1518个，管理类专业布点4328个。其中除少量院校设置的经济管理专业偏重理论教学外，绝大部分属于应用型专业。经济管理类应用型专业主要着眼于培养社会主义国民经济发展所需要的德智体全面发展的高素质专门人才，要求既具有比较扎实的理论功底和良好的发展后劲，又具有较强的职业技能，并且又要求具有较好的创新精神和实践能力。

在当前开拓新型工业化道路，推进全面小康社会建设的新时期，进一步加强经济管理人才的培养，注重经济理论的系统化学习，特别是现代财经管理理论的学习，提高学生的专业理论素质和应用实践能力，培养出一大批高水平、高素质的经济管理人才，越来越成为提升我国经济竞争力、保证国民经济持续健康发展的重要前提。这就要求高等财经教育要更加注重依据国内外社会经济条件的变化，适时变革和调整教育目标和教学内容；要求经济管理学科专业更加注重应用、注重实践、注重规范、注重国际交流；要求经济管理学科专业与其他学科专业相互交融与协调发展；要求高等财经教育培养的人才具有更加丰富的社会知识和较强的人文素质及创新精神。要完成上述任务，各所高等院校需要进行深入的教学改革和创新。特别是要搞好有较高质量的教材的编写和创新工作。

出版社的领导和编辑通过对国内大学经济管理学科教材实际情况的调研，在与众多专家学者讨论的基础上，决定编写和出版一套面向经济管理学科专业的应用型系列教材，这是一项有利于促进高校教学改革发展的重要措施。

本系列教材是按照高等学校经济类和管理类学科本科专业规范、培养方案，以及课程教学大纲的要求，合理定位，由长期在教学第一线从事教学工作的教师编写，立足于21世纪经济管理类学科发展的需要，深入分析经济管理类专业本科学生现状及存在问题，探索经济管理类专业本科学生综合素质培养的途径，以科学性、先进性、系统性和实用性为目标，其编写的特色主要体现在以下几个方面：

（1）关注经济管理学科发展的大背景，拓宽理论基础和专业知识，着眼于增强教学内容与实际的联系和应用性，突出创造能力和创新意识。

（2）体系完整、严密。系列涵盖经济类、管理类相关专业以及与经管相关的部分法律类课程，并把握相关课程之间的关系，整个系列丛书形成一套完整、严密的知识结构体系。

（3）内容新颖。借鉴国外最新的教材，融会当前有关经济管理学科的最新理论和实践经验，用最新知识充实教材内容。

（4）合作交流的成果。本系列教材是由全国上百所高校教师共同编写而成，在相互进行学术交流、经验借鉴、取长补短、集思广益的基础上，形成编写大纲。最终融合了各地特点，具有较强的适应性。

（5）案例教学。教材具备大量案例研究分析内容，让学生在学习过程中理论联系实际，特别列举了我国经济管理工作中的大量实际案例，这可大大增强学生的实际操作能力。

（6）注重能力培养。力求做到不断强化自我学习能力、思维能力、创造性解决问题的能力以及不断自我更新知识的能力，促进学生向着富有鲜明个性的方向发展。

作为高要求，财经管理类教材应在基本理论上做到以马克思主义为指导，结合我国财经工作的新实践，充分汲取中华民族优秀文化和西方科学管理思想，形成具有中国特色的创新教材。这一目标不可能一蹴而就，需要作者通过长期艰苦的学术劳动和不断地进行教材内容的更新才能达成。我希望这一系列教材的编写，将是我国拥有较高质量的高校财经管理学科应用型教材建设工程的新尝试和新起点。

我要感谢参加本系列教材编写和审稿的各位老师所付出的大量卓有成效的辛勤劳动。由于编写时间紧、相互协调难度大等原因，本系列教材肯定还存在一些不足和错漏。我相信，在各位老师的关心和帮助下，本系列教材一定能不断地改进和完善，并在我国大学经济管理类学科专业的教学改革和课程体系建设中起到应有的促进作用。

劉詩白

2007年8月

**刘诗白**　现任西南财经大学名誉校长、教授，博士生导师，四川省社会科学联合会主席，《经济学家》杂志主编，全国高等财经院校资本论研究会会长，学术团体“新知研究院”院长。

# 前　言

随着市场经济的迅猛发展，我国经济正处于一个新的发展阶段。财务管理作为经济管理的重要组成部分，对从业人员的职业素质提出了更高的要求。财务人员不仅要掌握专业基础知识，还要学会充分利用企业财务报表所展示的信息，对企业的投资价值、盈利能力和成长性等方面进行判断和评价。只有掌握财务分析的方法和技巧，才能使企业财务人员准确地进行财务预测、财务决策、财务预算和财务控制，充分发挥财务人员参与企业经营管理的职能，为报表使用者的经济决策提供重要依据。

财务分析是一门理论和实际紧密结合的、应用性极强的经济管理学科。本书紧紧围绕企业的经营活动和财务活动，深度跟进财务分析的理论前沿和新型实践，较系统地探讨了财务分析学的整体框架和重点领域，较深入地阐述了财务分析学的主要内容和重要方法，较全面地构建了现代财务分析理论和方法体系，旨在提高读者的财务分析水平和职业判断能力。

本书具有以下特点。

一是注重理论和实务相结合。在编写过程中，除了系统介绍理论知识以外，还结合例题和教学案例进行具体分析，在叙述时并不追求理论上的深度，而是以常见案例进行说明和具体分析，使读者容易接受，易于理解。

二是各章后均安排了综合练习题和实际操作训练，素材取材集中、新颖，贴近实际。重点强调分析问题的角度与方法，意在培养读者主动思考问题的习惯，并锻炼其独立判断的能力。

三是全书每一章开篇都设有导入案例，一方面希望引起读者对相关问题的关注和兴趣，另一方面也希望读者能够利用各章内容对所提案例进行进一步分析，以巩固所学知识。

本书由张献英担任第一主编，王永刚担任第二主编；张秀清、何亮、张涛担任副主编。本书共分10章，具体编写分工如下：第1章、第3章、第10章由张献英编写；第2章、第7章由王永刚编写；第4章、第6章由张涛编写；第5章、第9章由何亮编写；第8章由张秀清编写。张献英教授和王永刚老师对全书进行了修改和总纂。

编者学识和认识水平有限，对某些问题可能存在理解不透彻之处，本书虽经认真审阅，但不妥和错误之处在所难免，恳请广大读者和专家批评指正！

编　者

2012年6月

# 目　　录

# 第1章　财务分析概论

## 教学目标

通过本章的学习需要掌握财务分析的含义、财务分析的主要内容和作用；了解财务分析的起源、财务分析的主体与目的、财务分析与财务管理、财务会计之间的关系。

## 教学要求

| 知识要点 | 能力要求 | 相关知识 |
| --- | --- | --- |
| 财务分析的起源及含义 | 了解财务分析的起源<br>掌握财务分析的含义 | 财务分析的起源<br>财务分析的含义 |
| 财务分析的主体与目的 | 了解进行财务分析的主体<br>认知财务分析的目的 | 财务分析的主体<br>财务分析的目的 |
| 财务分析的主要内容 | 掌握财务分析的主要内容 | 偿债能力分析<br>盈利能力分析<br>营运能力分析<br>发展能力分析 |
| 财务分析与相关学科之间的关系 | 理解财务分析与财务管理、财务会计之间的关系 | 财务分析与财务管理、财务会计之间的关系 |

**导入案例**

有一家经济发展公司在向银行首次贷款的申请中，提出了一次性贷款4 200万元人民币的请求。银行信贷人员在对该公司进行信贷调查时发现，该公司上半年财务会计报表显示：公司注册资金4 950万元，总资产5.13亿元，其中对外债券投资总额近2.5亿元(占总资产比例大约为48.73%)，应收及预付款项近2亿元(占总资产比例大约为38.99%)，其余为固定资产和存货(占总资产比例大约为12.28%)。而其当时的负债总额中，长期借款与短期借款总额约2.45亿元，与公司同期的对外债权投资总额相差无几。由此，银行信贷人员初步猜测：该公司几乎没有自己的主要经营项目，而是可能存在通过挪用银行贷款，以更高的利率向其他企业转贷以获取利差收益的行为。

基于对该公司报表分析之后的这一猜测，信贷人员开始有针对性地对该公司的资金往来及其主要业务活动进行深入细致的调查，并最终证实了自己的推测。于是，在向银行负责人如实汇报分析与调研结果之后，银行基于信贷风险和资金安全的考虑，果断拒绝了该公司的贷款要求。

一年多之后，该公司由于受其债务链上某些企业经营不善的影响，导致资金链中断，资金无法如期收回，步入了清算的边缘。而这家银行由于分析得当，避免了一大笔不良贷款的产生，从而避免了国有资产的损失。

## 1.1 财务分析的起源与发展

财务分析是特定主体为实现一定目的，以企业或公司的财务报表及其他有关资料为依据，运用科学合理的方法，对企业的财务状况与弹性、经营成果与绩效、营运水平与效率、商业信用与风险、发展趋势与潜力，以及财务总体情况进行的系统化分析和专业性评价活动。

相关的探究发现，财务分析的理论与实务已有近百年的历史。一般认为，财务分析的初始形态是财务报表分析，产生于19世纪末20世纪初，是由美国银行界倡导的。当时，随着股份制企业的大量涌现和企业规模的不断扩大，银行等金融机构在企业筹资活动中的作用也在不断增强。伴随着金融风险的出现，无论是银行还是其他投资者，出于对自身投入资本安全性的考虑，都需要对企业的经营活动成本以及经营与财务风险进行深入分析，以便据此判断被投资主体的偿债能力和盈利能力，来决定最终投资与否。最初的财务分析主要是针对企业的偿债能力和信用程度进行调查分析，为银行的贷款决策提供依据。随着资本市场的形成，公司生产经营规模、筹资规模和投资规模的逐渐扩大，投资的收回或债务的偿还往往需要几年时间，因而投资者和债权人不得不分析企业的经营风险、获利能力、还本付息风险和筹资成本等问题，这促使他们扩大财务分析范围、深化财务分析内容。财务分析的范围不再局限于对财务报表数据的比较和分析，开始扩展到经营环境和股市行情的分析。

股份公司纷纷设立并发展起来以后，所有权与管理经营权分离下的受托经营管理责任关系得以确立且普遍存在，经营管理者为改进内部经营管理，增强公司的盈利能力与偿债能力，以取得投资者和债权人的信任与支持，他们需要并开发了内部财务分析，从而使财务分析由外部分析扩展到内部分析，分析主体由外部利害关系人扩展到内部经营管理者。

比如，日本的财务分析就经历了由信用分析到投资分析至经营分析等发展阶段。由此，财务分析从以银行等金融机构为主体的偿债及风险等信用分析，扩展到以企业的投资者为主体的收益及盈利等投资分析，进一步发展到以公司的经营管理者为主体的效率及发展等经营分析。在财务分析的主体、目的及内容，由单一化向多元化、简单化向复杂化的发展过程中，财务分析的方法自比较、比率的简单分析法向多因素、多变量的复杂分析法演变，财务分析的程序也从事后分析向事前、事中及事后相结合的全过程分析发展。与此同时，作为一个独立的学科和一门特定的科学，财务分析也不断发展且日臻完善。在理论与实务上，财务分析对经营决策起到了积极的指导和支持作用，且日益专业化、科学化，在有些国家还出现了专司财务分析的机构和人员，如美国的特许财务分析师(chartered financial analyst，CFA)形成了一个特定的职业，专门从事投资分析和信用分析，为现存及潜在的债权人及投资者服务。

**阅读案例 1-1**

百年巴林的倒闭

1763 年，弗朗西斯·巴林爵士在伦敦创建了巴林银行。这是世界上首家商业银行，由于经营灵活、富于创新，巴林银行很快就在国际金融领域获得了巨大的成功，被称为金融市场上的“金字塔”。

遗憾的是，1995 年 5 月 27 日，这家世界上最老牌的商业银行却破产了。10 天后，拥有 233 年历史的巴林银行，以 1 英镑的象征性价格被荷兰国际集团收购。

在解释巴林银行破产的原因时，人们总是习惯性地认为交易员尼克·里森要承担全部责任，他使巴林银行损失了 14 亿美元，从而使巴林银行的百年基业毁于一旦。

专业人士指出，除了银行内部控制的问题以外，巴林银行还有一个很典型的问题——董事长彼得·巴林不重视财务分析。在一次演讲中，他曾经说过这样一句话：“若以为揭露更多的资产负债表的数据，就能够增进对一个集团的了解，那真是幼稚无知了。”具有讽刺意味的是，他发表这番“高论”之后不到一年的时间，巴林银行就破产了。对此，巴林银行董事长付出了他自己都意想不到的代价，如果他增加对财务分析的重视程度，也许伪造的花旗银行 5 000 万英镑存款就会被发现，也许巴林银行的历史就会被重写。

## 1.2 财务分析的主体与目的

对于企业财务分析的内涵，有很多理解和认识。从分析的内容来看，财务分析既可以指对企业历史的财务状况和成果进行的分析，也可以指对企业将要实施的投资项目在财务方面进行评价和分析等。当然，从分析的主体来看，既可以指企业所有者和债权人的角度利用财务报表对企业财务状况进行分析，也可以指从企业内部管理者角度对企业过去一段时间整体与局部的财务状况进行分析，还可以指企业内部管理者从管理者的角度对企业整体或局部未来财务状况的预测分析。所以把握企业财务分析的内涵应从两个方面入手，即财务分析的主体和财务分析的基本内容。

财务分析的主体是指那些与企业有着现存或潜在的利益关系，为实现具体目的并基于特定需要，对企业进行财务分析的组织及个人。一般来说，财务分析的主体有企业的经营管理者、投资者、债权人、购销商、政府部门、中介机构及社会公众等。不同主体对企业进行财务分析，一般目的是总结过去业绩、衡量现时状况及预测未来走势，但其具体目的和各自需要却都不尽相同，因而分析与评价的角度(如局部或整体、短期或长期、结构或趋势、战略或策略等)和重点(如偿债能力、盈利能力、营运能力、发展能力等)也有所不同。

1. 经营管理者

在财产所有权与管理经营权分离的情况下，经营管理者受托从事管理经营，负有资产合理使用及资本保全增值之责，要有效地对企业进行计划与控制，需要进行财务分析，以支持其财务决策，改善经营管理，履行受托责任。

2. 投资者

基于现代企业理论与委托代理理论，投资者将企业作为一种投资工具，通过提供经济资财或财产作为财富之用以图回报。投资者要了解公司盈利情况与可能以及盈利趋势曲线的稳定性，且以委托者身份选聘和考评经营管理者，需要进行财务分析，以支持其投资决策、经理选择及股利政策安排。

3. 债权人

在企业成长过程中，债权人往往是主要的合作者，“银企”关系是极为重要的财务关系。债权人要了解企业的信用状况、风险情况及偿债保障，评价其流动性、风险性及盈利性，从而判断所提供资财的安全性与获取收益的可能性，需要进行财务分析，以支持其信贷决策。

**阅读案例 1-2**

## 新兴公司迥然不同的贷款结果

新兴公司由于业务拓展需要向银行申请贷款。银行立即委托财务人员小张对其财务状况进行分析。小张立即对公司的偿债能力进行测算，计算得出该企业的资产负债率为76%，负债比率偏高，说明企业债务负担很重，总体偿债能力很弱；若向其贷款，保证能够偿还的可能性较低。因此，银行根据小张分析的结果拒绝向新兴公司贷款。

新兴公司得知银行的决定之后，非常困惑，于是向银行了解贷款被拒绝的原因。得知是由于资产负债率过高后，新兴公司的财务人员老李就将公司的财务状况向银行进行了解释分析，重新计算了财务指标。银行在看了财务指标计算表和听了老李的解释之后，批准向新兴公司发放贷款。老李计算的企业该项财务指标计算见表1-1。

**表1-1 新兴公司财务指标计算表**

| 项　目 | 指标值 | 项　目 | 指标值 |
| --- | --- | --- | --- |
| 流动比率 | 2.25 | 总资产周转率 | 4.17 |
| 资产负债率 | 76% | 销售毛利率 | 26% |
| 已获利息倍数 | 52 | 销售净利率 | 8.3% |
| 应收账款周转率 | 26.5% | 资产净利率 | 11.5% |
| 流动资产周转率 | 12.2% | 净资产收益率 | 18.8% |
| 固定资产周转率 | 9.8% | | |

**案例分析：**

案例的关键在于老李不仅运用财务指标分析了公司的偿债能力，还对盈利能力也进行了分析，并从多个角度、运用多种指标将公司的财务状况详细地介绍给银行。从综合盈利指标分析和偿债指标分析，银行发现原来小张做出的结论是错误的。虽然该企业资产负债率较高，但是企业的短期偿债能力、资产管理效率和盈利能力都比较好，具有较强的偿债能力，于是和新兴公司签订了贷款合同，以支持企业的业务拓展。

4. 购销商

根据契约理论，现代企业是一系列契约的集合。在市场经济高度发达、信用关系普遍的存在的情况下，购销商(供应厂商与消费客户)是企业价值链中的两个主要节点，企业与之契约关系是基于利益的重要商业信用关系。它们要了解企业的信用状况、风险情况及履约程度，需要进行财务分析，以支持其购销决策。

5. 政府部门

政府部门，尤其是监管机构(如税务机关、审计机关等)要了解企业的财务实力、收入水平、就业状况、法规遵循及纳税情况等，需要进行财务分析，以支持其宏观决策。

6. 中介机构

经济社会越发展，中介服务越重要，企业与中介机构的关系也就越紧密。提供审计、评估、咨询等专门服务的中介机构，要了解企业的财务状况、经营成果、管理效率及发展趋势，需要进行财务分析，以支持其评价、估值、鉴定、诊断等业务及相关决策。

7. 社会公众

随着经济发展、企业成长及市场成熟，社会公众的市场意识不断增强，其理财与消费等行为也趋于理性。无论是投资者还是消费者，他们都要了解企业的财务状况、经营成果、成长潜力及售后服务等情况，需要进行财务分析，以支持其投资决策和消费选择。

## 1.3 财务分析的内容与作用

### 1.3.1 财务分析的内容

在财务分析产生和发展的过程中，财务分析的内容也日益充实和丰富，其分析方法不断得以改进和更新，逐步形成较为完善的财务分析框架及方法体系。

不同的主体基于不同的目的，分析的侧重点虽有所不同，但总的分析内容无外乎包括偿债能力分析、盈利能力分析、营运能力分析及发展能力分析。

1. 偿债能力分析

所谓偿债能力，是指企业对债权人权益或其担负的长短期债务的保障程度。它主要取决于企业资产的流动性及变现的可能性，即企业拥有或控制的可以转变为现金的资产数额、需要将资产变现的时间及资产变现价值，也取决于企业的紧急筹资能力。而这些又取决于企业的营运水平与管理效率，最终决定于资产配置及资金调度的能力。

2. 盈利能力分析

所谓盈利能力，是指企业获取收益及利润的可能性与对投资者回报的保障程度。它主要取决于企业获取的收益数额与构成、正常营业状况下核心业务的盈利及其持续性，也取决于企业的现金流量。而这些又取决于企业的营运水平与管理效率，最终决定于资产组合及资本利用的能力。

3. 营运能力分析

所谓营运能力，是指企业配置资产、调度资金及利用资本的有效程度与控制风险的可能性。它主要取决于企业的管理层资源及其配置效率，也取决于企业经营与财务的战略和策略。企业营运能力的高低，既影响其偿债能力与盈利能力，也影响其风险水平及发展潜力。此处的风险水平指企业在特定条件下于某一期间内，获取收益或发生损失或应付财务困境的可能性。

4. 发展能力分析

所谓发展能力，是指企业实现盈利、保持盈利的持续程度及价值增长的可能性。它主要取决于企业的科技水平与核心竞争力，也取决于财务弹性、经营绩效、管理风格、风险水平、资产规模，以及生命周期等。

上述 4 个方面是财务分析的主要内容，它们彼此独立，又相互影响，共同构成财务分析的基本框架。当然，不同主体根据自身的需要，其分析的侧重点不尽相同，分析内容也有所取舍或增减。

### 1.3.2 财务分析的作用

1. 财务分析是评价企业经营业绩及财务状况的重要依据

通过企业财务状况分析，可了解企业现金流量状况、营运能力、盈利能力、偿债能力，利于管理者及其相关人员客观评价经营者的经营业绩和财务状况，通过分析比较将可能影响经营成果和财务状况的微观因素和宏观因素、主观因素和客观因素加以区分，划清责任界限，客观评价经营者的业绩，促进经营管理者的管理水平更好地提高。根据财务状况的分析结果可监督企业贯彻执行国家方针、政策、法令，法规及税金、利润的完成及上缴情况。近些年我国改革不断深入，政府对企业的管理也已由微观管理转向宏观调控，因此，客观有效的财务分析数据对于国家相关部门制定经济政策及判断宏观经济运行情况有重要作用。

2. 财务分析是为债权人、投资者提供正确信息以实施决策的工具

企业的投资者可通过财务分析，了解企业获利和偿债能力，预测投资后的风险程度及收益水平，从而做出正确决策。近年计划经济向市场经济转化和发展的势头逐渐明显，作为企业投资主体也逐渐多元化，债权人已不仅只局限在国家银行。此种情况下，各方面潜在的债权人和投资者在决策上就会考虑到企业的经营现状，他们的信贷和投资等决策就需要通过考察企业的财务状况，对其进行分析，之后作出决策。因此，财务分析成为市场经济条件下满足各类债权人和投资者所需信息的重要分析方法。

3. 财务分析可为企业内部管理人员了解经营情况及方向、挖掘潜力、找出薄弱环节提供依据

为了提高经济效益、加强管理、提供可靠资料，企业的管理人员通过对其成本利润情况的了解，及时发现企业存在的问题，进而采取对应措施，改善其经营管理模式，使企业经济效益提高。

4. 财务分析可用于估价企业未来，是提高企业经济效益的有效方式

企业的经济效益从微观上看，与该公司的产品销售政策、存货管理政策以及资产周转速度等有很大关系，制定企业的销售政策如确定货款的回收期限，是否准予赊销产品等，需要对企业销售收入的增长状况和货款的回收情况及发生的成本进行比较分析；制定存货的管理政策如优化采购批量，确定合理的库存量等，要分析企业存货的周转速度和企业生产经营连续性对存货数量的要求以及市场存货供求情况；加速资本周转，保证资产的合理占用，提高资产的使用效益，就要分析资产的类型和资产的结构。做好这些工作都需要进行财务分析。财务分析对企业未来的估价，可为企业未来财务预测、财务决策和财务预算指明方向，可为企业进行财务危机预测提供必要的信息，可准确评估企业的价值及价值创造，这对于企业进行经营者绩效评价、资本经营和产权交易都是十分有益的。

5. 财务分析是实现企业理财目标的重要手段

企业理财的目标是实现企业价值最大化，财务分析是实现企业理财目标的重要手段。通过对企业财务状况进行分析，挖掘潜力，找差距，多方面揭露矛盾，找出未被利用的人力、物力资源，有效整合，促进企业经营活动朝健康方向，按照企业价值最大化目标运行。

## 1.4 财务分析与相关学科的关系

### 1.4.1 财务分析与财务管理之间的关系

在许多教材中，财务分析一直是作为财务管理的一个组成部分而存在的。就财务分析与财务管理的共同点来看，它们研究的都是公司的“财务”问题，都与公司的资金运动有关，因此，两者之间研究的最终对象是一致的，必然存在着内容上的密切联系。然而，“分析”与“管理”毕竟属于两个不同的概念，主要区别如下。

1. 研究问题的侧重点不同

财务分析侧重于对公司资本运营过程中所呈现的有关财务表现及其结果进行剖析，探讨其形成原因和内在联系及其影响；而财务管理则侧重于对公司资金运动的全过程，包括从资金的筹措到使用以及最终能够的分配去向等问题进行定量分析研究。

2. 采用的方式方法以及形成的研究结果不同

财务分析与财务管理在研究过程中都包含着静态分析和动态分析、定性分析与定量分析的模式。然而，在定量分析中，财务分析较多地采用了指标分析与统计分析的方法，如比较分析法、比率分析法、因素分析法等，着眼于分析问题，属于各有关方面决策的支持

系统；而财务管理则较多地采用了数学与统计模型、运筹学等方法，着眼于方案或项目的设定、评判与选择，属于管理决策系统。同时，财务分析的结果具有一定的确定性，是在公司会计与财务及其他经营管理相关资料的基础上进行的分析；而财务管理的一些结果可能是不确定的，因为它可能是基于某些预测或假设等基础而估算出来的。

3. 运用的主体不完全相同

进行财务分析的主体不仅包括公司内部的经营管理者、公司员工等，同时也包括公司外部诸如债权人、竞争对手及其他相关信息的使用者，而财务管理的主体则是以公司内部经营管理者为主。

### 1.4.2 财务分析与财务会计之间的关系

财务会计的基本职能是核算与监督，它通过对公司各项生产经营活动进行连续、系统的记录、分类、汇总、计算和总结，采用专门的会计处理方法，为各类使用者提供所需的财务与会计信息(包括财务报告)。而财务分析在很大程度上是建立在财务会计信息基础之上的，对财务会计所提供信息做进一步的加工与解析利用。可以这样说，财务会计是对公司有关资金运动行为的信息搜集汇总与粗加工，而财务分析则是基于这一信息来源之上的深加工。两者相辅相成，互为补充。其中，财务分析结果的正确与否，很大程度上取决于财务会计所提供信息的正确程度。

综上所述，财务分析是建立在财务管理、财务会计、运筹学、统计学、金融学等相关知识的基础之上的一门应用型学科，是财务管理、财务会计、经营活动分析、资本市场与金融管理分析、统计分析等相关知识与技能的综合应用。随着财务分析内容的充实与发展，财务分析理论体系将逐步扩展与完善，分析技术也将不断得到改进和发展。

## 本章小结

本章主要讲授了财务分析的产生与发展、财务分析的主体与目的以及财务分析的内容等基本内容。

财务分析是特定主体为实现一定目的，以企业或公司的财务报表及其他有关资料为依据，运用科学合理的方法，对企业的财务状况与弹性、经营成果与绩效、营运水平与效率、商业信用与风险、发展趋势与潜力，以及财务总体情况进行的系统化分析和专业性评价活动。财务分析产生于19世纪末20世纪初，其初始形态是财务报表分析；随后，财务分析逐渐发展成为一门独立的学科且日臻完善。

财务分析的主体是指与企业有着现存或潜在的利益关系，为实现具体目的并基于特定需要，对企业进行财务分析的组织及个人。一般包括企业经营管理者、投资者、债权人、购销商、政府部门、中介机构及社会公众等。不同主体对企业进行财务分析的具体目的和各自的需要不尽相同，因而分析与评价的角度(如局部或整体、短期或长期、结构或趋势、战略或策略等)和重点(如偿债能力、盈利能力、营运能力、发展能力等)也有所不同。

财务分析的内容包括偿债能力分析、盈利能力分析、营运能力分析及发展能力分析等。财务分析对企业内外信息使用者有十分重要的作用。财务分析与财务管理、财务会计既密切相关，又有所区别。

## 关键术语

财务分析　财务分析主体　偿债能力分析　盈利能力分析　营运能力分析　发展能力分析　定量分析　定性分析

## 思考与练习

一、 填空题

1. 财务分析的主要内容有________、________、________、和________。

2. 财务分析的主体有________、________、________、________、________、________和________。

3. 企业的偿债能力最终取决于________________________________________________________________。

4. 企业的发展能力取决于________________，也取决于财务弹性、经营绩效、管理风格、风险水平、资产规模、生命周期等。

二、 单项选择题

1. 财务分析开始于(　　)。

A. 投资者　　B. 银行界

C. 财务分析师　　D. 企业经理

2. 财务分析的对象是(　　)。

A. 财务报表　　B. 财务报告

C. 财务活动　　D. 财务效率

3. 企业投资者进行财务分析的根本目的是关心企业的(　　)。

A. 盈利能力　　B. 营运能力

C. 偿债能力　　D. 增长能力

4. 从企业债权人角度看，财务分析的最直接目的是(　　)。

A. 企业的盈利能力　　B. 企业的营运能力

C. 企业的偿债能力　　D. 企业的增长能力

5. 业绩评价属于(　　)范畴。

A. 会计分析　　B. 财务分析

C. 财务分析应用　　D. 综合分析

6. 企业资产经营的效率主要反映企业的(　　)。

A. 盈利能力　　B. 偿债能力

C. 财务分析应用　　D. 综合分析

7. 社会贡献率指标是(　　)利益主体最关心的指标。

A. 所有者　　B. 经营者

C. 政府管理者　　D. 债权者

三、 判断题

1. 财务分析的基础是会计报表，会计报表的基础是会计技术。　(　　)

2. 比率能够综合反映与比率计算相关的某一报表的联系，但给人们不保险的最终印象。　(　　)

3. 财务分析是在企业经济分析上形成的一门综合性、边缘性学科。　(　　)

4. 财务分析与财务管理的相同点在于二者都将财务问题做为研究的对象。（　　）

5. 前景分析就是预测分析。（　　）

6. 财务分析作为一个全面系统的分析体系，通常包括分析理论、分析方法、具体分析及分析应用。（　　）

7. 通过对企业经营目标完成情况的分析，可评价企业的盈利能力和资本保值、增值能力。（　　）

四、问答题

1. 如何看待财务分析的起源和发展?

2. 财务分析包括哪些内容?

3. 简述不同的财务分析主体进行财务分析的目的。

# 第2章 财务分析的基本程序及方法

## 教学目标

通过本章的学习需要了解财务分析的基本程序和原则，掌握财务分析的基本方法，认知财务分析的局限性。

## 教学要求

| 知识要点 | 能力要求 | 相关知识 |
|---|---|---|
| 财务分析的基本程序 | 理解和掌握财务分析的基本程序 | 财务分析的基本程序 |
| 财务分析的基本原则 | 理解和掌握财务分析的基本原则 | 财务分析的基本原则 |
| 财务分析的基本方法 | 认知和掌握进行财务分析的基本方法 | 比较分析法<br>比率分析法<br>趋势分析法<br>因素分析法 |
| 财务分析的局限性 | 理解和认知财务分析的局限性 | 财务分析的局限性 |

导入案例

近十几年来，我国上市公司的财务报告舞弊案件就未停止过。从20世纪90年代的琼民源、红光实业、东方锅炉，再到2000年之后的黎明股份、猴王股份、麦科特以及蓝田股份、银广夏风暴等，随着国家监管力度与查处力度的加强，越来越多的上市公司财务信息虚假事件显露冰山一角，也将上市公司财务报告舞弊问题推向公众舆论关注的焦点。

“风起云涌”的财务造假、“前赴后继”的报表陷阱，程度一个比一个严重，金额一个也比一个惊人，直接损害着广大中小投资者的切身利益。银广夏事件曝光之后，连续15个跌停板，受到损失的不仅是投资者的经济利益，同时也影响着社会公众对上市公司、中介机构，乃至整个资本市场的信心和支持。

2007年开始实施的新会计准则，将公允价值重新引入了计量公式。在客观反映企业真实资产价值和财务状况的同时，也让个别公司挖掘到一种粉饰报表业绩的新途径。这也就对报表信息的使用者正确理解企业盈利，特别是经常性的、可持续盈利能力提出了更高的要求。

企业通过财务报告向外界传递其有关财务状况、经营成果、资金流量等方面的信息，投资者借此进行相应的分析与投资决策，国家管理与监督部门借此对企业实行宏观管理与监督控制。然而，出于不同目的考虑，一些企业会想方设法绕过法律法规这根“高压线”，竭尽所能进行报表粉饰。甚至很多公司会铤而走险向外界提供虚假财务信息，也就是所谓的“对内一本真账，对外一本假账”。这些都严重损害着广大投资者的利益，给广大投资者带来了巨大的经济损失。

因此，广大投资者如何正确理解和利用企业对外提供的财务报表信息，识别企业优劣，预测企业未来，利用财务分析方法高效准确地分析财务报表就显得尤为重要。

（资料来源：金融界 http：//www.jrj.com.cn/）

## 2.1 财务分析的基本程序

虽然对于财务报表的分析是一个不断研究和探索的过程，具体分析程序和内容是根据分析目的个别设计的，不存在唯一的通用分析程序，但是分析过程的一般步骤仍具有一定程度的类似性。财务分析主要包括以下程序：

1. 明确财务分析目的

财务报表分析人必须先明确分析目的，这是财务分析工作的起点和关键。从分析者的角度来说，分析目的因人而异，是要评价企业经营业绩，是要进行投资决策，还是要制订未来经营策略，根据不同报表分析人将会有不同的选择。从分析性质来说有日常经营分析、定期总结分析、预测分析和检查分析。日常经营分析主要分析实际完成与企业目标的偏离情况；定期总结分析主要是对企业当期的生产经营及财务状况进行全面分析；预测分析是要弄清企业的发展前景；检查分析则一般是进行有关专题的分析研究。

2. 制定分析计划

在明确财务分析目的的基础上，要根据分析量的大小、分析问题的难度，制定出分析计划。制定分析计划的主要工作包括：根据分析目的确定需要回答的问题是什么；根据所需回答的问题确定主要的财务评价指标；确定分析时采用的技术方法；确定分析到什么层次为止；确定比较时采用的比较标准(同业、本企业历史或计划预算等)。财务分析计划是财务分析工作顺利进行的保证。

3. 收集数据信息资料

收集数据信息资料是保障分析质量和分析工作顺利进行的基础性程序。一般来说，收集资料是根据已经确定的范围收集分析所需要的资料，即在分析的技术性工作开始之前就应占有主要资料。

**阅读案例 2-1**

## 小孙的委屈

2006年年初，红光公司由于业务拓展需要，向银行申请长期贷款，并向银行提供了该公司根据2005年财务报表计算的一系列财务指标，主要包括流动比率、速动比率、资产负债率、负债对所有者权益比率、存货周转率、应收账款周转率和销售利润率。与此同时，公司董事会也要求财务部门上交2005年度财务分析资料，以便考查企业当年的财务状况和经营成果。财务人员小孙顺势做了一份财务分析报告，复印了两份，分别交给银行和董事会。结果，银行和董事会对财务分析报告都不满意，财务总监批评小孙业务能力差，不会做财务分析工作。小孙心里挺委屈：我将公司盈利能力、偿债能力和营运能力的主要指标都计算出来了，有什么不对吗?

小孙犯的是财务指标选择千篇一律的错误。向银行申请长期贷款，银行进行财务分析的目的就是考察企业的长期偿债能力，看贷款是否能及时、足额地收回。财务人员应该重点分析长期偿债能力指标，而小孙提供的指标中仅有资产负债率和负债对所有者权益比率这两个指标，不能使银行掌握企业的偿债能力状况，银行也就不会轻易发放贷款；再说董事会这边，董事会要了解企业的盈利状况，需要了解公司管理者是否能保证资源物尽其用，以保证投资报酬率的实现，而小孙提供的财务指标仅有销售利润率这一个指标，自然不能满足董事会的要求。

4. 核实并整理数据信息资料

核实数据信息资料是分析的一个重要环节，其目的是保证数据信息资料的真实、可靠和准确无误；整理数据信息资料就是分析人员根据分析目的进行选择和修正，使之变得易于理解和使用，以便提高财务分析工作的效率。

5. 选择适当的财务分析方法进行分析

财务分析方法的恰当与否，对分析的结果和分析的质量有重要影响。一般应根据分析的目标、内容选用适宜的财务分析方法。在分析过程中，对各项数据和原因要做出判断，整个分析过程就是判断过程。分析结束后，要对分析对象作出中肯评价，评价态度要鲜明，切忌模棱两可。

6. 进行财务预测与价值评估

财务分析既是一个财务管理循环的结束，又是另一个财务管理循环的开始。应用历史或现实财务分析结果预测未来财务状况与企业价值，是现代财务分析的重要任务之一。因此，财务分析不能仅满足事后分析原因，得出结论，而且要对企业未来发展及价值状况进行分析和评价。

7. 得出财务分析报告

将分析过程中得到的结果进行归纳整理，就形成财务分析报告。财务分析报告是财务分析的最后步骤，它将财务分析的基本问题、财务分析结论，以及针对问题提出的措施建议以书面形式表示出来，为财务分析主体及财务分析报告的其他受益者提供决策依据。财务分析报告作为对财务分析工作的总结，还可作为历史信息，以供后来的财务分析参考，保证财务分析工作的连续性。例如，该企业是否有投资价值、是否该为该企业提供贷款、企业收益水平上升的原因是什么等。对于专业财务分析人员来说，自己不是决策者，他们在分析完成后，还需要给委托人或上级主管出具一份论据充分、表述清楚、分析透彻的分析报告供决策者使用。分析报告不仅仅要表达最终结论，还应包括分析的过程。分析过程的中间信息，对于决策者来说是至关重要的，它可以使决策者获得对该企业或其某一方面的具体认识。

## 2.2 财务分析的基本原则

1. 目的明确原则

财务分析的过程，就是为信息使用者解决问题的过程，解决什么问题要明确，也就是分析的目的要明确。分析目的决定了分析所需要的资料、步骤、程序和方法。分析目的不明确，将无法进行财务分析。

2. 客观真实原则

财务分析者应该做到从实际出发，坚持实事求是，反对主观臆断和结论先行，不搞数字游戏。因此在进行财务分析时，应对财务报表的相关数据进行必要的核实，确保数据的真实和完整；另外，分析者还不应当带有明显的倾向性。否则，永远都不可能得出正确的分析结论。

3. 全面分析原则

进行财务分析时，既要注意财务信息又要注意非财务信息，既要分析主观因素又要分析客观因素，就是说要全面地看问题。

4. 动态分析原则

财务报表分析要采用发展的观点看待问题，就是讲企业目前的状况与过去的状况和未来的发展要联系起来进行分析，并着眼于目前状况对企业未来发展的影响。

5. 系统分析原则

进行财务分析时要注意事物之间的联系，应相互联系地去分析问题，不能简单和孤立地分析问题。片面和孤立地进行财务报表分析，最终会导致财务分析活动失败，向信息使用者提供错误的信息，进而对企业未来的发展做出错误的判断。财务分析时要注意局部与全局的关系、风险和报酬的关系、偿债能力与盈利能力的关系等。

6. 定性分析与定量分析相结合原则

财务分析应坚持以定性分析为基础和前提，以定量分析为工具和手段，将两者相结合的原则。因为没有定性分析就弄不清事物的本质、趋势和其他事物的联系；而没有定量分析就弄不清数量界限、阶段性和特殊性。财务分析要透过数字看本质，对于能够定量分析的事项坚持以定量分析为主，对于无法直接进行量化分析的事项应通过定性分析作出必要的解释，两者缺一不可。

**阅读案例 2-2**

### 杭颖的投资抉择

2006年3月，投资人杭颖有意将资金投资于企业，来获取高额的投资利润。于是委托会计师小冯对自己最终选定的两家公司进行财务分析，分别考察这两家公司的盈利能力，以便投资能为自己带来更多的利益。要正确考核企业的盈利能力，就必须计算企业的投资报酬率指标。会计师小冯分别计算了华诚公司和新民公司的资产报酬率，两家公司均为20%，于是断定这两家公司运用全部资产获利的能力相同，杭颖可以任选其一进行投资。小冯的决策正确吗?

**分析：**

实际上，两家公司的状况存在着很大的差别，华诚公司是靠经营家具来实现盈利的，而新民公司却是靠证券买卖获得利润。很显然，从盈利的安全性来看，华诚公司的盈利能力较新民公司更值得信赖。如果投资者杭颖按照会计师小冯定量分析的结论进行投资，从两家公司中任选一家，则可能会出现两种结果：一是杭颖幸运地选择了华诚公司进行投资，获得了高额的投资利润；另一种是杭颖选择了新民公司作为投资对象，由于证券买卖存在着很大的风险，因此，她投入的资金也面临着较大的风险，可能获取利润，也可能赔得一干二净。

## 2.3 财务分析的基本方法

作为企业财务管理重要组成部分的财务分析，是一项专业性、技术性、实践性都很强的工作，其方法的恰当性与否影响财务分析的结果及其相关性与合理性。我们认为，财务分析方法有助于重新构造在财务报表中隐含的经济现实，减少决策过程中的不确定性。我们还认为，不同的主体基于不同的目的可能会采用不尽相同的分析方法，但都必须学会计算与分析结果，更必须学会对来自财务报表及其分析的证据(原始数据与生成信息)进行有效的评价，以便从中获益。通常，财务分析的基本方法有：

1. 比较分析法

所谓比较分析法，是指把主要项目或指标数值及其变化与设定的标准进行对比，以确定差异，进而分析、判断及评价企业经营及财务等情况的一种方法。通过比较分析，人们可以发现差距，寻找成因，据以评价和判断情势，因而它是一种原理最基本、应用最广泛的分析方法。

按照分析对象的不同，比较分析法可以分为：

(1) 绝对数据比较分析法。采用这种方法，一般是先编制比较财务报表(如比较资产负债表和比较利润表等)，然后将报表中各项目的数额与设定的比较对象加以比较，以观察、了解其增加或减少的绝对数额等情况。

(2) 绝对数增减变动分析法。采用这种方法，实际上是在比较财务报表内，通过增设“增减变动金额”专栏，来具体计算并明确列示各项目之间的差额。

(3) 百分比增减变动分析法。采用这种方法，通常是在比较财务报表内，通过增设“增减变动百分比”专栏，来计算列示各项目的增减变动百分比，以消除规模等因素的影响，提供或寻找更多有用的数据与信息。

在比较分析法中，比较、评价的标准有：

(1) 绝对标准。这是指被广泛接受、公认的标准或目标标准。

(2) 行业标准。这是指以企业所在行业的特定指标数值为比较、评价的标准。例如，同行业公认的标准指标、同行业的先进水平指标、同行业的平均水平指标等。

(3) 历史标准。这是指以企业在不同时间的指标数值为比较、评价的标准。例如，历史最高水平、历史同期数、上期实际数、本期计划(或预算)数等。

我们认为，采用比较分析法进行财务分析时，应注意以下几个问题：

(1) 要注意比较的全面性。即既要进行绝对指标比较分析，又要进行相对指标比较分析；既要进行横向比较分析，又要进行纵向比较分析；既要与公认标准进行比较分析，又要与目标标准进行比较分析。只有这样，才能避免片面性，才有可能得出正确的结论。

(2) 要注意比较指标之间的可比性。即相互比较的指标必须在具体内容、计算口径、时间跨度、计价基础及计算方法等方面保持一致，还要注意同类指标在企业之间的可比性。

(3) 要注意结合基数，并参考绝对数来正确计算和理解变动百分比。就基数而言，有时其对变动百分比的计算影响很大，计算结果容易引起误解。例如，当基数金额为负数时，就无法计算出有意义的百分比变动值，因为变动百分比的符号与绝对增减金额的符号相反，对此应取变动百分比的相反数。又如，当基数金额为零时，不管实际金额是多少，变动百分比都趋于无穷大，事实上也不能算出百分比变动值；即使基数有数值，若分析期没有数值，变动百分比值也会减少100%；当基数金额太小时，绝对金额较小的变动可能会导致较大的变动百分比。此时，应放弃使用百分比增减变动分析法，仅分析绝对金额的变动情况。实际上，在计算百分比时，基数金额不同会得出与其实际重要性不相符的大百分比变动。例如，以1 000为基数，百分比变动50%，通常就没有以100 000为基数的相同百分比变动那么重要。因此，要保持对数据的恰当理解，并对数据变动的相对重要性作出正确的判断，就必须参考绝对金额。

**阅读案例2-3**

## 李明的困惑

2010年1月初，华盛公司的总经理欲了解企业资金流动性的大小，以判断企业的短期偿债能力。财务人员李明用流动比率指标来判断企业的短期偿债能力。关于流动比率指标，对于债权人来说，这个指标值是越高越好，而对于企业的管理层来说这个指标值并非越高越好，而是需要控制在一个合理的范围内。既要保证偿债能力，又要保证资产的获利能力。财务人员李明通过计算得出企业一月份的流动比率为2，符合国际上的公认标准比率，从而认定企业的短期偿债能力较强。因为流动资产的盈利性很低，流动资产的上升意味着企业盈利能力的减弱，于是总经理制定了相关的措施来控制流动资产的上升，使企业既能维持目前的偿债能力，又可以提高企业的盈利能力。

4月初，李明受委托又对企业的流动比率进行了计算，结果发现，流动比率竟然低到了1，远远低于国际的公认标准。公司的流动资产总额刚好等于流动负债，这意味着企业短期债务到期前，可以转化为现金用于偿还流动负债的能力很弱。这到底是什么原因呢？李明百思不得其解。李明于是向公司资深财务人员请教，在资深财务人员的指点之下，李明又将企业前几期的流动比率计算出来比较，经过计算，2009年10月，流动比率为3.8，11月为2.9，12月为2.3。公司的流动比率一直处于下降趋势，到2010年1月下降为2。李明由于没有顾及历史数据的大小及指标数据的变动趋势，自己做出了错误的推论，从而使总经理做出了相反的决策，制定了抑制流动资产上升的措施，从而加大了企业流动比率下降的趋势，使企业造成了短期债务的偿还被动情况。

企业财务人员在计算出财务指标数据之后，不要盲目利用该项数据对企业的相关财务状况进行判断，而是一定要与前期的历史数据进行比较，分析发展趋势，进行比较分析，这样才能得出较为可靠的结论。

2. 比率分析法

所谓比率分析法，是指利用项目指标间的相互关系，通过计算比率来观察、分析及评价企业经营及财务等情况的一种方法。通过比率分析，人们可以发现各项数据的联系及变动趋势，有时还能把某些用绝对数不可比的指标转化成为用相对数可比的指标，从而比财务报表中的各项具体数据更为重要、更有意义。例如，甲、乙两个公司，年营业利润均为100万元，其营业收入分别为5 000万元和1 000万元。若从营业利润的绝对数来看，两个公司的营业成果相同；但从其相对数来分析，甲公司营业利润率为2%，乙公司营业利润率为10%，甲公司明显不及乙公司。运用比率分析法进行财务分析，在西方已有近百年的历史，该方法是一种备受欢迎且应用广泛的分析方法。

按照分析内容的不同，比率分析法可以分为：

(1) 相关比率分析法。采用这种方法，主要是把同一时期的两个性质不同但又相关的指标数值加以对比，计算比率，据以进行分析和评价。例如，将经营现金净流量与流动负债对比，计算净现金流量负债比，据以在一定程度上判断企业短期偿债(支付)的可能性；又如，把净利润与所有者权益(或股东权益)对比，计算净资产报酬率(或权益净利率)，据以从特定的角度揭示企业的获利水平与盈利能力。

(2) 构成比率分析法。采用这种方法，主要是通过计算某项指标各个组成部分占总体的比重，分析其构成情况及变化，从而揭示部分与整体的关系及变化趋势。例如，将各资产项目分别与总资产项目比较，计算各项资产占总资产的比重，可据以分析与评价资产组合或资产结构，乃至资产流动性和风险水平等；又例如，把各损益项目与营业收入或总利润比较，计算各项损益或各类损益占营业收入或总利润的比重，可据以分析与评价收益结构或盈利重点，乃至盈利水平和发展潜力等。鉴于前例中比率指标所涉及的数据均取自资产负债表，故在西方统称为资产负债表比率；同理，后例中比率指标统称为利润表比率。

具体来说，在分析资产负债表时，常用的方法是将资产总额、负债与所有者权益(或股东权益)总额分别设定为100%，再把各类中的具体项目表示为占各自总额的百分比；同样，在分析损益表时，一般将收入净额设定为100%，其他损益项目分别表示为收入净额的百分比。由于报表中的具体项目合计(或代数和)为100%，因此该分析技术产生了结构百分比财务报表。鉴于报表项目的排列顺序与人们阅读习惯多为自上而下，因而结构百分比财务报表分析也称为垂直分析法，它可以用来调查和了解财务报表的内部结构，如资产组合、筹资结构等。这种分析方法很有用。例如，在评价流动资产的流动性时，可将结构百分比资产负债表分析延伸到检查流动资产这一特定子类中库存所占比例；又如，在评价企业的盈利性时，可使用结构百分比利润表了解各费用项目(除所得税外)占销售收入的比例；再如，为了解和评价资产、负债、费用及其他财务报表类别各组成部分的比例变动，可用以进行纵向比较，也就是将一个公司结构百分比报表进行即期比较(当然，在解释结构百分比时，尚需查看实际数字及其计算基础，以便慎重合理地解释其变动趋势)；更为有用的是，将之用于横向比较，也就是把一个公司的结构百分比报表同竞争者或行业结构百分比进行比较，以发现项目结构和分布差异，进而调查和了解个中缘由。当然，结构百分比报表不能反映被分析公司的相对规模，因而这种分析也有其局限性。

我们认为，采用比率分析法进行财务分析时，应注意以下几个问题：

(1) 比率及比率分析有利于提供关于公司状况的线索与征兆，能够揭示某些重要关系与比较基础，但其作用经常被误解，其重要性也往往被夸大。因此，用来计算比率的有关项目指标之间必须有某种内在联系，存在直接和重要的关系；否则，比率及比率分析就毫无意义。比率的计算仅仅是代数运算，其所表达的也只是两个数量之间的数学关系(如200与100的比率表示为比例2∶1或比值2)。从财务分析的角度看，一个比率要有意义，就必须代表在经济上有重要的关系。例如，一个物品的售价与其成本之间就有直接且重要的关系，因而销售成本与销售收入比率即销售成本率就是一个重要的比率；相反，运输成本(发生额)与有价证券(余额)之间无明显关系，因而这两者的比率就几乎没有意义，也无分析价值。

(2) 在计算和运用比率时，务必确定所用数字的正确性与一致性，也必须了解、分析及评价对比率具有影响及具有潜在影响的因素，包括公司内部运营状况、重大经济事件、行业因素、管理政策及会计方法等。例如，当存货采用后进先出法计价且价格呈现上升趋势时，作为分子的存货被低估从而导致流动比率会被低估；又如，一些养老金负债经常不入账，仅在附注中揭示，所以在计算负债权益比率及类似比率时，要确认这些负债并调整比率，并且一致性要求也促成对其他比率做相应调整，比如因养老金负债的忽略而低估了养老金费用，从而需要在比率计算中调整净收益数字。

(3) 在计算和运用比率时，要确保比率的有用性。一般来说，比率的有用性一方面依赖于在比率计算中所用数字的质量，例如，一个公司内部控制或监管机制不能确保产生或生成的数字可信或可靠，那么比率结果也就同样不可信或不可靠；另一方面依赖于对比率的理解与解释能力，这也使比率分析富有挑战性。我们在解释比率时一定要慎重，因为影响分子的因素可能与影响分母的因素具有相关性。例如，公司通过削减研究与开发费用等成本来改进营业费用与销售收入的比率，从而提高短期盈利水平；但是，这种盈利水平的提高所赖以实现的成本降低，若导致长期销售收入或市场份额下降，则极大地损害公司的前景和发展能力。对此，在运用比率时必须据实解释。由于不少比率与其他比率具有共同的重要变量，因而为分析某一情况也必须计算所有可能比率；另外，在绝大多数情况下，比率及其分析本身其实并不重要，只有将之与前期比率、预定标准及竞争者水平进行比较才有解释意义。事实上，比率的可比性往往与其趋势一样重要。

### 3. 趋势分析法

所谓趋势分析法，是指利用企业连续多期财务报表的数据资料，将各期实际资料与基期历史资料进行对比，计算每一期各项目对基期同一项目的趋势百分比，或计算趋势比率及指标，以形成一系列具有可比性的百分比或指数，从而揭示各期经营及财务等情况变化的性质、方向、速度及程度的一种方法，其重要意义在于能够有力地洞察变化背后所揭示的管理哲学、经营政策及财务动机。

通常，采用趋势分析法要编制绝对数或相对数的比较财务报表，即将连续多期的同一财务报表并列在一起加以比较分析，来计算定基或环比的趋势百分比。其计算公式如下：

$$\text{定基百分比(或比率)}=\frac{\text{本期金额}}{\text{基期金额}}\times 100\%$$

$$\text{环比百分比(或比率)}=\frac{\text{本期金额}}{\text{基期金额}}\times 100\%$$

鉴于比较财务报表的排列特征与人们阅读报表的传统习惯，这种方法又称为“水平分析法”，常用的有：

(1) 年度变动分析。采用这种方法时，要比较两期或两期以上的财务报表，以分析同一项目的年度变化(包括绝对数变动与百分比变动)，还要比较年度数额与数年均值(消除错误或不正常的波动)，以揭示某一特定期间的不寻常事件。

(2) 指数趋势序列分析。采用这种方法时，要在消除不重要项目之后为每一个项目选定一个基期，并且用一个指数(如 100 等)来表示，但无须具体分析每一个项目。当然，在具体使用该方法的过程中仍需慎重，因为有些弱点归因于公司及行业因素的变动。

我们认为，采用趋势分析法进行财务分析时，应注意以下几个问题：

① 要分清主次与轻重缓急，抓住重点进行分析。财务报表中的项目较多，实际上并不总是需要分析每一个项目；其重要程度也不相同，应努力剔除不重要的项目，有重点地加以分析。此外，在评价当前财务状况变动时，比较现金流量表往往较为有用。

② 在使用指数趋势序列法及解释百分比变动时，要注意随时间变化可能出现的会计原则应用上的不一致，并尽可能对此予以调整；同样，对于来自不同公司的财务数据应该加以标准化，有时需要进行调整使之具有可比性或增加其可比性。

③ 在具体进行财务分析、解释及评价时，可以利用绝对数比较，也可以利用相对数比较，有时将两者结合起来效果会更好；另外，还应当考虑行业特征、业务类型、公司性质及周期变化等，并谨慎地解释分析趋势或比较结果。

4. 因素分析法

因素分析法(factor analysis approach)，又称指数因素分析法，是利用统计指数体系分析现象总变动中各个因素影响程度的一种统计分析方法，包括连环替代法、差额分析法、指标分解法、定基替代法。因素分析法是现代统计学中一种重要而实用的方法，它是多元统计分析的一个分支。使用这种方法能够使研究者把一组反映事物性质、状态、特点等的变量简化为少数几个能够反映出事物内在联系的、固有的、决定事物本质特征的因素。因素分析法的最大功用，就是运用数学方法对可观测的事物在发展中所表现出的外部特征和联系进行由表及里、由此及彼、去粗取精、去伪存真的处理，从而得出对客观事物普遍本质的概括。其次，使用因素分析法可以使复杂的研究课题大为简化，并保持其基本的信息量。

采用因素分析法进行财务分析的程序如下：

(1) 将要分析的某项经济指标分解为若干个因素的乘积。在分解时注意经济指标的组成因素应能够反映形成该项指标差异的内在构成原因，否则，计算结果就不准确。如材料费用指标可以分解为产品产量、单位能耗量与单价的乘积。但它不能分解为生产该产品的天数、每天用料量与产品产量的乘积。因为这种构成方式不能全面反映产品材料费用变动的真实原因。

(2) 计算经济指标的实际数与基期数，从而形成两个指标体系。这两个指标的差额，即实际指标减基期指标的差额，就是所要分析的对象。各因素变动对所要分析的经济指标完成情况影响合计数，应与该分析对象相等。

(3) 确定各因素的替代顺序。在确定经济指标因素的组成时，其先后顺序就是分析时的替代顺序。在确定替代顺序时，应从各个因素相互依存的关系出发，使分析的结果有助于分清经济责任。替代顺序一般是先替代数量指标，后替代质量指标；先替代实物量指标，后替代货币量指标；先替代主要指标，后替代次要指标。

(4) 计算替代指标。其方法是以基期数为基础，用实际指标体系中的各个因素，逐步顺序地替换。每次用实际数替换基期指标中的一个因素，就可以计算出一个指标。每次替换后，实际数保留下来，有几个因素就替换几次，这样就可以得出几个指标。在替换时要注意替换顺序，应采取连环的形式，不能间断，否则，计算出来的各因素的影响因素之和，就不能与经济指标实际数与基期数的差异额相等。

(5) 计算各因素变动对经济指标的影响程度。方法是将每次替代所得到的结果与这一因素替代前的结果进行比较，其差额就是这一因素变动对经济指标的影响程度。

(6) 将各因素变动对经济指标影响程度的数额相加，应与该项经济指标实际数与基期数的差额相等。

下面举例说明因素分析法的具体应用。

**【例 2-1】** 某公司 A 产品的直接材料费用等有关资料，见表 2-1。

**表 2-1 A 产品直接材料费用**

| 项目 | 产品产量/件 | 单位产品消耗量/千克 | 材料单价/元 | 材料费用总额/元 |
|---|---|---|---|---|
| 计划费用 | 100 | 30 | 25 | 75 000 |
| 实际费用 | 120 | 28 | 30 | 100 800 |
| 差异 | | | | +25 800 |

采用因素分析法计算各因素对产品直接材料费用的影响程度，见表 2-2。

**表 2-2 产品直接材料费用差异分析计算表**

| 转换次数 | 因素 | | | 各因素乘积 | | 每次替换的差异 | | 产生差异的因素 |
|---|---|---|---|---|---|---|---|---|
| | 产品产量/件 | 单位产品消耗量/千克 | 材料单价/元 | 金额/元 | 编号 | 算式 | 金额/元 | |
| 基数 | 100 | 30 | 25 | 75 000 | ① | | | |
| 第 1 次 | 120 | 30 | 25 | 90 000 | ② | ②-① | +15 000 | 产品产量 |

续表

| 转换次数 | 因素 | | | 各因素乘积 | | 每次替换的差异 | | 产生差异的因素 |
|---|---|---|---|---|---|---|---|---|
| | 产品产量/件 | 单位产品消耗量/千克 | 材料单价/元 | 金额/元 | 编号 | 算式 | 金额/元 | |
| 第2次 | 120 | 28 | 25 | 84 000 | ③ | ③－② | －6 000 | 单位产品消耗量 |
| 第3次 | 120 | 28 | 30 | 100 800 | ④ | ④－③ | ＋16 800 | 材料单价 |
| 合计 | | | | | | | ＋25 800 | |

从表2-2可以看出，原材料价格上涨是单位产品直接材料费用超支的主要原因，企业采购部门控制材料采购成本是当务之急。

为简化计算分析，因素分析法还有另外一种形式，即差额分析法。差额分析法是根据各项因素的实际数与基期数的差额来计算各项因素影响程度的方法。

根据上例，按照差额分析法计算如下：

产品数量变动的影响＝(120－100)×30×25＝＋15 000元

单位产品消耗数变动的影响＝120×(28－30)×25＝－6 000元

材料单价变动的影响＝120×28×(30－25)＝＋16 800元

上述3个影响因素影响差额合计为25 800元，与因素分析法计算的结果完全相同。在影响因素较少的情况下，由于能够简便、合理地排列影响因素的顺序，差额分析法被广泛采用。

## 2.4 财务分析的局限性

**阅读案例2-4**

### 新洲公司的“小伎俩”

2010年底，新洲公司向中国银行申请短期贷款，银行考察了该公司的流动比率和速动比率，如下表2-3所示。发现新洲公司2010年12个月的流动比率和速动比率中，12月份的流动比率和速动比率都远远高于前11个月的比率数值，于是中国银行认定该公司目前的短期偿债能力很强，于是同意向其贷款1 000万元。

**表2-3 新洲公司的流动比率和速动比率表**

| 指标 \ 月份 | 1 | 2 | 3 | 4 | 5 | 6 | 7 | 8 | 9 | 10 | 11 | 12 |
|---|---|---|---|---|---|---|---|---|---|---|---|---|
| 流动比率 | 1.9 | 1.8 | 1.6 | 1.7 | 1.6 | 1.7 | 1.5 | 1.6 | 1.8 | 1.9 | 1.7 | 2.9 |
| 速动比率 | 1.1 | 1.0 | 0.9 | 0.8 | 0.7 | 0.8 | 0.6 | 0.7 | 0.6 | 0.8 | 0.7 | 1.4 |

新洲公司的短期偿债能力真有那么好吗？为何突然之间流动比率和速动比率都同时增长了那么多？这两个指标数值产生这么大的变化，中国银行对其没有提出任何疑问就贷款是不是会有很大的风险呢？答案是肯定的，凡是异常现象的背后，一定有异常变化的缘由。实际上，新洲公司向银行申请短期贷款

之前，刚刚从工商银行得到了一笔金额为200万元的贷款，但是为了获得更多贷款，公司将这笔资金作为货币资金搁置起来，造成了公司流动比率和速动比率都非常高的假象。2011年1月10日，公司就提前将工商银行的200万元贷款还清，其流动比率和速动比率又恢复了原来的水平。

企业出于自身利益的需要，往往会运用一些手段来粉饰公司的财务状况和经营业绩，使公司财务报表出现异常变动的现象。一般的财务分析，往往拘泥于本期指标数据与“标准值”的比较，其缺乏的恰恰是更深层次的分析，缺乏对异常变动的关注。这样的分析结果，往往会“误入歧途”。

财务分析有以下四个方面的局限性：

(1) 财务报表本身的局限性。财务报表是会计的产物，会计有特定的假设前提，并要执行统一的规范。我们只能在规定意义上使用报表数据，不能认为报表揭示了企业的全部实际情况。财务报表的局限性表现在：

① 以历史成本报告资产，不代表其现行成本或变现价值；

② 假设币值不变，不按通货膨胀率或物价水平调整；

③ 稳健原则要求预计损失而不预计收益，有可能夸大费用，少计收益和资产；

④ 按年度、半年度分期报告，是短期的陈报，不能提供反映长期潜力的信息。

(2) 报表的真实性问题。应当说，只有根据真实的财务报表，才有可能得出正确的分析结论。财务分析通常假定报表是真实的。报表的真实性问题，要靠审计来解决。投资者在进行财务分析时，要关注注册会计师的审计报告。财务分析不能解决报表的真实性问题，但是财务分析人员通常要注意以下与此有关的问题：

第一，要注意财务报告是否规范。不规范的报告，其真实性也应受到怀疑。

第二，是否有遗漏。遗漏是违背充分披露原则的。遗漏可能是故意的，不想讲真话，也不能说假话，便有了故意遗漏。

第三，要注意分析数据的反常现象。如无合理的反常原因，则要考虑数据的真实性和一贯性是否有问题。

第四，要注意审计报告的意见类型和注册会计师的信誉。

(3) 企业会计政策的不同选择影响可比性。对同一会计事项的账务处理，会计准则允许使用几种不同的规则和程序，企业可以自行选择。例如，存货计价方法、折旧方法、所得税费用的确认方法、对外投资收益的确认方法等。虽然财务报表附注对会计政策的选择有一定的表述，但报表使用人未必能完成可比性的调整工作。

(4) 比较的基础问题。在比较分析时，必须要选择比较的基础，作为评价本企业当期实际数据的参照标准，包括本企业历史数据、同业数据和计划预算数据。

横向比较时使用同业标准。同业的平均数，只起一般性的指导作用，不一定有代表性，不是合理性的标志。通常，不如选一组有代表性的企业求其平均数，作为同业标准，可能比整个行业的平均数更好。近年来，更重视以竞争对手的数据作为分析基础。有的企业实行多种经营，没有明确的行业归属，同业对比就更加困难。

趋势分析以本企业历史数据作比较基础。历史数据代表过去，并不代表合理性。经营的环境是变化的，今年比去年利润提高了，不一定说明已经达到应该达到的水平，甚至不一定说明管理有了改进。

实际与计划的差异分析，以计划预算作比较基础。实际和预算的差异，有时是预算不合理造成的，而不是执行中有了什么问题。

总之，对比较基础本身要准确理解，并且要在限定意义上使用分析结论，避免简单化和绝对化。

## 本章小结

对于财务报表的分析是一个不断研究和探索的过程，具体分析程序和内容是根据分析目的个别设计的，不存在惟一的通用分析程序，但是分析过程的一般步骤仍具有一定程度的类似性。

财务分析的原则主要有目的明确原则、客观真实原则、全面分析原则、动态分析原则、系统分析原则和定量分析与定性分析相结合原则。

财务分析的基本方法包括比较分析法、比率分析法、趋势分析法和因素分析法等。比较分析法作为一种原理最基本、应用最广泛的分析方法，又包括绝对数据比较分析法、绝对数增减变动分析法和百分比增减变动分析法；在比较分析法中，比较、评价的标准有绝对标准、行业标准和历史标准。比率分析法具体包括相关比率分析法及构成比率分析法；趋势分析法又可分为年度变动分析和指数趋势序列分析。因素分析法又称指数因素分析法，是利用统计指数体系分析现象总变动中各个因素影响程度的一种统计分析方法。

财务分析有4个方面的局限性：财务报表本身的局限性、报表的真实性问题、企业会计政策的不同选择影响、可比性和比较的基础问题。对比较基础本身要准确理解，并且要在限定意义上使用分析结论，避免简单化和绝对化。

## 关键术语

比较分析法　绝对数据比较分析法　绝对数据增减变动分析法　百分比增减变动分析法　绝对标准　行业标准　历史标准　比率分析法　相关比率分析法　构成比率分析法　趋势分析法　年度变动分析　定基百分比　环比百分比　因素分析法

## 思考与练习

一、填空题

1. 财务分析从分析性质来说分为________、________、________和________。
2. 财务分析的方法有________、________、________和________。
3. 按照分析对象的不同比较分析法可以分为________、________和________。
4. 按照分析内容的不同，比率分析法可以分为________和________。
5. 因素分析法包括________、________、________和________。

二、单项选择题

1. 为了评价判断企业所处的地位与水平，在分析时通常采用的标准是(　　)。

A. 经验标准　B. 历史标准　C. 行业标准　D. 预算标准

2. 在各项财务分析标准中，考虑因素最全面的标准是(　　)。

A. 经验标准　B. 历史标准　C. 行业标准　D. 预算标准

3. 应用趋势分析法进行分析评价时关键应注意分析资料的(　　)。

A. 全面性　　B. 系统性　　C. 可靠性　　D. 可比性

4. 对于连环替代法中各因素的替代顺序，传统的排列方法是(　　)。

A. 主要因素在前，次要因素在后

B. 影响大的因素在前，影响小的因素在后

C. 不能明确责任的在前，可以明确责任的在后

D. 质量指标在前，数量指标在后

5. 能够运用数学方法对可观测的事物在发展中所表现出的外部特征和联系进行由表及里、由此及彼、去粗取精、去伪存真的处理，从而得出客观事物普遍本质的概括的财务分析方法是(　　)。

A. 趋势分析法　　B. 因素分析法　　C. 比较分析法　　D. 比率分析法

三、 判断题

1. 财务指标分析就是指财务比率分析。(　　)

2. 行业间企业要避免正面价格竞争，关键在于其产品或服务的差异程度，差异程度越大，竞争程度越低。(　　)

3. 水平分析法在不同企业应用中，一定要注意其可比性问题，即使在同一企业中应用，对于差异的评价也应考虑其对比基础。(　　)

4. 债权人通常不仅关心企业偿债能力比率，而且关心企业盈利能力比率。(　　)

5. 比率分析法能综合反映比率与计算它的会计报表之间的联系。(　　)

6. 差额计算法只是连环替代法的一种简化形式，二者实质上是相同的。(　　)

7. 运用差额计算法进行因素分析不需要考虑因素的替代顺序问题。(　　)

8. 财务分析报告就是对财务报告进行的分析。(　　)

四、 问答题

1. 简述财务分析的基本程序和步骤。

2. 企业财务分析的原则有哪些?

3. 简述财务分析的方法，特别是因素分析法的含义和步骤。

4. 在采用比较分析法进行财务分析时，应注意哪些问题?

5. 在采用比率分析法进行财务分析时，应注意哪些问题?

6. 在采用趋势分析法进行财务分析时，应注意哪些问题?

7. 简述财务分析的局限性。

## 实际操作训练

蓝田公司曾是一家自上市后一直保持着优异经营业绩的企业：总资产规模从上市前的2.66亿元发展到2000年末的28.38亿元，增长了近10倍；上市后企业财务业绩始终维持在极高的水平，1998—2000年的有关数据见表2-4。

表2-4　蓝田公司1998—2000年有关数据

| | 1998年 | 1999年 | 2000年 |
|---|---|---|---|
| 净资产收益率 | 28.9% | 29.3% | 19.8% |
| 每股收益 | 0.82元 | 1.15元 | 0.97元 |

蓝田公司连续三年净资产收益率、每股收益指标均位于上市公司的前列，作为一家传统的农业和食品加工企业，能够取得如此骄人的业绩确实出乎一般人的想象。

2000年蓝田公司的资产负债表如表2-5所示。

**表2-5　蓝田公司资产负债表**

2000年12月31日　　单位：万元

| 项　目 | 金　额 | 项　目 | 金　额 |
|---|---|---|---|
| 流动资产： | | 流动负债： | |
| 货币资金 | 16 714.41 | 短期借款 | 9 979.50 |
| 短期投资 | 0.00 | 应付账款 | 2 965.20 |
| 应收票据 | 0.00 | 应付票据 | 0.00 |
| 应收股利 | 0.00 | 应付工资 | 2.35 |
| 应收利息 | 0.00 | 应付福利费 | 503.69 |
| 应收账款 | 857.18 | 预收账款 | 1 207.75 |
| 其他应收款 | 2 284.89 | 其他应付款 | 32 716.65 |
| 坏账准备 | 251.36 | 应交税金 | 7 943.23 |
| 应收款项净额 | 2 890.71 | 应付股利 | 490.63 |
| 预付账款 | 67.14 | 其他应交款 | 51.86 |
| 存货 | 27 934.49 | 预提费用 | 210.46 |
| 存货变动损失准备 | 4 296.08 | 住房周转金 | 0.00 |
| 待处理流动资产损失 | 0.00 | 一年内到期的长期负债 | 0.00 |
| 一年内到期的长期债券投资 | 0.00 | 其他流动负债 | 0.00 |
| 其他流动资产 | 0.00 | 流动负债合计 | 56 071.34 |
| 流动资产合计 | 43 310.67 | 长期负债： | |
| 长期股权投资 | 0.00 | 长期负债 | 2 030.00 |
| 长期债权投资 | 0.00 | 应付债券 | 6 300.51 |
| 长期投资减值准备 | 0.00 | 长期应付款 | 898.56 |
| 长期投资 | 0.00 | 长期负债合计 | 9 229.07 |
| 固定资产原价 | 214 253.92 | 递延税项： | |
| 累计折旧 | 19 727.04 | 递延税款贷项 | 462.97 |
| 固定资产净值 | 194 526.88 | 负债合计 | 65 763.38 |
| 工程物资 | 221.18 | | |
| 在建工程 | 22 153.54 | 少数股东权益 | 160.00 |

续表

| 项　目 | 金　额 | 项　目 | 金　额 |
|---|---|---|---|
| 固定资产清理 | 0.00 | 股本 | 44 603.92 |
| 固定资产合计 | 216 901.60 | 资本公积 | 34 081.06 |
| 无形资产 | 4 832.64 | 盈余公积 | 38 676.72 |
| 开办费 | 0.99 | 其中：公益金 | 13 232.83 |
| 长期待摊费用 | 18 719.29 | 未分配利润 | 100 480.11 |
| 其他长期资产 | | 股东权益合计 | 217 841.81 |
| 递延税款借项 | 0.00 | | |
| 资产合计 | 283 765.19 | 负债与股东权益合计 | 283 765.19 |

注：根据现行财务报表列报规定，部分科目的名称和列示内容有一定变化。

对此“业绩神话”进一步分析即可发现，2000 年蓝田公司的流动资产占资产总额的百分比为 15.3%，约为同业平均值的 1/3；存货占流动资产百分比为 64.5%，高于同业平均值约 3 倍；固定资产占资产百分比为 68.6%，高于同业平均值 1 倍多；另外，根据公司产品明细账，可以发现蓝田公司的在产品占存货百分比高于同业平均值 1 倍。蓝田公司的在产品占存货百分比和固定资产占资产百分比都异常高于同业平均水平。同时，蓝田公司有一个奇怪的财务组合，其应收账款回收期明显低于同业平均水平，水产品收入异常高于渔业同行业平均水平，而短期偿债能力在同类企业中又都是最低的。从蓝田公司的资产结构来看，从 1997 开始，资产拼命往上涨，与之相对应的流动资产却逐年下降，这说明其整个资产规模是由固定资产来带动的，公司在产品占存货百分比和固定资产占资产百分比异常高于同业平均水平。最早关注该事件的某大学研究员在一份内部刊物上发表文章，呼吁“应立即停止对蓝田公司发放贷款”，引起银行高层的关注。不久，相关银行即停止对该公司发放新的贷款，公司资金链断裂，更多的问题也随之浮出水面。

（案例资料整理自新浪财经新闻，财务报表来自证券之星网站。）

要求：

(1) 财务分析主体包括哪些？这些主体进行财务分析的目的有何不同？

(2) 该案例都采用了哪些财务分析方法？

# 第3章 偿债能力分析

## 教学目标

本章主要讲授偿债能力分析的有关内容，通过本章的学习需要掌握：短期偿债能力分析的概念、短期偿债能力分析的常用指标及方法；长期偿债能力分析的概念、长期偿债能力分析的常用指标及方法。

## 教学要求

| 知识要点 | 能力要求 | 相关知识 |
| --- | --- | --- |
| 短期偿债能力概念 | 掌握短期偿债能力的概念<br>了解短期偿债能力分析对于企业的重要性 | 企业短期偿债能力的概念<br>企业短期偿债能力分析的重要性 |
| 短期偿债能力分析 | 了解和认知各项短期偿债能力分析指标<br>掌握各项短期偿债能力分析指标的含义和计算方法 | 流动比率<br>速动比率<br>现金比率 |
| 长期偿债能力分析 | 了解和认知各项长期偿债能力分析指标<br>掌握各项长期偿债能力分析指标的含义和计算方法 | 资产负债率<br>产权比率<br>利息保障倍数<br>现金全部负债比率 |

导入案例

## 铁道部负债近 2 万亿　短期偿债能力受质疑

铁道部计划 2012 年再发 200 亿债券，预计 2015 年年末总负债可达 4.68 万亿元，负债率超七成。

铁道部将招标发行 200 亿元人民币的短期融资券，这已是铁道部年内第 7 次债券融资。由于缺乏权益类融资，铁道部在高铁建设中大量采用借债融资，已使其财务报表出现恶化迹象。业内人士担忧，数年后铁路债务将“尾大不掉”。

**铁道部今年发债超千亿**

今年以来，铁道部发行了三期各 100 亿的超短融资券，两期短融券(分别是 200 亿和 150 亿)，一期 200 亿的中期票据；算上其后期的 200 亿元短融券，铁道部共在债券市场融得 1050 亿元。

过去 11 年来，铁道部一直倚重银行贷款和债券融资；近年高铁网络的建设热潮，更是消耗了大量流动资金。

据统计，去年中国铁路固定资产投资达 8 427 亿元，同比增长 19.6%，增速下降近一半；今年前五个月，铁路基建投资规模和固定资产投资规模的增速也开始下降。中信证券分析师张宏波认为，这意味着去年可能是铁路投资的顶峰，往后虽然增速下降，但投资规模仍将维持高位。

“2011 年铁道部确定的投资规模仍达到 4 755 亿元，其中基建投资 6 000 亿元。”张宏波说，“高速铁路还需大量投资。”他预计随着拆迁费用和建设成本的提升，“十二五”期间高铁年均仍需投资 3 000 亿元。

**短期偿债能力受质疑**

今年两会上，铁道部部长盛光祖透露铁道部负债 1.8 万亿，同时表示“完全可以承受”，因为资产负债率约为 56%，与工业企业相比处于“正常可控水平”。

不过，财务报表却揭示另一番景象：截至 2010 年年末，铁道部流动资产合计 2 949 亿元，流动负债合计 5 812 亿元，流动比率仅为 0.5，远低于一般工业企业。业内人士分析，其原因可能是期限“错配”，以中短期债务支持长周期建设，影响短期偿债能力。

现金流也很紧张：2010 年度铁道部还本付息就需 1 500 亿元，但其经营性现金流仅有 1 600 亿元入账，账面现金仅有 950 亿元，基本靠贷款维持运营。而在 2005 年，铁道部财务报表的负债一栏里，国内贷款和债券融资的比重仅为 28.9%；2008 年高铁建设全面铺开，加上 4 万亿元的刺激，这一比重迅速攀升至 75%。

根据铁道部本次发行债券的《募集说明书》，从 2008 年至 2010 年，其资产负债率由 46.81% 升至 58.24%；中信证券张宏波测算，假如铁道部未来仍靠有息债券融资，到 2015 年年末其总负债可达 4.68 万亿元，资产负债率将达到 72%。

资料来源：新浪网新浪财经 http：//finance. sina. com. cn/

# 3.1　短期偿债能力分析

## 3.1.1　短期偿债能力的含义

所谓短期偿债能力，是指企业用流动资产偿还流动负债的现金保障程度。短期偿债能力是企业财务状况的重要标志，是企业的任何利益相关人都应重视的问题。对企业管理者来说，短期偿债能力的强弱意味着企业盈利能力的高低和投资机会的多少。对企业债权人来说，企业短期偿债能力的强弱意味着本金和利息能否按期收回。对企业的供应商和消费者来说，企业短期偿债能力的强弱意味着企业履行合同能力的强弱。

**阅读案例 3-1**

### 一成首付难成救命稻草 偿债能力不足馅饼或变陷阱

曾在两三年前大行其道但被叫停的“一成首付”、“分期首付”做法近期又开始在多个地方重新上演。据媒体报道，深圳、广州、南京等地开发商纷纷推出首付优惠活动，购房者只需付一成首付，剩余两成首付款由公司垫付，垫付购房款在一定期限内缴清即可，而且没有利息。

对于房地产开发商而言，当前最头疼的事情无疑是销量始终难有起色。在不直接降价的前提下，帮助购房者降低首付门槛，确实是刺激销售的一个好方法。因为在当前庞大的刚性需求中，有很大一部分是刚刚工作了几年的年轻白领，这部分群体往往收入稳定，但积蓄有限，因此相对于长期的还贷压力，首付的一次性现金支出，可能是其购房过程中的更大阻碍，“一成首付”看上去对他们的确很有吸引力。

不过，如果仔细计算一下，“一成首付”可能只是看上去很美。一方面，开发商垫付的资金最终还是要由购房者掏腰包，因此对于购房者而言，仅仅相当于获得一笔短期无息贷款，在房价这个关键问题上并没有获得任何优惠。另一方面，低首付也意味着高月供，从目前给出优惠活动的楼盘信息来看，开发商垫付的首付偿还期限一般最多在1年左右。以一套100万元的房子为例，开发商垫付的20万元对应每月还款1.67万元左右，而70万元的银行贷款，按30年期限和基准利率计算，每月月供也有4680.65元，这意味着在最初一年时间里，购房者每月还款额度要超过2万元。对于偿债能力不足的购房者而言，低首付很有可能会从“馅饼”变成“陷阱”。

随着楼市调控政策效果不断释放，各地楼市纷纷进入了“寒冰”期，新房库存压力与日俱增，消化存量和回笼资金成了开发商的头等大事。与2008年楼市低迷期不同，目前楼市预期向下，而且政策也不会再成为楼市的“救世主”。在这一背景下，“一成首付”能够起到的实际效果相当有限，即使短期内带动销量提升，但也只能起到缓冲的作用，如果将所有的希望都压在这一措施上，无异于饮鸩止渴。在笔者看来，“一成首付”重出江湖是房地产进入深度调整的一个信号，事实上，2月份以来，“招保万金”等龙头房企已经在全国掀起了新一轮的降价潮，相信会有越来越多的开发商意识到，只有降价才能真正地激活市场，“一成首付”不能够成为挽救市场的救命稻草。

案例来源：财库股票网 http：//news.e23.cn/，2012—02—29

### 3.1.2 衡量短期偿债能力的指标

只有当企业拥有较强的短期偿债能力时，才能获得较好的内外部环境，从而降低成本，增加企业盈利。但是，反映企业偿债能力的指标并不总是越高越好，应该有一个合理的界限，需要针对具体的企业进行具体分析。在具体的财务分析中，短期偿债能力的分析与评价主要是根据财务报表，尤其是资产负债表，并结合其他相关资料，将短期债务与可得到的用于偿还这些债务的短期资金来源相比较，并通过计算的一些清偿(能力)比率来判断企业目前的偿付能力及在困难时保持偿付的能力。短期偿债能力比率指标中，常用的有以下几种。

1. 流动比率

所谓流动比率(current ratio)，是指企业的流动资产与流动负债的比率。由于其原理的易理解性、计算的简单性及数据的易得性，流动比率逐渐成为短期偿债能力重要比率指标。它表明企业每单位流动负债有多少流动资产作为偿还的保证，反映企业动用可以在短期内产生或转换为现金的流动资产偿还到期流动负债的能力。其计算公式如下：

$$流动比率=\frac{流动资产}{流动负债}$$

公式中的分子即流动资产，包括现金、有价证券、应收票据、应收账款和存货等，公式中的分母即流动负债，包括应付票据、应付账款、应付费用、应付税款及短期内到期的长期债务等。我们注意到有不少分析者认为，企业的流动比率指标越高，说明企业资产流动性越好，反映企业短期偿债能力越强，债权人的本息权益越有保障。他们认定流动比率高，既表明企业拥有的流动性资产多，或者营运资金(working capital，即流动资产减去流动负债后的净额)多，能够应付资金流动不平衡或其他紧急情况以及偿还短期债务甚至部分长期债务，又表明企业可以变现的资产数额大，债权人遭受风险损失的可能性小，还表明企业具有的亏损缓冲能力(即抵御在清算等特定情况下非现金资产价值缩水的能力)和应付不确定性与突发事件(如罢工和意外损失导致暂时不利的现金流)等方面的能力强。当然，这些都是建立在企业清算假设之上的。但在持续经营的情况下，由于流动资产和流动负债都具有可再生性，因而上述理解或解释是静态的、狭隘的、不恰当的，甚至是不切合实际的。

根据诸多企业的长期实践所形成的经验规则，一般推断认为流动比率为 2∶1 比较适宜，此时企业的财务基础较为稳固。如果流动比率指标过低，则表明企业可能捉襟见肘、顾此失彼，偿还短期债务会发生困难，短期偿债能力不强；相反，如果流动比率指标过高，则表明企业可能存在闲置浪费、配置欠佳、资金使用效率不高、利用效果不好等问题。

**【例 3－1】** A 加工制造企业 2010 年年末流动资产为 16 100 000 元，流动负债为 8 000 000元；2009 年年末流动资产为 14 200 000 元，流动负债为 6 800 000 元。其两年年末营运资金及流动比率指标的计算与分析如下：

$$\begin{aligned}2010\text{ 年年末营运资金}&=16\ 100\ 000-8\ 000\ 000\\&=8\ 100\ 000(\text{元})\end{aligned}$$

$$\begin{aligned}2009\text{ 年年末营运资金}&=14\ 200\ 000-6\ 800\ 000\\&=7\ 400\ 000(\text{元})\end{aligned}$$

$$\begin{aligned}2010\text{ 年年末流动比率}&=\frac{16\ 100\ 000}{8\ 000\ 000}\\&=2.0125\end{aligned}$$

$$\begin{aligned}2009\text{ 年年末流动比率}&=\frac{14\ 200\ 000}{6\ 800\ 000}\\&=2.0882\end{aligned}$$

从营运资金的角度看，该企业两年均有一定数额的营运资金，反映其短期偿债能力较强。不仅如此，2010 年末企业的营运资金比 2009 年末还增加了 700 000 元 (8 100 000－7 400 000)，表明企业短期偿债能力有所增强。对此，尚需结合企业的生产经营规模、流动资产结构及其他有关指标等因素的变化，进行深入的考察及合理的评价。

根据流动比率指标分析，该企业两年的流动比率都超过了经验规则所推断认定的公认标准，反映其具有较强的短期偿债能力。但是，2010年年末较2009年年末在营运资金有所增加的同时，流动比率却有所下降。无疑，还需结合企业的流动资产周转情况、流动资产结构变化，以及流动负债数量与结构等进一步分析其变动的原因和性质。

我们认为，在进行具体的财务分析时，应注意下列几点问题：

第一，流动比率并非衡量短期变现能力的绝对标准。要着重分析企业流动资产的未来变现能力，以判明企业是否必须在较长的时期内维持借新债还旧债的问题，若是如此，企业将面临很大的风险。

第二，流动比率越高，对企业偿还短期债务的流动资产保证程度越强，这并不是说企业已有足够的现金或存款用来偿债。流动比率高可能是由于存货积压、应收账款增多且收款期延长，以及待摊费用增加所致，而真正用于偿债的现金和存款有可能却严重短缺。

第三，债权人总是希望流动比率越高越好，但从企业经营的角度来看，过高的流动比率通常意味着企业闲置资金的持有量比较多，必然会造成企业机会成本的增加和获利能力的降低。所以，企业应尽可能将流动比率控制在不至于货币资金闲置的水平。

第四，流动比率是否合理，不同的企业以及同一企业不同时期的评价标准是不同的，因此，不应该用统一的标准来判断各企业的流动比率合理与否。

第五，流动比率是一个静态指标，只表明在某一时点每1元流动负债的保障程度，即在某一时点流动负债与可用于偿债资产的关系。只有债务的出现与资产的周转完全均匀发生时，流动比率才能正确反映偿债能力。

第六，流动资产的变现能力与其周转性有关，对流动比率的评价也应与流动资产的周转性相结合。

第七，在分析流动比率时应当剔除一些虚假因素的影响。如在分析流动比率时，应注意分析企业会计分析期前后一段时间的流动资产和流动负债的数额变动，如变动幅度很大，应了解企业是否在流动比率不理想时，通过年终将欠款偿还，到下年初再如数借回，或者有意把本应年终进货，但却推迟到下年初再购进等办法来修饰流动比率。

**阅读案例3-2**

## 哈空调的短期偿债能力

2008年7月15日，哈空调发布了年中报，披露上半年公司的净利润为1.64亿元，同比增长87.72%。在如此利好消息之下，公司当天股价却下跌8.69%，令许多投资者损失惨重，同时很多投资者也是大为困惑。

中央财经大学中国企业研究中心的报告显示，哈空调在营业收入、净利润等指标大幅增长的同时，公司的短期偿债能力较差。根据哈空调的年中报，哈空调期末应收账款达到了11.54亿元，达到公司总资产的58.93%。由于应收账款数额过大，导致哈空调经营活动现金净流量为负值，银行贷款大幅增加，企业面临着很大的资金压力。哈空调年中报显示其经营活动现金净流量为负2.31亿元。公司的流动比率仅为1.3329，显示公司的短期偿债能力很差。虽然业绩有很大提高，但在二级市场其股票导致投资者抛售也就在情理之中。

2. 速动比率

所谓速动比率(quick ratio)，也称酸性测试比率(acid-test ratio)，是指企业的速动资产与流动负债的比率。这是比流动比率更严格的用于检测企业短期流动性和偿债能力的指标，表明企业每单位流动负债有多少速动资产可作为偿还的保证，反映企业动用可以在短期内迅速产生或转换为现金的流动资产偿还到期流动负债的能力。其计算公式如下：

$$速动比率=\frac{速动资产}{流动负债}$$

公式中的分子即速动资产，包括现金、有价证券、应收票据、应收账款以及其他应收款项等，存货、预付款项等不应计入分子。

在计算速动资产指标时，之所以要从流动资产中扣除存货项目，主要是基于下列几点考虑：

(1) 存货较其他流动资产项目容易被操纵。

(2) 存货往往是流动资产中流动性较差及变现较慢的部分，它通常需要经过产品的出售和账款的收回两个阶段才能转换为现金。

(3) 存货可能包括并不适销对路从而难以变现的产品。

(4) 有些存货可能已经损失报废但尚未处理。

(5) 部分存货可能已经抵押给债权人或已作抵押处理。

(6) 存货大都是基于稳健考虑而采用成本与市价孰低法计量，并列报于财务报表中的，但可能存在成本与合理市价相差悬殊等问题。

至于预付款项和待摊费用等，它们本质上属于费用，同时又具有资产的性质，不能产生或转换为现金，因而也不应计入速动资产。另外，在财务分析中，必须警惕有些企业在流动性不好时，可能会将一些递延费用和其他项目列入待摊(或预付)费用。在不希望企业用变卖存货等办法还债，以及排除使人产生种种误解因素的情况下，把存货、预付款项和待摊费用等从流动资产中扣除，用现金、有价证券、应收票据及应收账款等这些能迅速变现的速动资产与到期的流动负债进行比较，更能敏锐地衡量企业的短期偿债能力。

一般情况下，速动比率指标越高，说明流动性越好，反映企业现时偿债能力越强，债权人的权益或利益越有保障。实际上，在分析企业流动性和短期偿债能力时，可将速动比率指标视为流动比率指标的一种延伸与补充，并可用作流动比率的辅助指标，二者的作用是相同的。有时，企业的流动比率指标虽然较高，但流动资产中易于变现、可用来立即支付的资产很少，此时速动比率指标较低，企业的短期偿债能力依然较弱。因此，相比而言，速动比率指标更能准确地反映企业短期的流动性、变现力及偿债能力。

根据不少企业的长期实践所形成的经验规则，一般推断认为速动比率为 1∶1 比较适宜，此时企业的财务基础较为稳固。如果流动比率指标过低，说明企业的短期偿债能力存在问题；反之，如果速动比率指标过高，则说明企业拥有过多的货币性资产，相应地会失去一定的盈利性，即失去一些有利的投资及获利机会。当然，这只是一般的看法，实际工作中，并没有标准统一的速动比率。

**【例 3－2】** A 企业 2010 年年末流动资产中货币资金为 1 800 000 元、交易性金融资产为 1 000 000 元、应收账款为 2 600 000 元、存货为 10 700 000 元，流动负债中短期借款为 4 600 000 元、应付账款为 2 400 000 元、应付费用为 1 000 000 元；2009 年年末流动资产中货币资金为 1 600 000 元、交易性金融资产为 2 000 000 元、应收账款为 2 400 000 元、存货为 8 200 000 元，流动负债中短期借款为 4 000 000 元、应付账款为 2 000 000 元、应付费用为 800 000 元。其两年年末速动比率指标的计算与分析如下：

$$2010\text{年年末速动比率}=\frac{1\ 800\ 000+1\ 000\ 000+2\ 600\ 000}{8\ 000\ 000}=0.675$$

$$2009\text{年年末速动比率}=\frac{1\ 600\ 000+2\ 000\ 000+2\ 400\ 000}{6\ 800\ 000}=0.882\ 4$$

根据速动比率指标分析，该企业两年的速动比率均未达到经验规则所推断认定的公认标准，且 2010 年该指标比 2009 年更低，结合流动比率指标不难发现，该企业虽然两年的流动比率都较高，但流动资产组合中存货所占比重过大，以致其短期偿债能力并不理想。对此，企业需着力采取有效措施加以调整和扭转。

严格来说，在运用速动比率指标进行具体的财务分析时，还应结合行业特性，因为不同行业的速动比率会有一些甚至很大的差别。再者，企业的结算方式与营销政策也会影响速动比率指标，从而导致不同企业的速动比率指标也有所不同。例如，大量从事现金销售的商品流通企业，几乎没有应收账款，其速动比率指标低于甚至远远低于 1∶1 也是很正常的。速动资产中各项目，尤其是有价证券和应收账款，其质量高低对短期流动性与变现力的影响也很大，进而影响现时的偿债能力。在有效市场假设(EMH)下，有价证券几乎是现金的替代品或称“准现金”，因而其流动性与变现力不会有太大的问题。至于应收账款，则应谨慎地加以分析，因为它不一定都能够产生或转换成现金，实际的坏账损失可能比计提的坏账准备要多；此外，季节性变化及周期因素，可能使财务报表中的应收账款数额不能反映其平均的水平。作为潜在现金来源的应收账款，除了在清算或非正常转让的情况下，分析者还应当注意其再生性，因为一笔应收账款的收回有时因一个新信用的延续而得以实现。因此，现有的应收账款水平并不能反映未来现金流入量。对于这些情况及有关因素，外部分析者不容易觉察或了解到，但财务人员有可能知悉或做出恰当、合理的估计。

值得指出的是，企业的速动比率指标还应该与行业平均值相比较，以发挥其积极作用。当然，有时企业的速动比率和流动比率与行业平均值比较后，结果是令人满意的；但是，它们没有或无法说明应收账款和存货的实际水平是否很高。如果应收账款或存货的数额很大，则会影响财务分析者对企业的流动性、变现力及短期偿债能力最初的较好判断与印象。于是，财务分析者需要深入研究这两项比率的具体内容，分别检查流动资产与速动资产的规模、结构及质量，从而需要进一步研究应收账款和存货(将在第 5 章中做进一步的分析和阐述，只有到那时才能形成关于企业流动性、变现力及短期偿债能力的完整印象与最终意见)，即营运能力方面的分析。

#### 3. 现金比率

所谓现金比率(cash ratio)，是指企业的现金类资产与流动负债的比率。现金类资产，也称类现金资产，包括企业所拥有的货币资金和持有的有价证券，是速动资产扣除应收账款后的余额。应收账款存在发生坏账的可能性，某些到期的应收账款也不一定到期按时收回。因此，从速动资产中扣除应收账款再计算出来的现金比率基本上能反映企业立即偿债的能力。其计算公式如下：

$$现金比率=\frac{现金类资产}{流动负债}$$

现金比率反映企业的立即偿债能力，但没有考虑流动资产和流动负债的再生性。财务分析者可将之看作流动比率和速动比率的补充与延伸，是对企业的流动性、变现力及短期偿债能力更为严格的计量，是比流动比率和速动比率更加直接、更为严格的指标。

**【例 3-3】** A 企业 2010 年年末流动资产中有货币资金(现金)2 800 000 元，流动负债为 8 000 000 元，则其现金比率为

$$2010年末现金比率=\frac{2\ 800\ 000}{8\ 000\ 000}=0.35$$

应用现金比率需要说明以下几点：

(1) 在进行企业短期变现能力分析时，一般来说，现金比率重要性不大，因为不可能要求企业用现金和现金等价物偿还所有流动负债，企业也没有必要总是保持足够的现金及其等价物。但是在企业把应收账款和存货都抵押出去或已有迹象表明应收账款和存货的变现能力存在问题的情况下，计算该比率更为有效。因为在这种情况下，流动比率和速动比率都带有虚假性，或者不可靠性，容易导致企业盲目乐观。

(2) 现金比率指标还有一种理解与诠释，即作为计量流动资产的流动程度的指标，它是现金类资产与流动负债的比率。该比率较高，表明短期流动性较大，变现能力较强。

(3) 应注意那些对现金类资产的可能限制。当然，在一般情况下，企业不可能也不必要保留过多的现金类资产，以至于保有较高的现金比率。因为现金比率过高，意味着企业通过流动负债所筹集的资金未能得到合理利用，而以盈利能力较小的现金类资产保持着。若如此，企业需要调整资产结构，提高资金使用效果。

流动比率、速动比率、现金比率的相互关系如下：

(1) 流动比率以全部流动资产作为偿付流动负债的基础，计算的指标是流动比率，它包括了变现能力较差的存货和待摊费用等，若存货存在超储积压的情况，则会造成短期偿债能力较强的假象。

(2) 速动比率扣除了变现能力较弱的存货、预付费用和不能变现的待摊费用、待处理流动资产损失，作为偿付流动负债的基础，弥补了流动比率的不足。

(3) 现金比率以现金类资产作为偿付流动负债的基础，但现金持有量过大会对企业资产利用产生副作用，这一指标相对于流动比率和速动比率来说，其作用程度较小。在进行财务分析时，可以将这三个指标结合起来考察，特别是还可将营运资本指标结合起来进行全面分析，一般能够得到评价企业短期偿债能力的更好的效果，因为营运资本是企业偿债物资保证的绝对量，而流动比率、速动比率和现金比率是相对数。

### 3.1.3 短期偿债能力的比较分析

#### 1. 同业比较分析

同业比较包括同业先进水平、同业平均水平和竞争对手比较三类，其原理是一样的，只是比较标准不同。同业比较分析有两个重要的前提：一是如何确定同类企业，二是如何

确定行业标准。短期偿债能力的同业比较程序如下：

(1) 计算反映短期偿债能力的核心指标——流动比率，将实际指标值与行业标准值进行比较，并得出比较结论。

(2) 分解流动资产，目的是考察流动比率的质量。

(3) 如果存货的变现能力差，可进一步计算速动比率，考查企业速动比率的水平和质量，并与行业标准值进行比较，并得出比较结论。

(4) 如果速动比率低于同行业水平，说明应收账款周转速度慢，可进一步计算现金比率，并与行业标准值进行比较，并得出比较结论。

(5) 通过上述比较，综合评价企业短期偿债能力。

2. 历史比较分析

短期偿债能力的历史比较分析采用的比较标准是过去某一时点的短期偿债能力的实际指标值。比较标准可以是企业历史最好水平，也可以是企业正常经营条件下的实际值。在分析时，经常与上年实际指标进行比较。采用历史比较分析的优点：一是比较基础可靠，历史指标是企业曾经达到的水平，通过比较，可以观察企业偿债能力的变动趋势；二是具有较强的可比性，便于找出问题。其缺点：一是历史指标只能代表过去的实际水平，不能代表合理水平，因此历史比较分析主要是通过比较，揭示差异，分析原因，推断趋势；二是经营环境变动后，也会减弱历史比较的可比性。

3. 预算比较分析

预算比较分析是指对企业指标的本期实际值与预算值所进行的比较分析。预算比较分析采用的比较标准是反映企业偿债能力的预算标准。预算标准是企业根据自身经营条件和经营状况制定的目标。可见，历史比较倾向于与过去的比较，而预算比较则倾向于与未来目标的比较，并且这种比较分析对评价企业自身偿债能力是很有益的。预算标准根据企业自身经营条件、经营状况和经营目标制定，符合企业的实际情况；同时，预算标准在制定时，全面考虑了企业的历史水平和行业标准，具有较强的可比性。

### 3.1.4 影响短期偿债能力的表外因素

在进行财务报表分析时，除了从财务报表中取得资料外，还需要分析财务报表资料中没有反映出来的因素，以作出正确的判断。

1. 增强变现能力的因素

(1) 可动用的银行贷款指标。银行已同意、企业未办理贷款手续的银行贷款限额，可以随时增加企业的现金，提高支付能力。这一数据不反映在报表中，必要时应在财务情况说明书中予以说明。

(2) 准备很快变现的长期资产。由于某种原因，企业可能将一些长期资产很快出售变为现金，增强短期偿债能力。企业出售长期资产，一般情况下都是要经过慎重考虑的，企业应根据近期利益和长期利益的辩证关系，正确决定出售长期资产的问题。

(3) 偿债能力的声誉。如果企业的长期偿债能力一贯很好，有一定的声誉，在短期偿债方面出现困难时，可以很快通过发行债券等方法解决资金的短缺，提高企业的短期偿债能力。这个增加变现能力的因素，取决于企业自身的信誉和当时的筹资环境。

2. 降低变现能力的因素

(1) 未作记录的或有负债。企业对于有可能发生的债务，并不作为负债登记入账，也不在报表中反映，如售出产品可能发生质量事故赔偿，经济纠纷案可能败诉并须赔偿，尚未解决的争议可能出现的不利后果等。或有负债一旦成为事实上的负债，将会加大企业的偿债负担。

(2) 为其他单位提供债务担保形成的或有负债。企业有可能以自己的流动资产为他人提供担保，如为他人向金融机构借款提供担保，为他人购物担保或为他人履行有关经济责任提供担保等。这种担保有可能增加企业的偿债负担。此外，还有其他表外项目，如经营租赁、重大投资及资本性支出、重大改组、并购和资产出售、重大败诉和仲裁、特殊政策等。

## 3.2 长期偿债能力分析

### 3.2.1 长期偿债能力的含义

长期偿债能力是指企业偿还一年期或超过一年的一个营业周期以上的长期债务的现金保障程度。它反映了企业资本结构的合理性及偿还长期负债本金和利息的能力。分析和评价企业的长期偿债能力，也就是从长远的观点出发，动态地考察和判断企业能否按照事先约定的条件还本付息。从用于偿债的资金源看，其物资保证是企业的资产及其增值，偿债的资金源则是企业经营与理财的收益或利润。在正常情况下，企业不可能长期依靠变卖资产来偿还债务。因此，企业的长期流动性、稳健性及偿债能力是与其获利水平及盈利能力密切相关的，企业的长期偿债能力主要取决于企业资产与负债的比例关系。

### 3.2.2 长期偿债能力的影响因素

1. 盈利能力

企业的盈利能力是指企业在一定时间内取得利润的能力。企业的盈利能力对偿还企业的长期债务有着十分重要的作用。企业举借长期债务的目的一般有两个，一个是扩大企业生产经营规模；二是提高盈利能力。提高企业盈利能力，为企业投资者、债权人、经营者都带来利益，它是企业生产经营顺利进行的关键，也可为企业带来较多的利润。长期偿债能力与短期偿债能力的分析不同：短期偿债能力分析以流动资产和流动负债的相互依存关系为基础，以现金流入量为核心；长期偿债能力分析则不仅仅取决于还本付息时的现金流入量，而最终与企业的盈利能力相关，也就是说，从偿债的资金来源上看，偿还长期债务主要是企业经营所得的利润。一个长期亏损的企业，要保全其权益资本都很难，就更难保持正常的长期偿债能力了；而一个长期获利的企业，有着良好的现金收入，必然能够保持正常的长期偿债能力，所以长期偿债能力与盈利能力密切相关。企业能否有充足的现金流入偿还长期负债，在很大程度上取决于企业的盈利能力。企业盈利能力越强，长期偿债能力越强；反之，则越弱。

阅读案例 3－3

## 小强为什么应聘成功

小强 2012 年 7 月即将毕业，2 月 19 日参加了一家公司的面试。主考官是这家公司的财务总监，穿着一身西装，却戴了顶鸭舌帽，一看就比较有个性。果然，他二话没说，给了小强一张表格。表格上的一些数据如下表 3－1 所示。

**表 3－1 宏图公司有关财务指标表**

| 年份 | 资产负债率(%) | 流动比率 | 总资产周转率 | 流动资产周转率 | 净资产报酬率(%) |
|---|---|---|---|---|---|
| 2009 | 62 | 2.1 | 0.5 | 8 | 12 |
| 2010 | 62 | 2.1 | 0.4 | 5 | 8 |

表格下面有个问题：请根据上述信息评价宏图公司的偿债能力。

小强在学校虽是优等生，但第一次参加面试有些紧张。不过，凭着在学校演讲队的经验，他迅速将在学校学过的有关财务分析的知识梳理了一下，然后从什么是偿债能力，偿债能力评价用哪些指标，每一个指标如何计算，如何评价判断讲得层次分明、条理清楚、非常精彩，好几个评委都露出了满意的微笑。

这时，主考官打断了小强的发言，要求他“就事论事”。小强这才发现，宏图公司的资产负债率、流动比率在 2009、2010 两年的指标值是一样的。若光考虑资产负债率和流动比率，宏图公司这两年的偿债能力没什么变化——这还真把小强难住了。

想想好不容易进入了面试，又是自己心仪的公司，小强心一横豁出去了。既然表格上有总资产周转率、流动资产周转率和净资产报酬率等指标，想必它们影响到了偿债能力。这时，小强不再背课本上的内容了，开始分析起营运能力和盈利能力对偿债能力的影响：“宏图公司的总资产周转率、流动资产周转率指标 2010 年比 2009 年略有下降，表明资产周转速度放慢，流动性变差，由此看来，企业资产的变现性也就差了，偿债能力也就弱了；宏图公司的净资产报酬率下降，肯定对偿债能力是不利的。”

“你没有猜到故事的开头，却猜到了故事的结尾。”——主考官的话让小强知道他面试过关了。

偿债能力是企业存在和发展的重要影响因素。偿债能力太弱，企业可能会陷入偿债危机；偿债能力太强，企业可能要付出过多的成本。因此，维持合理的债务规模和结构是企业财务管理的一项重要内容。偿债能力、营运能力和盈利能力之间存在天然的联系：盈利能力的提高有助于提升企业的偿债能力，而维持合理的偿债能力，又有利于稳定地提高企业的盈利能力；而资产的周转率指标从动态角度说明了企业的债务偿还能力。企业财务人员在分析评价企业偿债能力时，只有结合相关资产的周转情况，分析资产的流动性，建立在此基础上的偿债能力分析才是可靠的。

### 2. 流动资产的变现力

从资产和负债的对应关系上看，一部分长期负债常常被用作流动资产的资金来源，流动资产的变现能力强弱，自然也就为偿还这部分长期债务提供了基础；另一部分长期负债则被用作长期资产的资金来源，而长期资产在企业经营过程中主要采用摊销的方式，由流动资产或者是主要由存货等的实现价值来补偿，因而这部分长期负债的偿还能力取决于流动资产能否顺利实现周转。可见，长期偿债能力主要取决于经营流转的顺畅程度，即流动资产的流动性和变现能力的强弱。

3. 非流动资产的规模与结构

非流动资产是指企业除流动资产之外的其他资产，包括固定资产、持有至到期投资、无形资产、递延资产等。对企业来说，不论是短期负债还是长期负债，企业的资产就是企业负债的偿还保证，尤其对于长期负债来说，因为大部分企业在举借长期负债时，未用非流动资产作为抵押。对于投资者来说，抵押资产的规模决定着企业偿还长期负债的能力，即使是无非流动资产作抵押的长期负债，都可用于偿还长期负债。企业的资产越多，其偿还债务的能力越强。所以非流动资产的规模和结构对于企业长期偿债能力有着重要影响。

4. 所有者权益的比重

衡量一个企业的经济实力不是以总资产为尺度，而是以净资产为基础。因为总资产的一部分是由负债形成的，负债不是企业自身能力的一部分，而是借自其他企业或个人的资产进行运作的，所以要衡量一个企业的经济实力，应以净资产为依据。净资产实际上是企业的所有者权益。所有者权益从两个方面反映企业的经济实力：一是实收资本和资本公积的多少表现企业生产经营的基础规模；二是盈余公积和未分配利润展示了企业潜在的发展能力。

对于企业来说，负债的成本相对较低，可以随借随还，以满足企业短期临时的资金需要，但负债不能长期占有，使企业面临还债的压力，风险较大；而所有者权益能够持续永久占有，风险小，但资金成本较高，不能根据资金的余缺进行调整。为此，企业必须保持一定比例的、持久的、稳定的权益资本，这既是企业经济实力的体现，也是企业保持生产经营活动进行的基础。

### 3.2.3 衡量长期偿债能力的指标

1. 资产负债率

所谓资产负债率(asset-liability ratio)，也称负债比率或举债经营比率(debt ratio)，是指企业的负债总额与资产总额的比率。它表明来自于债权人资金形成的资产占企业总资产的比重，以及企业清算时对债权人利益的保障程度。其计算公式如下：

$$资产负债率=\frac{负债总额}{资产总额}$$

公式中的分子即负债总额，不仅包括长期负债与流动负债，还包括诸如递延所得税、可赎回优先股等其他负债。流动负债作为一个整体的资金来源，其所提供的资金经常为企业所占用，可以视同长期性资本来源的一部分，并且基于稳健的考虑将流动负债与其他负债均计入分子之中。公式中的分母即资产总额，是资产价值扣除累计折旧、减值准备及坏账准备后的净值。在计算与运用比率指标的过程中，大都是根据账面价值资料，有时也采用市价数据。

资产负债率指标对于不同的分析主体而言，有着不同的分析作用与评价意义。

首先，就债权人来说，他们最关心的是其贷款的安全程度，也就是能否按期收回本金及利息。从对债权人利益的保障程度看，如果权益性投资者提供的资本占资产总额的比例较小，则风险主要由债权人负担，对债权人利益的保障程度就较低。因此，债权人希望资产负债率指标越低越好。当然，对潜在债权人来说，该比率指标为零时，未必一定好。资产负债率指标低，说明企业偿债有保证，债权人的贷款或利益就不会有很大的风险(损失)。

其次，就权益性投资者而言，他们最关心的是其投资的收益水平，也就是能否获取预期的收益。由于企业的负债资金和权益资金在经营中共同发挥作用，甚至发挥共同的作用，因而投资者也关注负债资金的成本，即全部资金利润率是否高于负债资金利率。当全部资金利润率高于负债资金的利率时，对权益性投资者就有利；反之，当全部资金利润率低于负债资金的利率时，对权益性投资者会不利，因为此时要用权益性投资者的利润或收益来弥补债权人的利息或利益。因此，在全部资金利润率超过负债资金利率的情况下，资产负债率指标越高越好；反之，则该指标越低越好。

最后，从经营管理者的角度看，他们最关心的是其经营管理的业绩与效率，也就是能否实现并保持合理的资产组合与资本结构。从一定意义上说，财务指标资产负债率也意味着企业对债权人资金的利用程度。如果资产负债率指标过低，说明企业举债很少，甚至几乎根本不举债，此时企业的筹资风险较小或几乎没有筹资风险，但也说明企业利用债权人资金从事经营活动的能力较差或很差，并且要付出较高的资金成本，也表明经营管理层比较保守，对未来信心不足。反之，如果资产负债率指标过高，说明企业获利充沛，利用债权人资金极多，表明经营管理层敢于冒险，但在现时清算意义上意味着企业的筹资风险较大或很大，在未来预期意义上意味着可能超出债权人的心理承受程度，从而难以再行负债筹资和持续经营。鉴于此，企业应当审时度势、全面分析，在进行有关决策时要充分估计并权衡预期的收益与风险，优化资产组合及资本结构，取得满意的经营管理绩效。理论上认定，资产负债率不宜超过50%。如果资产负债率超过50%，意味着风险较大，尤其是当资产负债率超过100%时，则说明企业资不抵债或支付不能，企业有可能濒临倒闭及发生财务失败(finance failure)。在现实经济生活中，企业的资产负债率并无统一的标准，应视行业特性、企业经营特征、信用状况和管理风格、周期规律以及外部环境等因素而定。也就是说，企业应根据具体情况灵活地确定其负债程度，努力保持适度的资产负债率。

**【例3-4】** 某企业2010年年末流动资产为16 100 000元、非流动资产为29 900 000元，流动负债为8 000 000元、非流动负债为5 000 000元；2009年年末流动资产为14 200 000元、非流动资产为25 800 000元，流动负债为6 800 000元、非流动负债为4 000 000元。其两年年末资产负债率指标的计算与分析如下：

$$2010\text{年年末资产负债率}=\frac{8\ 000\ 000+5\ 000\ 000}{16\ 100\ 000+29\ 900\ 000}=0.282\ 6$$

$$2009\text{年年末资产负债率}=\frac{6\ 800\ 000+4\ 000\ 000}{14\ 200\ 000+25\ 800\ 000}=0.27$$

根据资产负债率指标分析，该企业两年的资产负债率都不高，均低于50%，这表明企业的长期偿债能力较强，有利于保障债权人的利益，增强其对企业出借资金的信心；与此同时，资产负债率较低也表明企业对债权人资金的利用程度不高，财务杠杆的作用发挥不充分。对此，企业需要综合考虑收益、成本及风险等因素，如可在资产收益率、负债利息率及增加负债所加大的风险之间进行权衡，适度增加负债资金，进一步优化债务结构，提高盈利水平。

2. 产权比率

所谓产权比率(equity ratio)也称债务股权比率(debt-equity ratio)，是指企业的负债总额与所有者权益的比率。其计算公式如下：

$$产权比率=\frac{负债总额}{所有者权益}$$

公式中的分子即负债总额，包括长期负债与流动负债。在具体的财务分析中，有时也将优先股考虑在内。因为相对于一般投资人或普通股股东来说，特别投资人或优先股股东有优先的求偿权，并且其收益或股利(息)往往固定，从而使得优先股属于混合性证券，有时便将优先股视同负债计入分子负债总额之中。公式中的分母即所有者权益，也称为业主权益或股东权益，若将优先股视同负债并计入负债总额，则分母中不包括优先股权益。当然，债权人更倾向于使用该比率的倒数，并将之理解为企业每单位负债有多少所有者权益作为后盾或保障。

作为衡量长期流动性及偿债能力的重要指标，产权比率揭示负债资金与权益资金的比例关系，因而能够说明正常情况下债权人权益受到投资人权益的保证程度，或在企业清算时对债权人利益的保障程度，也能说明企业基本的财务结构或资本结构及其稳固程度。当然，对此也不能一概而论，应结合周期变化及物价变动等因素进行具体分析。例如，在经济萎缩或企业处于低迷时期，降低产权比率有利于减轻利息负担，减少风险损失；在经济繁荣或企业处于成长时期，提高产权比率能够发挥举债经营的积极作用，有利于增加额外收益，获得风险利益。又如，在通货膨胀情况下，企业多举债有利于把风险损失转嫁或转移出去；相反，在通货紧缩的情况下，企业少负债较为有利。

一般而言，产权比率指标高，说明企业的基本财务结构与资本结构具有高风险、高收益的特性；反之，产权比率指标低，则说明企业拥有低风险、低收益的基本财务结构和资本结构。应当指出，产权比率指标往往随企业的经营性质和现金流量的变化而变化。例如，现金流量较为稳定的电子企业，其产权比率通常比现金流量极不稳定的机械制造企业的产权比率要高。此外，将一家企业的产权比率进行横向及纵向比较，一般能反映出该企业的信用价值与筹资风险及其变化趋势。

**【例 3-5】** 接例 3-4，该企业 2010 年年末所有者权益为 33 000 000 元、负债总额为 13 000 000 元，2009 年年末所有者权益为 29 200 000 元、负债总额为 10 800 000 元。其两年年末产权比率指标的计算与分析如下：

$$2010\text{ 年年末产权比率}=\frac{13\ 000\ 000}{33\ 000\ 000}=0.394$$

$$2009\text{ 年年末产权比率}=\frac{10\ 800\ 000}{29\ 200\ 000}=0.370$$

根据产权比率指标分析，该企业两年的产权比率均不高，同前述资产负债率指标相互印证，表明企业的长期偿债能力较强，对债权人利益的保障程度较高；与此同时，产权比率不高也表明企业对债权人资金的利用程度较低，资本结构不甚合理。对此，企业需要结合其战略意图、财务目标及风险水平等，采取灵活有效的调整措施，优化资本结构，增强偿债能力。

在实际工作中，不少财务分析者逐渐发现并认识到，企业拥有的无形资产(如商标权、专利权及非专利技术等)大多流动性差、变现力弱，不一定能够用于偿还债务。有鉴于此，为了谨慎起见，通常将无形资产视为不能用于偿债的资产，并从计算产权比率指标公式的分母中扣除，从而衍生出有形净值债务率指标。所谓有形净值债务率，是指企业的负债总额与有形净值的比率。其中，有形净值是所有者权益减去无形资产净值后的差额，说明投资人拥有所有权意义上的有形资产净值。但应明确的是，资产负债表上所列无形资产也影响权益，这种将无形资产(净值)从所有者权益中扣除的调整方式将使权益(税后)下降。显然，如此做法是不公平的，也是过于保守的。该比率指标实质上是产权比率指标的延伸，它更为谨慎地反映在企业清算时债权人利益受投资者权益的保障程度。一般来说，该比率指标越低越好。从前述原理中不难发现，资产负债率与产权比率具有相通的意义和相似的目的，两者可以相互补充，均通过显示企业债务融资的比例来突出债务融资对企业的重要性。同样，我们认为，可以将长期负债与资本化总额进行对比，来生成长期负债资本比率，以突出长期债务融资对资本结构的相对重要性，并可用之于分析企业的长期流动性及偿债能力。对该比率指标的要求，不同行业也有所不同。比如，在制造业中，此项比率指标一般不宜超过35%，而在铁路及公用事业中，该比率指标不超过50%往往较为合理。

3. 利息保障倍数

所谓利息保障倍数(interest coverage ratio)，也称已获利息倍数(times interest earned ratio)或涵盖比率(coverage ratio)；是指企业生产经营所获得的利润与利息支出的比率。它反映企业在一定期间支付利息的能力，并认定利息是唯一需要以收益来偿付的固定性支出。其计算公式如下：

$$利息保障倍数=\frac{利润}{利息支出}$$

公式中的分子即利润，包括净利润、所得税及利息费用，称为息前税前利润或息税前利润(earning before interest and tax，EBIT)。在我国企业的利润表中，净利润和所得税的数据都可以直接找到，但利息费用没有单列项目而是计入了财务费用之中。在特定期间即分析期内，企业若没有大量的筹资活动，也没有或几乎没有汇兑损益，则可用利润表中的财务费用替代分子中的利息费用。当然，即便如此，财务费用也只是利息费用的近似值，因为财务费用中还包括该期间的日常利息收入。公式中的分母即利息支出，指本期发生的全部应计(付)利息，不仅包括计入财务费用的利息费用或费用化利息，还包括计入长期性资产成本的资本化利息。必须明确的是，利息支出不同于已付利息，其主要原因有三：应付利息的变动不在利息费用之中；被资本化的利息不在利息费用之中；溢价或折价的摊销等。当然，在缺乏信息的情况下，人们无法从资本化的利息中计算利息支出，此时已付利息就是利息支出较好的替代物或近似值。

**【例3-6】** 承例3-5，该企业2010年利润总额为8 400 000元、所得税为2 772 000元、财务费用为600 000元，2009年利润总额为8 000 000元、所得税为2 640 000元、财务费用为400 000元；自2005年以来的各年度中，企业的利息保障倍数指标最低为4.59倍，其所在行业的利息保障倍数通常为3～5倍。另外，该企业在2009年与2010年举债都较少，且市场利率较低。其两年利息保障倍数指标的计算与分析如下：

$$2010\text{年利息保障倍数}=\frac{8\ 400\ 000+600\ 000}{600\ 000}=15\text{倍}$$

$$2009\text{年利息保障倍数}=\frac{8\ 000\ 000+400\ 000}{400\ 000}=21\text{倍}$$

根据利息保障倍数指标分析，该企业两年的利息保障倍数都较高甚至过高，不仅几倍于5年来企业的最低数，而且大大超过了行业的指标值，这表明企业具有较强的偿付负债利息的能力；与此同时，较高或过高的利息保障倍数也表明企业过于谨慎与保守，影响其获利水平和盈利能力。对此，企业需要根据以往的经验，并结合行业的情况及特点，认真权衡风险与收益，合理地判断、设定、调整及保持其利息保障倍数。

从支付或偿还的角度看，无论费用化利息或资本化利息，最终都是要支付或偿还的。事实上，企业为避免破产也必须确保利息的支付，因而利息保障倍数指标的重点是衡量企业支付利息和避免破产的能力。比如，某企业利息保障倍数指标为4.25，与行业平均值4.0相比，说明其偿付利息的能力强。实际上，该比率指标也能够显示出企业筹措新资的能力。国际上不少评级机构，如穆迪公司(Moody's)和标准普尔公司(Standard & Poor's)都广泛使用此项比率指标。一般认为，只要该比率指标足够大，企业就有足够的能力偿付利息；否则，企业就难以偿付利息。就企业来说，要合理确定利息保障倍数，就需要将该指标与本行业平均水平、其他企业的指标进行比较；同时，基于稳健的考虑，还需要把本企业连续多期(年)的该项指标加以比较，并选择最低指标期间(年)的数据作为标准，以保证最低的利息偿付能力及其评价的合理性。另外，企业的长期债务会随着时间的推移而不断转化为流动负债，需要动用流动资产来偿还。因此，结合利息保障倍数指标，测算长期负债与营运资金(即流动资产减去流动负债)的比率，有利于分析和判断企业的长期流动性及偿债能力。通常，只要保持长期债务不超过营运资金，就不会出现因上述时间性转化而导致流动资产小于流动负债的情况，从而使长短期债权人都能够感觉到其权益或利益有足够的保障。

在具体的财务分析中，分析者既需要深知企业用于付息的是现金而不是收益，因而有必要结合现金流量加以评价；又需要牢记企业长期的获利水平和盈利能力是其现金流量、偿债能力及筹资能力的主要源泉或重要条件。因此，财务分析者必须了解收益与固定性支出的关系及其在公式中的具体调整。在计算可用于偿付固定性支出的收益时，必须考虑非常利得与损失、优先股股利、少数股东权益、所得税、固定性支出的收回及收益水平等；在计算固定性支出时，必须考虑利息支出、资本化利息、租赁负债隐含的利息、控股子公司优先股股利支付要求、本金偿付要求、固定性支出偿付担保，以及其他的固定性支出等。

必须指出，利息保障倍数或已获利息倍数是一种简单的计量指标，没有考虑上述有关公式中分子及分母的调整，因而其在财务分析与评价上具有一定的误导性。不仅如此，此项比率指标只是衡量债权人的利息收益受企业经营收益的保障程度，不足以说明债权人的全部权益是否得到保证。换言之，该项比率指标的应用，本身隐含着一个基本的假定条件，即债权人的“权”(如贷款本金)能够得到投资人的“权”(如股本)的充分保证；或者说，不考虑或短期不需要考虑本金的偿还问题。事实上，从现金流出的角度看，本金的偿还与利息的支付一样艰巨。例如，在租赁业务中，偿还本金与支付利息的义务必须同时履行。但是，在计算利息保障倍数指标时，之所以不考虑或短期不需要考虑本金的偿还问题，主要是因为：

(1) 收益与固定性支出的比率是以盈利为基础的。如果该比率处于有利水平，在偿付义务到期时，企业可以通过重新融资来履行偿付义务。因此，这些义务未必需要依靠盈利所赚取的资金来履行。

(2) 如果企业的产权比率指标可以接受，它可以重新筹措到相当于本金金额的资金。

(3) 如果把偿还本金的要求纳入固定性支出，则会导致重复计算。例如，假设企业用折旧回收的资金偿还债务本金，那么只有在盈利或盈亏平衡的情况下折旧才能回收；况且，利息保障倍数指标中的收益所强调的是，从经营中获得的可用于支付固定性支出的现金。

(4) 并非所有的债务合约都要求建立偿债基金或有类似的偿债义务，因而将偿还本金的要求纳入固定性支出就不合适了。对此，财务分析者需要了解各种债务的偿付要求及期限，并分析与评价其对企业长期流动性及偿债能力的影响。因此，通过借新债还旧债的办法来延缓债务，或者用当期经营所得现金来偿还债务等各种假定，都是极其危险、非常有害的。

在现实经济生活中，企业除了支付利息外，还有一些主要的或重要的支付款项，如分期偿还的本金、支付的优先股股利和租金等，往往具有固定的特性。因此，可以将已获利息倍数指标加以扩展以形成一类或系列的利息保障倍数，从而比已获利息倍数指标更具有广泛性、实用性及现实性。例如，固定性费用利息保障倍数，其计算公式如下：

$$\text{固定性费用利息保障倍数}=\frac{\text{息税前利润}+\text{租金}}{\text{利息}+\text{租金}+\dfrac{\text{优先股股利}}{1-\text{所得税率}}}$$

通常，该项比率指标可以用来估计、分析及评价企业支付所有固定性费用及类似费用的能力。

4. 现金全部债务比率

所谓现金全部债务比率(cash-total debt ratio)，是指企业的经营现金流量与负债总额的比率。其计算公式如下：

$$\text{现金全部债务比率}=\frac{\text{经营现金流量}}{\text{负债总额}}$$

该比率指标表明企业经营活动所得现金对全部债务的支付保障程度，反映企业的长期偿债能力。从某种意义上说，它对于人们理解、分析及评价现金到期债务比率、资产负债率等指标具有一定的修正或补充作用。

**【例 3-7】** 沿用前述有关资料，可计算和分析该企业两年的现金全部债务比率指标：

$$\text{2010 年现金全部债务比率}=\frac{2\ 649\ 600}{13\ 000\ 000}=0.204$$

$$\text{2009 年现金全部债务比率}=\frac{2\ 588\ 760}{10\ 800\ 000}=0.240$$

根据现金全部债务比率指标分析，该企业两年的现金全部债务比率都不高，这表明其实际支付水平较低、甚至很低，真实的长期偿债能力未必像前述有些指标所反映的那样强。对此，企业需要分析债务的性质、规模、期限及结构，结合经营现金流量及其构成与变化，采取有效的改进措施和办法，以提高其实际支付水平，增强长期偿债能力及财务弹性。

### 3.2.4 影响长期偿债能力分析的其他因素

1. 长期负债的影响

在资产负债表中，属于长期负债的项目有长期借款、应付债券、长期应付款、专项应付款和其他长期负债等。在分析长期偿债能力时，应注意以下问题：

(1) 会计政策和会计方法的可选择性使长期负债额产生差异。分析时应注意会计方法的影响，特别是中途变更会计方法对于长期负债的影响。

(2) 应将可转换债券从长期负债中扣除。

(3) 有法定赎回要求的优先股也应作为负债。

2. 长期经营性租赁的影响

当企业急需某项设备而又缺乏足够的资金时，可以通过租赁方式解决。财产租赁有经营租赁和融资租赁两种，融资租赁的设备视为企业自有资产，其租赁费作为长期负债处理；而经营租赁的设备则不在固定资产总额当中，如果该设备被长期占用，所形成的长期固定租赁费用实际上是一种长期筹资行为，但该费用又不能作为长期负债处理。如此，需要偿还的债务和用作债务保障的资产两方面都出了特殊情况，若被忽略就会对企业的长期偿债能力产生负面影响。

3. 或有事项的影响

或有事项是指过去的交易或事项形成的一种状态，其结果需通过未来不确定事项的发生与否来证实。或有事项分为或有资产和或有负债。产生或有资产会提高企业的偿债能力，产生或有负债会降低企业的偿债能力。因此，在分析企业的财务报表时，必须充分注意有关或有项目的报表附注披露，以了解未在资产负债表上反映的或有项目，并在评价企业长期偿债能力时，考虑或有项目的潜在影响。同时，应关注有无资产负债表日后的或有事项。

4. 承诺的影响

承诺是企业对外发出的某种经济责任和义务。企业为了经营的需要，常常要做出某些承诺，这种承诺有时会大量增加该企业的潜在负债或承诺义务，而却没有通过资产负债表反映出来。因此，在进行长期偿债能力分析时，分析者应根据报表附注及其他有关资料等判断承诺变成真实负债的可能性；判断承诺责任带来的长期负债，并作相应的处理。

5. 金融工具的影响

金融工具是指引起一方获得金融资产并引起另一方承担金融负债或享有所有者权益的契约。与偿债能力有关的金融工具主要是债券和金融衍生工具。金融工具的公允价值有时揭示在财务报表或报表附注中，这种揭示有助于报表使用者分析与之相关的公司的重大机会或潜在风险。如果企业的金融工具所采用的价格高于其应计的公平价值，则会造成资产虚增，增大企业潜在损失发生的可能性。除了价值以外，金融工具的风险也是影响企业未来损益的重要因素，报表使用者在分析企业的长期偿债能力时，要注意结合具有资产负债表外风险的金融工具记录，并分析信贷风险集中的信用项目和金融工具项目，综合起来对企业偿债能力作出判断。

## 本章小结

偿债能力分析包括短期偿债能力分析和长期偿债能力分析两方面。

所谓短期偿债能力，是指企业用流动资产偿还流动负债的现金保障程度。短期偿债能力是企业财务状况的重要标志，主要取决于企业资产的流动性与变现力。短期偿债能力的分析与评价主要是根据财务报表，尤其是资产负债表，结合其他有关或相关的资料，将短期债务与可得到的用于偿还这些债务的短期资金来源相比较，并通过计算出的一些清偿(能力)比率来判断企业目前的偿付能力及在困难时保持偿付的能力。常用的短期偿债能力比率指标有流动比率、速动比率、现金比率等。

长期偿债能力分析是从长期、动态的角度对企业偿债能力进行的考察与评价。分析与评价企业的长期偿债能力，也就是从长远的观点出发，动态地考察和判断企业能否按照事先约定的条件还本与付息。常用的长期偿债能力比率指标有资产负债率、产权比率、利息保障倍数、现金全部债务比率等。财务分析应将企业作为一个有机的法人实体和市场竞争主体，从短期(静态)及长期(动态)两个方面进行分析，以综合衡量和判断企业未来的偿付能力及在困境时保持偿付的能力。

## 关键术语

短期偿债能力　流动比率　速动比率　现金比率　现金类资产　长期偿债能力　资产负债率　产权比率　利息保障倍数　息税前利润　现金全部债务比率

## 思考与练习

一、单项选择题

1. 某企业现在的流动比率为2∶1，下列经济业务(　　)会引起该比率降低。

A. 用银行存款偿还应付账款　　B. 发行股票收到银行存款

C. 收回应收账款　　D. 开出短期票据借款

2. 如果流动比率大于1，则下列结论成立的是(　　)。

A. 速动比率大于1　　B. 现金比率大于1

C. 营运资金大于0　　D. 短期偿债能力绝对有保障

3. 在企业速动比率是0.8的情况下，会引起该比率提高的经济业务是(　　)。

A. 银行提取现金　　B. 赊购商品

C. 收回应收账款　　D. 开出短期票据借款

4. 某企业年初流动比率为2.2，速动比率为1；年末流动比率为2.4，速动比率为0.9，发生这种情况的原因可能是(　　)。

A. 当期存货增加　　B. 应收账款增加
C. 应付账款增加　　D. 预收账款增加

5. 如果流动资产大于流动负债，则月末用现金偿还一笔应付账款会使(　　)。
A. 营运资金减少　　B. 营运资金增加
C. 流动比率提高　　D. 流动比率降低

6. 影响企业短期偿债能力的最根本原因是(　　)。
A. 企业的资产结构　　B. 企业的融资能力
C. 企业的权益结构　　D. 企业的经营业绩

7. 运用资产负债表可计算的偿债能力比率有(　　)。
A. 应收账款周转率　　B. 总资产报酬率
C. 利息保障倍数　　D. 现金比率

二、 多项选择题

1. 下列项目中，属于速动资产的有(　　)。
A. 现金　　B. 应收账款
C. 其他应收款　　D. 固定资产
E. 存货

2. 下列各项指标中，反映短期偿债能力的指标有(　　)。
A. 流动比率　　B. 速动比率
C. 资产负债率　　D. 净资产负债率
E. 利息保障倍数

3. 企业采取备抵法核算坏账损失，如果实际发生一笔坏账，冲销应收账款，则会引起(　　)。
A. 流动比率提高　　B. 流动比率降低
C. 流动比率不变　　D. 速动比率提高
E. 速动比率降低

4. 计算速动资产时，把存货从流动资产中扣除的原因有(　　)。
A. 存货的变现速度慢　　B. 存货的周转速度慢
C. 存货的成本与市价不一致　　D. 有些存货可能已经报废
E. 有些存货可能已经被抵押

5. 某企业流动比率为2，以下业务中(　　)会使该比率下降。
A. 收回应收账款　　B. 赊购商品与材料
C. 偿还应付账　　D. 从银行取得短期借款
E. 赊销商品

6. 反映短期偿债能力的指标有(　　)。
A. 近期支付能力系数　　B. 流动比率
C. 现金比率　　D. 期末支付能力系数
E. 现金比率

三、 判断题

1. 对债权人而言，企业的资产负债率越高越好。(　　)
2. 对任何企业而言，速动比率应该大于1才是正常的。(　　)
3. 流动比率越高，表明企业资产运用效果越好。(　　)
4. 获利能力强的企业，其偿债能力也强。(　　)

5. 利息保障倍数、固定费用保障倍数越高，则长期偿债能力保证程度就越强。 （ ）

6. 企业的负债最终要以企业的资产去偿还。 （ ）

7. 资产负债率越高，财务杠杆利益就越大。 （ ）

8. 从稳健角度出发，现金比率用于衡量企业偿债能力最为保险。 （ ）

四、 计算题

1. 某企业流动负债200万元，流动资产400万元，其中：应收票据50万元，存货90万元，待摊费用2万元，预付账款7万元，应收账款200万元(坏账损失率5‰)。

要求：计算该企业的流动比率和速动比率。

2. 某企业2010年和2009年的有关收益数据如表3-2所示。

**表3-2 企业2009年和2010年的有关收益数据表**

单位：万元

| 项　目 | 2009年 | 2010年 |
|---|---|---|
| 利润总额 | 8 231 | 8 282 |
| 利息支出 | 1 724 | 1 421 |
| 所得税 | 2 591 | 2 650 |

要求：

(1) 计算该企业2010年和2009年的息税前利润。

(2) 计算该企业2010年和2009年的利息保障倍数。

(3) 分析该企业2010年利息保障倍数的变化趋势及可能的原因。

## 实际操作训练

1. S公司是一家机床行业的上市公司，主营业务为数控机床设备制造、机床制造、机械加工，代购、代销、代储、代运，以及经济信息咨询服务等。近年来，该公司坚持以产品产业化发展促进产品创新，以技术开发研制成果推动产业升级，取得了明显成效。2010年12月，公司数控机床产销率突破万台；2011年，数控机床销售额占公司机床总销量的比例由2010年的39%上升至2011年的45%，销售额达到23.87亿元人民币。预计2010—2013年期间，公司数控机床的销量将实现40%的年均复合增长率。

2009年，S公司全资收购了德国X公司的全部净资产，其中包括该公司8万平方米土地、建筑面积达2万平方米的厂房、44台大中型机床设备、17个产品的全套技术和具有百余年历史的商品品牌，为S公司实现由本土经营向跨国经营的战略性转变打下了基础。在实施收购前3年，S公司的主要财务指标见表3-3。

**表3-3 S公司的主要财务指标表**

| 主要财务比率 | 2008年 | 2007年 | 2006年 |
|---|---|---|---|
| 净资产收益率（按净利润） | 1.41% | 0.59% | −6.82% |
| 资产负债率 | 79.49% | 79.31% | 75.70% |
| 流动比率 | 0.83 | 0.81 | 0.92 |
| 速动比率 | 0.65 | 0.64 | 0.73 |

根据有关资料，得到同类财务指标行业平均数据如表3-4所示。

表 3-4　金属加工机械制造业的行业评价数据

| 财务比率 | 资产负债率(%) | 流动比率 | 速动比率 |
|---|---|---|---|
| 2008 年 | 55 | 1.42 | 0.95 |
| 2007 年 | 53 | 1.52 | 1.03 |
| 2006 年 | 51 | 1.57 | 1.02 |

（资料来源：改编自张先治《财务分析教学案例》. 大连：东北财经大学出版社.）

要求：

(1) 根据表 3-3 资料，分析 S 公司 3 年间各主营指标的变化趋势；

(2) 结合表 3-3 和表 3-4 的资料，综合评价 S 公司这 3 年的偿债能力。

2. A 公司为钢铁制品公司，具有 40 多年的生产历史，产品远销国内外市场。但是，近 10 年来，国外同类进口产品不断冲击国内市场，由于进口产品价格较低，国内市场对它们的消费持续增长；国外制造商凭借较低的劳动力成本和技术上的先进设备，其产品的成本也较低。同时，市场上越来越多的日用制品都采用了铝、塑料等替代性材料，A 公司前景并不乐观。

对此，公司想通过一项更新设备计划来增强自身的竞争力，拟投资 400 万元的新设备。投产后，产量将提高，产品质量将得到进一步的改善，降低了产品单位成本。公司 2010 年(上一年)有关财务资料见表 3-5、表 3-6 和表 3-7。

表 3-5　利润表

2010 年　　单位：千元

| 项　　目 | 金　　额 |
|---|---|
| 销售收入 | 5 075 000 |
| 减：销售成本 | 3 704 000 |
| 毛利 | 1 371 000 |
| 减：营业费用 | |
| 销售费用 | 650 000 |
| 管理费用 | 416 000 |
| 折旧费用 | 152 000 |
| 营业费用合计 | 1 218 000 |
| 营业利润 | 153 000 |
| 减：利息费用 | 93 000 |
| 税前净利润 | 60 000 |
| 减：所得税 | 24 000 |
| 税后净利润 | 36 000 |

表 3-6　A 公司资产负债表

2010 年 12 月 31 日　　单位：千元

| 资　产 | 年初数 | 年末数 | 负债和所有者权益 | 年初数 | 年末数 |
|---|---|---|---|---|---|
| 流动资产： | | | 流动负债 | | |
| 货币资金 | 24 100 | 25 000 | 应付票据 | 370 000 | 311 000 |
| 应收账款 | 763 900 | 805 556 | 应付账款 | 400 500 | 230 000 |
| 存货 | 763 445 | 700 625 | 其他应付款 | 100 902 | 75 000 |
| 流动资产合计 | 1 551 445 | 1 531 181 | 流动负债合计 | 871 402 | 616 000 |

续表

| 资　产 | 年初数 | 年末数 | 负债和所有者权益 | 年初数 | 年末数 |
|---|---|---|---|---|---|
| 固定资产： | | | 长期负债 | 700 000 | 1 165 250 |
| 固定资产原价 | 1 691 707 | 2 093 819 | 负债合计 | 1 571 402 | 1 781 250 |
| 减：累计折旧 | 348 000 | 500 000 | 所有者权益 | | |
| 固定资产净值 | 1 343 707 | 1 593 819 | 股本 | 150 000 | 150 000 |
| | | | 资本公积 | 193 750 | 193 750 |
| | | | 留存收益 | 980 000 | 1 000 000 |
| | | | 所有者权益合计 | 1 323 750 | 1 343 750 |
| 资产总计 | 2 895 152 | 3 125 000 | 负债与所有者权益 | 2 895 152 | 3 125 000 |

**表 3-7　A公司历史财务比率**

| 财务比率 | 年份 | | | 行业平均值 |
|---|---|---|---|---|
| | 2008 | 2009 | 2010 | |
| 流动比率 | 1.7 | 1.8 | | 1.5 |
| 速动比率 | 1.0 | 0.9 | | 1.2 |
| 存货周转次数 | 5.2 | 5.0 | | 10.2 |
| 平均收账期 | 50 | 55 | | 46 |
| 资产负债率 | 45.8% | 54.3% | | 24.5% |
| 赚取利息倍数 | 2.2 | 1.9 | | 2.5 |
| 毛利率 | 27.5% | 28% | | 26% |
| 净利率 | 1.1% | 1.0% | | 1.2% |
| 投资报酬率 | 1.7% | 1.5% | | 2.4% |
| 权益报酬率 | 3.1% | 3.3% | | 3.2% |

（资料来源：改编自王化成．中国人民大学工商管理案例——公司财务与会计卷．北就：中国人民大学出版社．）

要求：

(1) 计算 2010 年公司各财务比率(见表 3-7)。

(2) 通过横向与纵向对比分析公司的总体财务状况，对公司的负债状况、流动性、偿债能力分别进行分析。

(3) 对公司更新设备的决策作出评价，它会给公司财务带来几种影响，你认为应采用何种筹资方式。

3. 分析资料：ABC 公司 2010 年财务报表有关数据如下：

(1) 利润表有关数据：销售收入净额 90 000 元；现销收入 10 000 元；利息费用 4 500 元；销售成本 41 130 元；利润总额 18 800 元；净利润 6 204 元。

(2) 资产负债表有关数据见表 3-8。

**表 3-8　资产负债表**

单位：万元

| 资　　产 | 年初数 | 年末数 | 负债和所有者权益 | 年初数 | 年末数 |
|---|---|---|---|---|---|
| 流动资产： | | | 流动负债 | | |
| 货币资金 | 12 500 | 3 750 | 短期借款 | 9 162.5 | 15 725 |
| 应收款项净额 | 21 250 | 18 750 | 应付账款 | 5 000 | 10 525 |
| 存货 | 1 612.5 | 18 750 | 流动负债合计 | 14 162.5 | 26 250 |

续表

| 资产 | 年初数 | 年末数 | 负债和所有者权益 | 年初数 | 年末数 |
| --- | --- | --- | --- | --- | --- |
| 流动资产合计 | 35 362.5 | 41 250 | 长期负债 | 15 000 | 18 750 |
| 固定资产 | 41 000 | 41 250 | 所有者权益 | | |
| | | | 股本 | 11 250 | 11 250 |
| | | | 资本公积 | 13 500 | 13 625 |
| | | | 盈余公积 | 6 450 | 6 475 |
| | | | 未分配利润 | 6 000 | 6 150 |
| | | | 所有者权益合计 | 37 200 | 37 500 |
| 资产总计 | 76 362.5 | 82 500 | 负债与所有者权益 | 66 362.5 | 82 500 |

要求：

根据上述资料，计算 ABC 公司 2010 年下列有关指标：①流动比率；②速动比率；③现金比率；④资产负债率；⑤净资产负债率；⑥有形净值债务率；⑦利息保障倍数。

# 第4章 盈利能力分析

## 教学目标

通过本章的学习能够理解企业的投入资本与投资者的投入资本的区别；掌握投资者角度对企业的盈利能力分析的指标；熟练掌握上市公司盈利能力评价指标——每股收益；理解会计角度和财务角度的利润质量；了解评价企业利润质量的指标。

## 教学要求

| 知识要点 | 能力要求 | 相关知识 |
| --- | --- | --- |
| 盈利能力的含义、重要意义 | 了解盈利能力的含义<br>认知盈利能力分析的重要意义 | 盈利能力的含义<br>盈利能力分析的重要意义 |
| 盈利能力指标分析 | 认知和掌握生产经营盈利能力分析<br>认知和掌握资产经营盈利能力分析<br>认知和掌握资本经营盈利能力分析<br>认知和掌握上市公司盈利能力分析 | 生产经营盈利能力分析<br>资产经营盈利能力分析<br>资本经营盈利能力分析<br>上市公司盈利能力分析 |

## 导入案例

### 银广夏造假

2001年3月，银川广夏实业股份有限公司(简称银广夏)公布了其2000年年报。在当年股本扩大一倍的情况下，每股收益0.827元，增长幅度超过60%。而在此前的1999年年报中，公司的每股盈利也高达0.51元。与此相呼应的是，该公司的股票市价也一路飙升，从1999年12月30日的13.97元启动，一路升至2000年4月19日的35.83元。2000年4月20日，公司实施了10转10的分配方案。之后开始了一轮填权行情，并于2000年12月29日完全填权，创下了每股37.99元的新高，相当于除权之前每股75.98元的市场价格，比一年前启动时每股13.97元的价格整整增长了4倍，一举成为沪深两市的一匹黑马。同月，银广夏发布公告称，它与德国诚信公司签订了连续3年、总金额为60亿元的萃取产品订货总协议。仅以此合同推测，2001年银广夏的每股收益将达到空前的2至3元!

然而，2001年8月出版的《财经》杂志上，发表了题为《银广夏陷阱》的封面文章，指出银广夏1999年度和2000年度的“经营业绩”绝大部分来自于会计造假!

同年9月，中国证监会新闻发言人表示：证监会已于当年8月3日对银广夏正式立案调查。根据已查明的资料显示：银广夏公司通过伪造购销合同、伪造出口报关单、虚开增值税专用发票、伪造免税文件和金融票据等手段，虚构利润达7.45亿元。其中，1999年为1.78亿元，2000年为5.67亿元。

“业绩”成为了巨额亏损，“黑马”顷刻间变成了“灰驴”。自《财经》杂志刊文质疑其利润不实、证监会紧接着展开调查之后，昔日风光无限的银广夏股票创纪录地爆出了连续15个交易日的跌停板，最大跌幅高达80%，广大投资者被套牢，损失惨重。

**评价与思考：**

银广夏造假的直接表现就是虚构营业收入和利润，从而使其财务报表陈述不实，造假程度令人吃惊。不过，仔细研究其当年的财务报告，还是可以发现很多蛛丝马迹的。

(1) 公司2000年资产负债表显示：年末货币资金比年初增加了2.27亿元，增幅高达69.39%。但在同期，2000年年末的短期借款却比年初增加了5.86亿元，应收账款增加了4.4亿元，增幅为96.5%。显然，公司当年经营活动、特别是销售货款的资金回笼情况很不理想，大量应收债权占据了公司巨额资金，造成公司只有借入大量短期借款来弥补流动资金的不足。这一点也可以从公司的现金流量表中得到印证。在公司当年的现金流量表中，现金流量净额为2.27亿元，其中经营活动现金净流量为1.24亿元，筹资活动现金净流量为3.45亿元，投资活动现金净流量为−2.56亿元，还有一些因汇率变动形成的货币资金换算增加0.14亿元。也就是说，公司现金流量净额主要是基于短期借款形成的。然而，在该公司的会计报表附注中，对年末货币资金大幅增长的解释却是“由于公司本年的销售增加，且回笼现金较多所致”，其实，这不过是公司希望以巨额的货币资金来美化销售业绩及资金回笼的“绩效”而已。

(2) 通过公司披露的信息可以了解到，银广夏的收入和利润主要来源于其旗下的几家子公司，尤以天津广夏为重。同时，公司也明确披露了它所适用的增值税率为17%，也没有享受国家规定的增值税减免政策。但是，公司财报的3大主表显示：公司当年工业企业性销售收入为8.27亿元，实现毛利润5.43亿元；从公司自述的所用原材料和燃料动力来看，增值税进项税额应该不大。可现金流量表中披露2000年增值税只交了区区52 602.31元。

从年报中看，该公司业绩主要来自于天津广夏，而天津广夏又号称货物全部出口德国，仅2000年一年，天津广夏就实现出口1.8亿马克。如果现实中这一说法成立，那么依据税法规定，公司可以据此向税务机关办理出口退税，且出口退税的收入不低于7 000万元人民币。然而，在银广夏的年报中，却找不到有关出口退税的信息披露。

事实上，据《财经》杂志披露：调查资料显示，银广夏从1999年开始在市场上散布的“利润神话”

全是闭门造车的“成果”。公司号称在2000年实现的1.8亿马克的出口收入，实际上只有3万美元；公司宣扬与其签下连续3年总计60亿元萃取产品订货总协议合同的德国客商是一家百年老店，事实上却是一家仅有5万马克注册资本的小型贸易公司；至于被银广夏标榜出口创汇的拳头产品——“超临界萃取产品”，更是在产量和价格上被权威专家证实为不可能……

银广夏神话终结了，但它对市场的冲击和对投资者的影响仍值得我们深入思考……

(资料来源：东方财富网 http：//www.eastmoney.com/)

# 4.1 盈利能力分析概述

## 4.1.1 盈利能力的含义

所谓盈利能力(profitability)，通常是指企业获取报酬及利润的潜力或可能性。获利是企业经营与理财的出发点和归宿，是其生存与发展的条件及保证。从相关利益关系人角度看，利润是投资者获得投资报酬、债权人收取本息的源泉，又是评价经营管理者工作绩效的主要依据，也是职工集体福利设施增加和其他利益增长的重要保障。因此，利润是众多利害关系人共同关心的问题，对企业盈利能力的分析具有十分重要的意义。本章主要从投资者及经营管理者角度加以阐述，即分别以报酬与利润为基础分析盈利能力。

## 4.1.2 盈利能力分析的重要意义

1. 盈利能力分析有利于帮助投资者进行投资决策

企业的投资者进行投资的目的就是获取更多的利润，投资者总是将资金投向盈利能力强的企业。因此，投资者对企业盈利能力分析是为了判断企业盈利能力大小、盈利能力的稳定性和持久性及未来盈利能力的变化趋势。企业的盈利能力越强，投资者的直接利益会提高，此外还会使股票价格上升，从而投资者们还可获取资本收益。只有投资者认为企业有良好的发展前景才会保持或增加投资。

2. 盈利能力分析有利于促进企业改善经营管理

盈利能力分析的分析对象是企业经营管理活动最终取得的结果，因此，它是企业进行经营管理效益的集中体现，有效的盈利能力分析的过程也是企业进行企业管理创新的一个过程，是推动企业不断前进的过程。企业的生存发展过程中可能出现对外部环境变迁的不适应，竞争能力减弱，丧失企业发展良机，一个企业如果在经营过程中不失时机地进行盈利能力分析，使企业经营者和各级管理者能及时、准确地掌握盈利的信息，并客观理性地评价企业的经营管理活动，及时发现存在的问题和弊端，企业的潜能将会不断得到开发，管理水平将不断提升，竞争能力将不断加强。

3. 盈利能力分析有助于完善对企业的外部财务监督

随着现代企业制度的建立，两权分离、政企分开，职能转换，政府不再直接管理企业，而是实施宏观调控间接管理，为了实现这一目标，政府监督部门也要对企业的盈利能力进行评价，发现企业管理和经营中存在的问题，分析产生的原因，这不但有助于企业改善经营管理，还使得对企业的监督建立在更加客观、实际的基础上，从而为政府宏观经济分析和决策提供更为充分的依据。

4. 盈利能力分析是企业实现可持续发展的保障

所谓企业可持续发展，是指企业在追求自我生存和永续发展过程中，既要考虑企业经营目标的实现，并不断提高企业市场地位，又要保持企业在已领先的竞争领域和未来扩张的经营环境中，始终保持持续的盈利增长和经营能力的提高，以保证企业在相当长的时间内长盛不衰。增强企业的可持续发展能力，对企业做大、做强、做久具有重要的作用。企业盈利能力，是企业信誉高低的重要标志，直接决定着企业的生存和发展。企业要实现可持续发展，必须具有可持续的较高水平的盈利能力。而如果长期亏损，企业也就失去了生存和发展的基本条件，更谈不上实现可持续发展。

企业盈利能力还直接决定着企业的融资能力。对投资者来说，他总是希望把资金投向收益较高的企业，而对债权人来说，考虑到贷款的安全性，更希望把贷款贷给盈利能力强的企业。至于企业管理当局，其管理水平高低也直接反映到企业的盈利能力上。从一定意义上来说，提高企业盈利能力，创造更多的盈利，是企业生存和发展的重要目标之一。

为了增强企业的盈利能力，首先必须对涉及企业盈利能力的财务指标进行科学判断，在此基础上，再进行深入分析，找出企业在盈利能力方面的薄弱环节，从而制定提高企业盈利能力的相应措施。增强企业的盈利能力，不仅要增强企业的当前和短期盈利能力，还要不断增强企业未来的，即长期的盈利能力。企业未来的可持续发展能力，归根结底，又取决于企业的技术创新能力、产品竞争力和资本扩张能力。因此，企业要增强自己的可持续盈利能力，就必须不断增强技术创新能力、产品竞争能力和资本扩展能力。

5. 盈利能力分析对于进一步完善企业绩效评价体系有重要意义

随着经济全球化的发展，企业将面临严峻的形势，促进企业发展成为我国亟待解决的问题。这就要求能够及时把握我国企业绩效状况，建立全面系统的企业绩效综合评价体系显得尤为重要。而在这个企业绩效评价指标体系中，涉及了企业的盈利能力、发展能力、营运能力、决策能力、社会贡献能力等方面。而企业盈利能力在这个指标体系中起着尤为重要的作用，它是企业进行生产经营管理的最终结果，是企业其他方面能力的集中体现，同时又对其他方面能力的发挥起着重要的影响作用。随着企业经营环境的变化，影响企业盈利能力的因素也日趋复杂，但是有些关键性的因素未能在现有的指标体系中得到反映，也就是说，现有指标体系不能满足企业发展的要求，很大程度上影响了对企业盈利能力的判断，为了进一步完善绩效评价体系，就要求对企业盈利能力的评价指标体系进行进一步的研究与完善。

**阅读案例 4-1**

### 多元化经营的陷阱——巨人集团失败的财务分析

近年来，我国不少企业追求多元化经营模式，试图通过多元化经营减轻企业经营风险，使企业走向健康稳定发展的道路。然而，现实却让人们看到多元化经营使许多企业走上了加速陷入财务危机甚至破产危机之路，巨人集团的兴衰就是这许多例子中的一个。

巨人集团在现有主业基础上，未能有效运用内部管理型战略与外部交易型战略延伸企业生命周期曲线，巩固和发展核心能力，而贸然跨入一个自己完全生疏的行业，从而使企业的竞争优势无法得以持续存在。尽管这种外延式扩张的道路暂时掩盖了各种矛盾，但因缺乏培植企业新的核心竞争能力而为企业埋下了致命的隐患。巨人集团为追求资产的盈利性，以超过其资金实力十几倍的规模投资于一个自己生疏而资金周转期长的房地产行业，实物资产的整体性和时间约束性，使公司有限的财务资源被冻结，从而使公司的资金周转发生困难，并因此形成了十分严峻的资产盈利性和流动性矛盾。最后因实物资产的互斥性，生物工程因正常运作的基本费用和广告费用不足而深受影响。与此同时，巨人集团从事房地产开发和建设，却未向银行申请任何贷款，不仅使企业白白浪费了合理利用财务杠杆作用从而给企业带来效益的可能机会，而且也使企业因放弃举债而承担高额的资金成本。最后使企业在资产结构与资本结构、盈利性与流动性的相互矛盾中陷入难于自拔的财务困境。

（资料来源：李晓平．对多元化经营失败的分析——以巨人集团为例．贵阳金筑大学学报，2006）

## 4.2 盈利能力指标分析

### 4.2.1 生产经营盈利能力分析

企业生产经营的盈利是反映企业盈利能力的主要指标，它既反映了企业的前期经营成果，又为企业的后续经营奠定了基础，是企业的盈利能力最明显的外在表现。

1. 营业毛利率

反映公司经营活动流转额的初始获利能力指标，可以用营业毛利率来表示，即营业毛利占营业收入的比例，而营业毛利则是营业收入与营业成本之差。公司营业利润形成的基础是营业毛利，它反映了对经营期内期间费用的承受能力，营业毛利率体现了公司的获利空间，通过指标对比可以揭示公司在定价政策、成本控制等方面的优劣势和在同行业中的竞争实力。其计算公式为

$$营业毛利率=\frac{营业收入-营业成本}{营业收入}\times 100\%$$

从公式可以看出，企业的营业毛利率反映企业产品生产、销售的获利能力，取决于收入与对应成本的比例。毛利是企业利润形成的基础，单位收入的毛利越高，抵补各项期间费用的能力越强，企业的获利能力也就越高。反之，则获利能力越低。就一般企业而言，影响企业收入与成本的因素有以下三种。

（1）销售产品的价格。销售价格的高低直接影响着收入的多少。

（2）购货成本、产品的生产成本。购货成本与生产成本是构成营业成本的主要因素。

（3）企业生产或经营的品种结构。企业的品种结构影响着成本的多少以及收入的形成。就单个产品而言，提高价格或降低成本是提高利润率的主要手段，单就整个企业而言，生产或经营的产品结构是影响利润的主要因素。

**【例4－1】** 根据表4－1所示，计算各年的营业毛利率并简要分析该企业的盈利能力。

表4-1　营业毛利率计算分析表

单位：万元

| 项　目 | 2008年 | 2009年 | 2010年 |
| --- | --- | --- | --- |
| 营业收入 | 400 | 420 | 410 |
| 营业成本 | 330 | 340 | 330 |
| 营业毛利 | 70 | 80 | 80 |
| 营业毛利率 | 17.5% | 19.05% | 19.51% |
| 营业成本率 | 82.5% | 80.95% | 80.49% |

分析：该企业营业毛利率在逐年上升，总体表明该企业盈利能力逐年增强，是非常好的趋势。

运用该指标进行盈利能力分析时还需要注意以下几点。

(1) 受价格政策和销售政策的影响，不同行业之间毛利率可能有很大差别。例如，国计民生必需品的营业毛利率低一些，而奢侈品或新产品则往往倾向于获得较多的毛利。有时企业为增加产品的市场份额，也会采取薄利多销的政策，此时，营业毛利率会偏低。

(2) 营业毛利率有明显的行业特点。一般而言，营业周期短、固定费用低的行业，如商品零售行业，营业毛利率较低；营业周期长、固定费用高的行业，如重工业，营业毛利率较高。所以，在评价企业盈利能力时，应考虑企业的行业特点、企业的目标利润，与企业历史水平、行业先进水平比较，寻找差距及其差距产生的原因，对企业作出合理、正确的评价。

营业毛利率分析对很多报表使用者都有帮助，如管理者按预计的毛利水平来预测盈利能力。毛利率也可以用于成本控制，可以利用毛利率估计企业中期报表中存货的水平，还可估计涉及保险损失的存货。另外，审计人员和税务部门也利用毛利指标来判断会计系统的正确性。

2. 营业利润率

反映公司经营活动本身的获利能力指标，可以用营业利润率来表示，即企业营业利润与营业收入的比率，该指标用来衡量企业营业收入的获利能力，营业利润率不仅考察主营业务的盈利能力，而且考察非主营业务的其他经营业务的盈利能力。

$$\text{营业利润率}=\frac{\text{营业利润}}{\text{营业收入}}\times 100\%$$

营业利润率越高，说明企业经营业务的盈利能力越强，企业为社会新创造的价值越多，贡献越大，也反映企业资金周转速度快、实现了增产增收；反之，该比率越低，说明企业经营业务的盈利能力越差，企业为社会新创造的价值越低，反映出企业资金周转速度慢，经济效益不好。

营业利润是指正常生产经营业务所带来的、未扣除利息和所得税前的利润。但在实务中，通常扣除利息，即直接用利润表上的“营业利润”数据。其意义在于：恰当地分析企业经营过程的获利水平，这是最基本、最稳定的获利，以避免企业财务杠杆程度、投资损益和非常项目的影响。该指标表明每单位营业收入创造的盈利。从分子、分母的口径来看，该指标仅涉及企业的营业活动，不涉及投资活动与营业外收支活动，较有利于说明企业的增产增收状况和营业盈利水平。

**【例 4-2】** 某公司 2009 年营业收入为 40 000 000 元，营业利润为 8 000 000 元；2010 年营业收入为 45 000 000 元，营业利润为 9 900 000 元，该企业营业利润率计算如下：

$$2009\text{ 年营业利润率}=\frac{8\ 000\ 000}{40\ 000\ 000}\times100\%=20\%$$

$$2010\text{ 年营业利润率}=\frac{9\ 900\ 000}{45\ 000\ 000}\times100\%=22\%$$

从计算结果来看，公司 2010 年营业利润率较 2009 年提高了 2%，表明该企业经营业务的盈利能力有所增强，经营效益有不断提高的趋势。

运用该指标进行盈利能力分析时还应注意以下几点：

(1) 企业的营业利润率与营业利润的高低成正比，与营业收入成反比。所以，企业在增加收入的同时，必须相应地获得更多的营业利润，才能保证营业利润率保持不变或者有所提高，这就要求企业在扩大销售、增加收入的同时，还要注意自己的经营管理，提高获利水平。

(2) 销售或营业利润率是评价企业经营业务盈利能力的一个综合指标，要想取得较理想的分析效果，还需要在此基础上对影响销售利润率增减变动的各项主要因素进行更加详细的分析，如销售净利润率、销售毛利润率等；另外，从利润表的结构内容来看，影响销售利润率变动的主要因素，还有营业外收支、投资净收益、财务费用、管理费用、销售费用和营业成本以及产品销售方式、销售品种结构等。

(3)对单个企业来说，营业利润率越大越好，但各行业的竞争能力、经济状况、利用负债融资的程度及行业经营的特征，都使得不同行业各企业间的营业利润率大不相同。因此，在使用该指标分析的同时，还要注意将企业的个别营业利润率指标与同行业的其他企业进行比较分析。通过对营业利润率的同业比较分析，可以发现企业获利能力的相对地位，从而更好地评价企业获利能力的状况。

3. 营业净利率

营业净利率是指企业实现的净利润除以营业收入的比率。营业净利率用来衡量企业在一定时期的营业收入获取净利润的能力。营业净利率的计算公式为

$$\text{营业净利率}=\frac{\text{净利润}}{\text{营业收入}}\times100\%$$

“营业收入”是利润表的第一行数字，“净利润”是利润表的最后一行数字，两者相除可以概括企业的基本经营状况，它表明 1 元销售收入与其成本费用之间可以“挤”出来的净利润。营业净利率越高，说明企业盈利能力越强；营业净利率低，表明企业可能营业收入低或成本费用高或者两者兼而有之。

**【例 4-3】** 某公司 2009 年营业收入为 40 000 000 元，营业利润为 4 000 000 元；

2010年营业收入为45 000 000元，营业利润为4 950 000元，该企业营业利润率计算如下：

$$2009\text{年营业净利率}=\frac{4\ 000\ 000}{40\ 000\ 000}\times100\%=10\%$$

$$2010\text{年营业净利率}=\frac{4\ 950\ 000}{45\ 000\ 000}\times100\%=11\%$$

从计算结果来看，公司2010年营业净利率较2009年提高了1%，表明该企业经营业务的盈利能力有所增强；但营业净利率较营业利润率增长慢1%，说明其2010年获利能力较销售能力低，销售业务质量有所下降。

运用该指标进行盈利能力分析时还应注意以下几点。

(1) 该指标中，净利润与营业净利率呈同向变动关系。因此，要保持或提高营业净利率，在扩大营业收入的同时，还必须相应地增加净利润，从而需要改进经营，改善管理。为此，需要将营业净利率分解为营业毛利率、营业税金率、营业成本率及营业期间费用率等，以便发现企业经营管理中的薄弱环节，来采取相应的措施提供依据。确定分析的重点项目之后，需要深入到各项目的内部进一步分析。

(2) 营业净利率的变动原因可以分部门、分产品、分顾客群、分销售区域或分推销员进行分析。视分析的目的及可以取得的资料而定。通常，销售费用和管理费用公开披露的信息十分有限，外部分析人员很难将其深入下去。财务费用、资产公允价值变动损益、资产减值损失、投资收益和营业外收支的明细资料，在报表附注中均有较详细的披露，为进一步分析提供了信息。

(3) 该指标各年之间的变化可能相对较大，因为净利润中包含波动较大的营业外收支净额和投资收益。企业的短期投资者和债权人主要关心的是当期利益，他们可以直接运用营业净利率这一指标分析企业总体盈利能力。但对于企业管理者和投资者来说，更关心的是该指标与净利润的内部构成分析，以正确判断企业的盈利能力。

(4) 对单个企业来说，营业净利率指标越大越好，但各行业的竞争能力、经济状况、利用负债融资的程度及行业经营的特征，都使得不同行业各企业间的销售净利率大不相同。因此，在使用该指标分析的同时，应注意将企业的个别营业净利率指标与同行业的其他可比企业进行比较分析，以准确判断企业的盈利能力。

**阅读案例4-2**

## 琼民源的虚假业绩——低劣的收益质量

“琼民源”公司在1996年短短的一年时间内企业的业绩发生了突飞猛进的增长，由1995年的年利润67万元而一跃增长到1996年的5.7亿元，但是却没有足够的经营或投资项目表明公司有可能增长如此多的利润。如此惊人的业绩，略有会计常识的人都会提出怀疑。

面对公众的怀疑，公司解释为“公司投资北京的战略决策获得巨大成功，开启和培育了公司获得高收益的新利润增长点，使公司今后稳健、持续获得利润有了可靠保证”。实际情况是，琼民源在1996年利润总额5.7亿元中有5.4亿元是虚构出来的，是公司在未取得土地使用权的情况下，通过与其关联企业(香港冠联置业)及其他公司签订的未经国家有关部门批准的合作建房、权益转让等无效合同编造的。

总结起来，琼民源虚增的利润主要来源于将合作方香港冠联置业公司投入的股本及合作建房资金

1.95亿元确认为收入；通过三次循环转账手法，虚构收到转让北京民源大厦部分开发权和商场经营权的款项2.7亿元，从而确认销售收入3.2亿元；以及将收到的民源大厦的建设补偿费5 100万元确认为收入。

（资料来源：秋靖，张桂升．世纪末中国股市钩沉：股市第一骗案．中国商法，2000）

### 4.2.2 资产经营盈利能力分析

1. 总资产报酬率

总资产报酬率是指企业一定时期内获得的报酬总额与企业总资产平均余额的比率。它是反映企业资产综合利用效果的指标，也是企业衡量债权人和所有者权益总额所取得盈利的重要指标。其计算公式如下：

$$总资产报酬率=\frac{利润总额+利息支出}{总资产平均余额}\times100\%$$

其中，总资产平均余额为年初资产总额与年末资产总额的平均数，可以用期初总资产余额与期末总资产余额之和除以2来计算。

由于上述总资产利润率的分子是净利润，净利润应属于所有者；分母是总资产，总资产由所有者和债权人共同所有，而企业所得税也是企业资产营运产生的效益。在分子中是利润总额+利息支出的合计理由如下：

（1）从经济学角度看，利息支出的本质是企业收入的分配，是企业创造利润的一部分。为了促使企业加强成本、费用管理，保证利息的按期支付，将利息费用化的部分列作财务费用，从营业收入得到补偿，利息资本化的部分计入资产原价，以折旧、摊销等形式逐期收回，所以应将利息支出加入利润总额中。

（2）权益性融资成本是股利，股利是税后支出的，其数额包含在利润总额之中；债务性融资成本是利息支出，而在计算利润总额时已将其扣除，为了使得分子、分母的计算口径一致，分析中应该包括利息支出。

（3）息税前利润可以避免因为资本结构不同而导致不同的利润，能够较好地体现资产的总增值情况，而且便于企业之间的横向比较，因而这是最常用的方式。但不足之处是未能反映终极所得，所以不太符合所有者的分析要求。

运用该指标进行盈利能力分析时还应注意以下几点：

（1）仅仅分析企业某一个会计年度的总资产报酬率，不足以对企业的资产管理状况作出全面的评价。因为利润总额中可能包含着非经常或者非正常的因素，因此应进行连续几年的总资产报酬率的比较分析，对其变动趋势进行判断，才能取得相对准确的信息。在此基础上再进行同业比较分析，有利于提高分析结论的准确性。

（2）总资产报酬率是经营效率的相应计量指标，实际上是反映负债和所有者权益的收益情况。它反映了一个公司从所有受托资产或融入资金中得到的报酬率。这一计量指标只是说明企业资产的盈利能力，而不关心这些筹资的来源，不考虑相应投资的融资手段，即不考虑选择股权融资还是债券融资。所以总资产报酬率也不能计算不同资金来源获得的报酬率。不考虑资产资金来源的影响，分析就可以集中在评估或者预测经营业绩上。

2. 资产报酬率

资产报酬率是指净利润与平均资产总额的比率，它反映公司从1元受托资产中得到的

净利润。影响资产报酬率的驱动因素是销售利润率和资产周转率。其计算公式为

$$资产报酬率=\frac{净利润}{平均总资产}=\frac{净利润}{销售收入}\times\frac{销售收入}{平均总资产}$$
$$=销售利润率\times总资产周转次数$$

总资产周转次数说明每1元资产所创造的销售收入，销售利润率是1元销售收入创造的利润，两者共同决定了资产利润率，即1元资产创造的利润。

**【例4-4】** 根据各年销售收入、净利润和总资产情况计算如表4-2所示的数据变动表。

**表4-2 数据变动表**

| 项　目 | 2010年 | 2009年 | 变动 |
|---|---|---|---|
| 销售收入 | 5 000 | 4 000 | 1 000 |
| 净利润 | 450 | 400 | 50 |
| 总资产 | 4 000 | 3 200 | 800 |
| 资产报酬率 | 11.25% | 12.5% | 1.25% |
| 销售利润率 | 9% | 10% | −1% |
| 总资产周转次数 | 1.25 | 1.25 | 0 |

根据表4-2，该公司的资产利润率2010年比2009年下降了1.25%，其原因是销售净利率降低了1%。

### 4.2.3 资本经营盈利能力分析

投资者进行资本经营的目的就是获得投资报酬，一个公司投资报酬的高低直接影响到现有投资者是否继续追加投资，以及潜在的投资者是否投资。投资者十分关心投入公司的资本运营效益，因为这关系到投资报酬的高低，但资产报酬率高并不意味着所有者投资的收益就高，因为公司的总投资包括权益性融资和债务性融资，公司运用债务资本带来的利润支付利息以后若有剩余，权益性融资的收益率就会提高，否则会降低。衡量所有者投资盈利能力的指标主要有净资产收益率、普遍股权益报酬率和资本收益率。

1. 净资产收益率

净资产收益率又称股东权益收益率，是净利润与平均股东权益的百分比，是公司税后利润除以净资产得到的百分比率，该指标反映股东权益的收益水平，用以衡量公司运用自有资本的效率。指标值越高，说明投资带来的收益越高。其计算公式为：

$$净资产收益率=\frac{净利润}{平均净资产}\times100\%$$

其中：

$$平均净资产=\frac{年初净资产+年末净资产}{2}$$

**【例4-5】** A公司2009年实现净利润80 000万元，其中年初所有者权益总额为

220 000万元，年末所有者权益总额为280 000万元，试计算A公司的净资产收益率。

$$净资产收益率=\frac{80\ 000\times 2}{220\ 000+280\ 000}\times 100\%=32\%$$

净资产收益率充分体现了投资者投入企业的自有资本获取净收益的能力，突出反映了投资与报酬的关系。在当前市场经济条件下，以股份制形式来做大企业、增强实力，所有权与经营权分离的情况下，效益是投资者关心的问题。该指标通用性强，适用范围广，不受行业的局限。通过对该指标的综合对比分析，可以看出企业获利能力在同行业中所处的地位，以及与同类企业的差异水平。通常，企业的净资产收益率越高，表明企业自有资本获取收益的能力越强，运营效益越好，对企业投资人、债权人的保证程度越高。

净资产收益率与资产报酬率及负债比率成正比，亦即资产报酬率提高，净资产收益率也随之提高；负债比率提高，且资产报酬率为正值，则净资产收益率也随之提高。举债经营如果有利，则可扩张资产报酬率，从而促使净资产收益率提高；反之，举债经营如果不利，则将压低资产报酬率，从而造成净资产收益率降低。

2. 普通股权益报酬率

普通股权益报酬率是指净利润扣除应发放的优先股股利的余额与普通股权益之比。如果公司未发行优先股，那么普通股权益报酬率就等于股东权益报酬率或自有资本报酬率。其计算公式如下：

$$普通股权益报酬率=\frac{净利润-优先股股利}{平均普通股股东权益}\times 100\%$$

其中：

$$平均普通股股东权益=\frac{期初普通股股东权益+期末普通股股东权益}{2}$$

**【例4-6】** 某公司2009—2010年有关分析资料如表4-3所示。

**表4-3 某公司2009—2010年有关分析资料**

单位：万元

| 年份 | 净利润 | 优先股股利 | 普通股权益平均额 | 普通股权益报酬率(%) |
|---|---|---|---|---|
| 2009 | 1 560 | 60 | 15 000 | 10 |
| 2010 | 2 260 | 60 | 18 000 | 12.22 |

表中显示2010年普通股权益报酬率比2009年增加2.22个百分点，其变动的原因用差额分析法分析如下：

(1) 由于净利润变动对普通股权益报酬率的影响为

$$\frac{2\ 260-60}{15\ 000}-\frac{1\ 560-60}{15\ 000}=4.67\%$$

(2) 由于普通股权益平均额变动对普通股权益报酬率的影响为

$$\frac{2\ 260-60}{18\ 000}-\frac{2\ 260-60}{15\ 000}=-2.45\%$$

两因素共同作用的结果是普通股权益报酬率上升2.22%。

该指标从普通股股东角度反映企业的盈利能力。指标值越高，说明企业盈利能力越强，普通股股东可得收益也越多。为了对普通股权益报酬率进行进一步分析，首先应找到影响普通股权益报酬率的因素。影响普通股权益报酬率的因素有三个：净利润、优先股股利和普通股权益平均额。优先股股利比较确定，因此应重点分析净利润和普通股本权益报酬率。

净利润是影响普通股权益资本报酬率的重要因素，企业净利润越大，普通股权益报酬率就越高。影响普通股权益报酬率的另一因素是普通股权益平均额，它与普通股权益报酬率呈反比关系。也就是说，在净利润不变的情况下，普通股权益平均额越大，普通股权益报酬率就越低。

普通股权益报酬率与净资产报酬率(ROE)最大的区别就在于从投入资本中剔除的部分不同。净资产收益率仅仅是剔除债权融资，而普通股权益报酬率既不包括从债权人处融得的资产，也不包括从优先股股东处融资获得的资产。债权人投资通常获得固定的报酬或有些情况下没有报酬，优先股股东也有获得固定的股利，但是普通股股东不能得到固定的报酬。这些股东的求偿权排在债权人和优先股股东之后，因此普通股权益报酬率对普通股股东十分重要。

3. 资本收益率

资本收益率是衡量所投入的资本赚取收益的比率。这一指标广泛地用于评价企业的业绩，这一比率衡量的是企业向长期资金提供者支付报酬及企业吸引未来资金投资者的能力，是从投入资本的角度来比较公司的业绩。它还使得我们可以比较公司相对于资本投资风险的报酬率，也可以把投入资本报酬率与其他投资的报酬率相比较。

资本收益率是计量一个公司长期财务实力的指数，是从利润表和资产负债表中获取数据来评估企业的盈利能力。这一计量指标比起那些只依赖于资产负债表项目计量财务实力或者偿付能力(如产权比率)的指标更具有优势。它可以更有效地传递从不同融资来源的各个方面的投资报酬率，对短期的流动分析也有所帮助。

资本即企业在工商行政部门登记注册的资金，即注册资金。资本收益率是指企业净利润与所有者投入资本的比率，该指标反映了投资者投入资本金赚取利润的能力。其公式为

$$资本收益率=\frac{净利润}{投资者投入资本总额}\times 100\%$$

我国的有关法规要求实收资本与注册资本相一致，所以资本收益率的计算依据实际上就是资产负债表上的“实收资本”一项。因此，资本收益率又称股本收益率，可以表示为

$$股本收益率=\frac{净利润}{平均实收资本}\times 100\%$$

其中：

$$平均实收资本=\frac{期初实收资本+期末实收资本}{2}$$

在评价资本收益率时，要确定一个基准资本收益率，一般要考虑同期市场贷款利率和风险调整贴现率。如果资本收益率高于基准资本收益率，则适度举债对投资者来说是有利

的；反之，如果低于基准资本收益率，则过高的负债经营将损害投资者的利益，表明企业盈利能力严重不足，投资者就要转移投资。

### 4.2.4 上市公司盈利能力分析

1. 每股收益

每股收益(earning per share，EPS)又称每股税后利润、每股盈余，指税后利润与股本总数的比率。它是测定股票投资价值的重要指标之一，是分析每股价值的一个基础性指标，是综合反映公司获利能力的重要指标，它是公司某一时期净收益与股份数的比率。其计算公式为

$$每股收益=\frac{净利润-优先股股利}{发行在外普通股加权股数}$$

该指标比值越大，表明上市公司的盈利能力越强，股东的投资效益较好，每一股所得的利润也越多；反之，则越差。但并非每股收益越高，公司股价必然就高；相反，如果公司以很高的负债比率和较大的财务风险换取较高的每股收益，在股利发放后，公司的股价不但不会上扬，甚至有下降的可能。因此，只有当公司每股收益上升，财务风险并无增长时，股票价格才会有较好的表现。

使用每股收益指标进行财务分析时应注意以下问题：

(1) 每股收益没有说明企业利润发生的时间，没有考虑时间价值，也不反映或没有有效地反映股票所含的风险，而且容易导致企业追求短期利益行为。

(2) 为评价公司的相对盈利性，可以将不同公司每股收益进行比较。但应强调的是，不同股票的每股经济含量不等，其所含有的净资产和市价不同，这在一定程度上限制了每股收益的公司间比较。也就是说，比较不同公司的每股收益，其程度是有限的。

(3) 可以把不同时期的每股收益进行比较，以了解公司盈利性的变化趋势，也可以将每股收益的实际值与预测值相比较，以掌握公司的管理绩效。

(4) 每股收益多，往往是多分股利的前提，但不一定意味着股利多分，要看公司的股利分配政策与支付股利的能力，这集中体现在股利支付率上。

2. 每股净资产

每股净资产是指股东权益总额减去优先股权益后的余额与发行在外的普通股股数的比率。其计算公式为

$$每股净资产=\frac{股东权益总额-优先股权益}{发行在外普通股加权平均股数}$$

每股净资产指标反映了每股股票所拥有的资产现值。每股净资产越高，股东拥有的资产现值越多；每股净资产越少，股东拥有的资产现值越少。通常每股净资产越高越好。

使用每股净资产指标进行财务分析时应注意以下问题：

每股净资产指标是以历史成本为计量基础的账面价值计算的。如果公司经营已很久，又未定期进行资产评估，那么其账面价值必然与实际的市场价值有较大的差距，而股票的市场表现及价值评估主要倾向于现实价值，用这种历史成本计量的指标作为对现实的评价往往不会十分正确。因而，该指标也只能有限地使用。

3. 市盈率

市盈率指在一个考察期(通常为12个月的时间)内，股票的价格和每股收益的比例。投资者通常利用该比例值估量某股票的投资价值，或者用该指标在不同公司的股票之间进行比较。该指标为衡量股票投资价值的一种动态指标。其计算公式为

$$市盈率=\frac{普通股股价}{普通股每股收益}$$

**【例4-7】** 某上市公司2010年每股收益为0.5元，同期每股市价为15元，则其市盈率为

$$市盈率=\frac{15}{0.5}=30倍$$

该指标比值越大，说明市场对公司的未来看好，表明公司有良好的发展前景，投资者预期能得到很好的回报。在每股收益确定的情况下，市盈率越高，风险越大；反之，则越小。在某种公司股价被低估的情况下，市盈率越低对投资者越具有吸引力。

使用市盈率指标进行财务分析时应注意以下问题：

(1) 影响市盈率变动的因素之一是股价，但是股价的变动除了公司本身的经营状况外，还受到宏观形势和经济环境等多种因素的影响。因此，要对股票市场做全面了解和分析，才能对市盈率波动的原因作出正确的评价。

(2) 每股收益很小或亏损时，市价不会降至零，相反，报亏的股票往往会因为资产重组等题材而使股价大涨，从而产生了很高的市盈率，或者获得很高的重组收益，从而使市盈率很低，这些都没有实际意义。所以单纯使用市盈率指标而不看具体盈利状况的话，可能会错误地估计公司的未来发展。所以市盈率指标分析要结合其他相关指标共同考虑。

(3) 市盈率指标不能用于不同行业之间的比较，充满扩张机会的新兴行业市盈率普遍偏高，而成熟工业的市盈率普遍偏低，这并不说明后者的股票就没有投资价值。另外，市盈率高低受净利润的影响，净利润受可选择的会计政策的影响，从而使得公司间的比较受到限制。

(4) 市盈率的高低通常以金融市场当时平均市盈率为依据进行评价，而不是简单的越低越好或越高越好。在健全而完善的资本市场中，低市盈率未必能吸引投资者，相反，高市盈率可能更具有吸引力，因为高市盈率表明投资者对企业充满信心，将来盈利必会提高，股价必然看涨；反之，可能意味着企业后劲不足。从理论上来说，市盈率越低的股票越具有投资价值。因此，以市盈率评价企业的盈利能力时，应注意对股票市场整个形势进行全面分析。

4. 市净率

市净率又称净资产倍率，是每股市价与每股净资产的比值。其计算公式为

$$市净率=\frac{普通股股价}{普通股每股净资产}$$

市净率指标反映了普通股本身价值的大小以及市场投资者对企业资产质量的评价。一般而言，该比值越高，股票价值越高。运用市净率指标，就可以对股票的市场前景进行判

断：投资者如果对某种股票的发展前景持悲观态度，股票市价就会低于每股净资产，即市净率小于1，表明这个企业没有发展前景；反之，当投资者对于股票的前景感到乐观时，股价就会高于每股净资产，市净率大于1。市净率越大，说明投资者普遍看好该企业，认为这个企业有希望、有足够的发展潜力。一般来说，市净率达到3倍，可以树立较好的公司形象。

使用市净率指标进行财务分析时应注意以下问题：市净率指标和市盈率指标不同，市盈率指标主要是从股票的盈利性角度进行考虑，而市净率主要从股票账面价值的角度考虑。两者有不少相似之处，它们都不是简单的越高越好或越低越好的指标，都代表着投资者对某只股票未来发展潜力的判断。同时，与市盈率指标一样，市净率指标也必须建立在完善、健全的资本市场上，才能据以对企业作出正确、合理的分析和评价。

## 本章小结

所谓盈利能力，是指企业获取报酬及利润的潜力或可能性。本章主要从投资者及经营管理者角度，分别以报酬与利润为基础分析企业盈利能力。

从投资者角度进行盈利能力分析，一般以报酬为基础。投资回报率是从投资者角度进行盈利能力分析的常用指标之一，可以使人们从投入资本的角度来比较企业的业绩，或比较企业相对于资本投资风险的报酬率，从而反映或确定一个企业偿还债务、回报投资、经营成功及吸引资金的程度或能力。资产报酬率是衡量企业投入资本的盈利性指标，可以用来反映和评价企业资产的综合利用效果，从而衡量企业的管理效能与获利水平。净资产收益率是收益与净资产的比率，反映净资产的获利程度，表明普通股权益资本的收益水平。它是所有比率中综合性最强、最具有代表性的一个指标，也是资本估价时的关键因素。每股收益是当期(如本年)净收益与期末(如年末)普通股股份总数的比值，表明普通股的获利水平。

以利润为基础的盈利能力，主要是从经营管理者角度分析与评价利润质量、利润持续性及利润预测。从会计与财务的角度对利润质量的分析方法不尽相同，以利润为基础的盈利性分析，主要围绕企业的营业活动评价其利润的质量与持续性。通常使用的指标有营业利润率、成本费用利润率、营业现金比率、净利现金比率、现金营运指数及净收益营运指数等。对利润持续性的分析，主要应提防利润操纵或收益均匀化，分析收益(利润)水平、收益趋势以及收益的构成。盈利预测需要包括以前各期收益的所有可用信息和恰当有效的信息分解技术，是对企业盈利性的预测和测算；盈利预测包括对收益组成部分的分析和对未来盈利水平的评价，是财务分析和估价的重要组成部分。

## 关键术语

盈利能力　营业毛利率　营业利润率　营业净利率　总资产报酬率　资产报酬率
净资产收益率　普通股权益报酬率　资本收益率　每股收益　每股净资产　市盈率　市净率

## 思考与练习

一、单项选择题

1. 总资产报酬率是指(　　)与平均总资产之间的比率。

A. 利润总额　　B. 息税前利润　　C. 净利润　　D. 息前利润

2.(　　)是反映盈利能力的核心指标。

A. 总资产报酬率　　B. 股利发放率

C. 总资产周转率　　D. 净资产收益率

3.(　　)指标越高，说明企业资产的运用效率越好，也意味着企业的资产盈利能力越强。

A. 总资产周转率　　B. 存货周转率

C. 总资产报酬率　　D. 应收账款周转率

4. 股利发放率的计算公式是(　　)。

A. 每股股利/每股市价　　B. 每股股利/每股收益

C. 每股股利/每股账面价值　　D. 每股股利/每股金额

5. 在企业各收入利润率中，(　　)通常是其他利润率的基础。

A. 销售利润率　　B. 营业收入利润率

C. 总收入利润率　　D. 销售净利润率

6. 上市公司盈利能力分析与一般企业盈利能力分析的区别关键在于(　　)。

A. 利润水平　　B. 股东权益　　C. 股利发放　　D. 股票价格

7. 企业经营盈利能力分析是利用(　　)资料进行分析。

A. 资产负债表　　B. 现金流量表　　C. 利润表　　D. 利润分配表

8.(　　)是指股东权益总额减去优先股权益后的余额与发行在外的普通股平均股数的比值。

A. 每股收益　　B. 每股股利

C. 每股金额　　D. 每股账面价值

9. 每股收益主要取决于每股账面价值和(　　)两个因素。

A. 净利润　　B. 普通股权益报酬率

C. 优先股股息　　D. 普通股股数

10.(　　)是普通股股利与每股收益的比值，反映普通股股东从每股的全部获利中分到多少。

A. 每股收益　　B. 普通股权益报酬率

C. 市盈率　　D. 股利发放率

二、多项选择题

1. 影响净资产收益率的因素主要有(　　)。

A. 总资产报酬率　　B. 负债利息率

C. 企业资本结构　　D. 总资产周转率

E. 所得税率

2. 反映企业盈利能力的指标有(　　)。

A. 营业利润　　B. 利息保障倍数

C. 净资产收益率　　D. 成本利润率

E. 净利润

3. 影响总资产报酬率的因素有(　　)。

A. 资本结构
B. 销售利润率
C. 产品成本
D. 销售息税前利润率
E. 总资产的周转率

4. 反映企业经营盈利能力的指标有(　　)。
A. 销售收入利润率
B. 总资产报酬率
C. 普通股权益报酬率
D. 净资产收益率
E. 销售成本利润率

5. 反映上市公司盈利能力的指标有(　　)。
A. 每股收益
B. 普通股权益报酬率
C. 股利发放率
D. 总资产报酬率
E. 价格与收益比率

6. 资产经营盈利能力受(　　)的影响。
A. 资本经营盈利能力
B. 商品经营盈利能力
C. 资产运营效率
D. 产品经营盈利能力
E. 资本运营效率

7. 反映收入利润率的指标主要有(　　)等。
A. 产品销售利润率
B. 营业收入利润率
C. 总收入利润率
D. 销售净利润率
E. 销售息税前利润率

8. 反映成本利润率的指标主要有(　　)等。
A. 销售成本利润率
B. 营业成本费用利润率
C. 全部成本费用利润率
D. 成本费用利润率
E. 营业费用利润率

9. 营业成本费用总额包括(　　)。
A. 产品销售成本
B. 营业外支出
C. 管理费用
D. 财务费用
E. 销售费用

10. 普通股权益报酬率的变化受(　　)因素的影响。
A. 普通股股利
B. 净利润
C. 优先股股利
D. 普通股权益平均额
E. 普通股股数

三、 判断题

1. 对企业盈利能力的分析主要指对利润额的分析。　(　　)

2. 从会计学角度看，资本的内涵与我们通常所说的资产的内涵是基本相同的，它侧重于揭示企业所拥有的经济资源，而不考虑这些资源的来源特征。　(　　)

3. 总资产报酬率越高，净资产收益率就越高。　(　　)

4. 当总资产报酬率高于负债利息率时，提高负债与所有者权益之比，将使净资产收益率提高。　(　　)

5. 净资产收益率是反映盈利能力的核心指标。　(　　)

6. 收入利润率是综合反映企业成本效益的重要指标。　(　　)

7. 企业盈利能力的高低与利润的高低成正比。　(　　)

8. 税率变动对产品销售利润没有影响。　(　　)

9. 价格变动对销售收入的影响额与对利润的影响额总是相同。（　　）

10. 普通股权益报酬率与净资产收益率是相同的。（　　）

四、计算题

1. 收入利润率和成本利润率分析。某公司2009年度、2010年度有关经营成果资料见表4-4。

**表4-4　利润表**

单位：千元

| 项目 | 2009年度 | 2010年度 |
|---|---|---|
| 一、营业收入 | 136 825 | 373 686 |
| 减：营业成本 | 67 986 | 156 989 |
| 营业税金及附加 | 28 450 | 75 588 |
| 销售费用 | 2 040 | 3 002 |
| 管理费用 | 4 700 | 9 980 |
| 财务费用 | 4 654 | 8 620 |
| 其中：利息支出 | 6 894 | 10 112 |
| 资产减值损失 | 1 009 | 2 080 |
| 加：投资收益 | 10 311 | 23 455 |
| 二、营业利润 | 38 297 | 140 882 |
| 加：补贴收入 | 8 521 | 9 844 |
| 营业外收入 | 3 200 | 4 688 |
| 减：营业外支出 | 4 522 | 6 211 |
| 三、利润总额 | 45 496 | 149 203 |
| 减：所得税 | 15 014 | 49 237 |
| 四、净利润 | 30 482 | 99 966 |

要求：

（1）据上述资料，计算2009年、2010年两个年度的收入利润率指标及其变动情况。

（2）据上述资料，计算2009年、2010年两个年度的成本利润率指标及其变动情况。

2. 资本经营能力分析。根据某公司2009年、2010年两个年度的资产负债表、利润表及其附表资料以及会计报表附注，给出分析数据见表4-5。

**表4-5　某公司2009—2010年有关分析资料**

单位：千元

| 项　目 | 2009年 | 2010年 |
|---|---|---|
| 平均总资产 | 9 638 | 15 231 |
| 平均净资产 | 8 561 | 11 458 |
| 利息支出 | 146 | 189 |
| 利润总额 | 821 | 1 689 |
| 所得税率 | 25% | 25% |

要求：用连环替代法计算各因素变动对资本经营能力的影响程度。

# 实际操作训练

1. L公司是一家民营的综合商业零售企业，成立于1998年，成立当年销售额仅为3 000多万元，员工40多人。随着国内快速消费品市场的发展，L公司也在不断发展壮大，销售额、利润额节节攀升。但2003年以后，跨国公司大规模进入国内快速消费品行业，建立大型连锁超市、日化专营连锁店，不断在国内进行并购，国内的快速消费品市场形势非常严峻。面临严峻的考验，L公司也快速跟进市场变化，不断拓展自己的经营范围，目前公司的主营业务除了快速消费品的代理、零售外，也进入了物流、餐饮行业。

业务范围调整后的L公司2008年、2009年和2010年的主要财务指标及各指标行业均值如表4-6所示。

**表4-6　L公司2003—2005年主要财务指标及各指标行业均值表**

| 指标 | 2008年 | | 2009年 | | 2010年 | |
|---|---|---|---|---|---|---|
| | L公司 | 行业均值 | L公司 | 行业均值 | L公司 | 行业均值 |
| 销售净利率 | 0.04 | 0.04 | 0.019 | 0.02 | 0.024 | 0.027 |
| 销售毛利率 | 0.80 | 0.11 | 0.80 | 0.11 | 0.10 | 0.12 |
| 成本费用利润率 | 0.04 | 0.04 | 0.02 | 0.02 | 0.02 | 0.02 |
| 净资产收益率 | 0.44 | 0.46 | 0.18 | 0.19 | 0.12 | 0.13 |
| 总资产利润率 | 0.11 | 0.14 | 0.07 | 0.08 | 0.06 | 0.067 |

（资料来源：本案例部分内容整理自互联网有关资料。）

要求：

(1) L公司以上指标在这三年内有何变化？

(2) 请结合各指标行业均值分析L公司业务调整是否成功，为什么？

2. M公司是中国网通(集团)有限公司的市级分公司，在原××市电信局改革重组、政企分开的基础上，由××省电信公司××市分公司更名而来。该公司以经营固定电话、小灵通、数据通信、国际业务和网元出租等基础电信业务和增值电信业务为主，是××市内网络规模最大、客户数量最多、服务范围最广的综合信息业务运营商和服务提供商。

M公司作为中国网通首批上市的分公司，于2004年11月份分别在香港、美国上市，公司2004年和2005年的部分财务数据如表4-7所示。

**表4-7　L公司2003—2005年部分财务资料**

单位：万元

| 项　　目 | 2003年 | 2004年 | 2005年 |
|---|---|---|---|
| EBIT | 23 530 | 45 038 | 41 433 |
| 税前利润 | 22 713 | 44 591 | 41 425 |
| 利息支出 | 817 | 447 | 8 |
| 折旧 | 39 185 | 44 908 | 42 579 |
| 净营业收入 | 151 312 | 151 690 | 154 493 |

由于固定资产摊销政策发生变化，2005年公司折旧费用较政策变化前增加了8 823万元。

（部分资料取于网通公司资本市场知识培训资料。）

要求：

(1) 分析M公司2004年和2005年关键盈利指标的变化。

(2) 2005年的盈利情况与2004年相比有何变化？请结合所给资料综合作答。

3. 某股份有限公司是一家生产彩电和空调等家用电器的企业。公司2005年12月31日的股东权益总额为20亿元，负债为20亿元，资产总额为40亿元。2007年至2010年，公司每年1月1日新增长期银行借款10亿元，年利率为5%，期限为10年，每年年末支付当年利息。

2007年至2010年，公司实现的销售收入、净利润和息前税后利润，以及每年年末的股东权益、长期借款和资产总额如表4－8所示。

**表4－8　某公司2007—2010年有关资料**

单位：万元

| 项目 | 2007年 | 2008年 | 2009年 | 2010年 |
|---|---|---|---|---|
| 销售收入 | 100 000 | 200 000 | 350 000 | 500 000 |
| 净利润 | 2 000 | 6 000 | 12 000 | 16 000 |
| 息前税后利润 | 12 050 | 19 400 | 28 750 | 36 100 |
| 股东权益 | 202 000 | 208 000 | 220 000 | 236 000 |
| 长期借款 | 300 000 | 400 000 | 500 000 | 600 000 |
| 资产总额 | 502 000 | 608 000 | 720 000 | 836 000 |

假定：

(1) 公司适用的所得税税率为25%，公司股东权益的资金成本为8%。

(2) 公司负债除长期借款外，其他均忽略不计，公司长期借款利息(利率均为5%)自2007年起计入当期损益。

(3) 公司及所在行业的有关指标如表4－9所示。

**表4－9　行业有关指标**

| 行业平均指标 | 2007年 | 2008年 | 2009年 | 2010年 |
|---|---|---|---|---|
| 资产负债率 | 4.36% | 11.28% | 14.9% | 17.83% |
| 总资产周转率（次） | 0.4 | 0.46 | 0.6 | 0.71 |
| 净资产收益率（次） | 3% | 3.9% | 6.7% | 9.6% |
| 销售增长率 | 45% | 40.5% | 36% | 30% |

要求：

(1) 计算公司2010年的资产负债率、总资产周转率、净资产收益率和销售增长率，并简要分析公司的偿债能力和盈利能力。

(2) 计算公司2010年的投资资本收益率、加权平均资金成本和经济利润指标。

(3) 分析评价公司以会计利润最大化为核心的财务战略目标和以经济利润最大化为核心的财务战略目标的实现情况。

# 第 5 章　营运能力分析

## 教学目标

掌握企业的资产组合和资本结构的概念和特征；掌握资产组合和资本结构的类型以及对收益和风险的影响；重点掌握评价企业动态营运能力的各种比率及其计算方法；掌握营运能力对企业偿债能力和盈利能力的影响。

## 教学要求

| 知识要点 | 能力要求 | 相关知识 |
| --- | --- | --- |
| 营运能力分析的意义 | 了解营运能力分析的意义 | 营运能力的含义<br>营运能力分析的含义<br>营运能力分析的意义 |
| 营运能力指标分析 | 掌握各项运营能力财务指标的计算方法<br>能够运用相关指标进行财务分析 | 资产组合<br>资本结构<br>应收账款周转率<br>存货周转率<br>营业周期<br>流动资产周转率<br>固定资产周转率<br>总资产周转率 |

导入案例

## “秦池”为何昙花一现

**背景资料**

1996年11月8日下午，中央电视台传来一个令全国震惊的新闻：名不见经传的秦池酒厂以3.2亿元人民币的“天价”，买下了中央电视台黄金时间段广告，从而成为令人炫目的连任二届“标王”。1995年该厂曾以6 666万元人民币夺得“标王”。

秦池酒厂是山东省临朐县的一家生产“秦池”白酒的企业。1995年临朐县人口88.7万，人均收入1 150元，低于山东省平均水平。1995年厂长赴京参加第一届“标王”竞标，以6 666万元的价格夺得中央电视台黄金时段广告“标王”后，引起出乎人们意料的轰动效应，秦池酒厂一夜成名，秦池白酒也身价倍增。中标后的一个多月时间里，秦池就签订了销售合同4亿元；头两个月秦池销售收入就达2.18亿元，实现利税6 800万元，相当于秦池酒厂建厂以来前55年的总和。至6月底，订货已排到了年底。1996年秦池酒厂的销售也由1995年只有7 500万元增加到9.5亿元。事实证明，巨额广告投入确实带来了“惊天动地”的效果。对此，时任厂长十分满意。

但这种局面并没有维持多久，新华社1998年6月25日报道：秦池目前生产、经营陷入困境，今年亏损已成定局……

其原因在于：

(1) 4万余家白酒生产企业使白酒的生产量远大于销售量(约有50%的产量过剩)；同时洋酒的进入使白酒在酒业消费中的比例下降。到1997年白酒销量“滑坡”的势头更加严重。秦池的市场份额面临着严峻的考验。

(2) 一流的品牌没有一流的产品质量作保证。1996年12月《××参考报》4篇关于秦池沿川藏公路两侧收购散酒勾兑“秦池”的报道，不仅使秦池陷入巨大的媒体危机之中，而且使刚树立的“秦池”形象遭受了损害，因而在一定程度上影响了其市场份额。

(3) 1997年3.2亿元巨额广告费用对秦池来说是一个巨大的包袱。它一方面使秦池的现金流动产生困难，另一方面大大放大了企业利润对销售量的依赖程度。只有稳定的市场份额，才能确保企业的可持续发展。1997年和1998年的市场竞争和秦池自身问题使其市场份额产生了波动。正是波动不定的市场份额使秦池陷入了严重而难以自拔的经营风险之中。1997年秦池在中央电视台播出的广告时间折算成货币为应付1.5亿元左右，而秦池实际仅支付了4 800万元。

按照企业理财的基本原理，企业持续发展需要有持续的财务资源的支持。其基本前提是：①资产结构与资本结构的有机协调；②现金流动上形成良性的“造血”功能机制。即生产经营活动所产生的现金流入量与现金流出量在时间、数量和速度上保持有机协调。秦池一方面在扩大生产规模、提高生产能力，从而提高固定资产等长期性资产比例的同时，使流动资产在总资产中的比例相应下降，由此降低了企业的流动能力和变现能力。另一方面，巨额广告支出和固定资产上的投资所需资金要求企业通过用银行贷款解决，按当时的银行政策，此类贷款往往为短期贷款，这就造成了银行的短期贷款被用于资金回收速度比较慢、周期较长的长期性资产上，由此使企业资产结构与资本结构在时间和数量上形成较大的不协调性，并因此而形成了“短贷长投”的资金缺口压力。在此情况下，如果企业有比较健全的造血功能机制及良好的经营活动现金流动机制，此种资金缺口通过健全的现金预算安排和合理的资金调度可以部分化解其压力。但稍有不慎就有可能使企业资金的周转发生困难，从而使企业陷入难以自拔的财务困境。而此时秦池所面临的现实问题是：在流动资产相对不足从而使企业现金流动能力产生困难的同时，年内到期的巨额银行短期贷款又要求偿还，从而陷入了“到期债务要偿还而企业又无偿还能力”的财务困境。

**“秦池”的启示和教训**

从企业理财的角度而言，“秦池”的盛衰有三个方面的经验和教训：

第一，固定成本的存在使企业在产生经营杠杆作用的同时，也带来了相应的经营风险。经营杠杆的作用并不都是积极的，只要企业销售量不能持续增长，经营杠杆所产生的作用就将是负面的。要确保销售量的持续增长，做广告、树立品牌是一种比较有效的方式。但广告投资应与企业的销售业绩保持适度的平衡，否则会给企业带来巨大的经营风险。与此同时，一流的品牌需要以一流的产品质量作保证，否则，品牌效应也只能是昙花一现。

第二，财务管理的重点在资产负债表的左边。企业资金筹措当然是企业理财的重要内容，但外来资金对企业的发展仅仅是一种“输血”功能，它可以解决企业一时的资金难题，但企业的长期稳定发展，必须依靠形成一种来自于企业经营活动的良性“造血”功能机制，唯有如此，企业的持续发展方有持续的财务资源支持。而“造血”功能机制的形成只能依靠企业资产的合理而有效的利用，保证现金流入与流出在时间、数量和速度上的协调一致。

第三，合理的资金调度需要以资产结构的平衡、资本结构的平衡以及资产负债表左右双方的结构性平衡为前提。这三方面的任何一方的失衡，都将导致企业资金流动发生困难，从而使企业陷入一定的财务困境。

（资料来源：东方财富网 http：//www.eastmoney.com/）

## 5.1 营运能力分析的意义

营运能力是指企业充分利用现有资源创造社会财富的能力，它可用来评价企业对拥有资源的利用程度和营运活动能力。其实质就是要以尽可能少的资产占用，尽可能短的时间周转，生产尽可能多的产品，创造尽可能多的销售收入。

企业营运能力分析就是要通过对反映企业资产营运效率与效益的指标进行计算与分析，评价企业的营运能力，为企业提高经济效益指明方向。营运能力分析能够用以评价一个企业的经营水平、管理水平，乃至预测它的发展前景，对各个利益主体来说关系重大。

1. 有利于企业管理当局改善经营管理

企业的营运能力分析对企业管理当局至关重要，主要体现在如下几个方面：

(1) 优化资产结构。资产结构即各类资产之间的比例关系。如上所述，不同资产对企业经营具有不同影响，所以，不同性质、不同经营时期的企业各类资产的组成比例将有所不同。通过资产结构分析，可发现和揭示与企业经营性质、经营时期不相适应的结构比例，并及时加以调整，形成合理的资产结构。

(2) 改善财务状况。企业在一定时点上的存量资产，是企业取得收益或利润的基础。然而，当企业的长期资产、固定资产占用资金过多或出现问题资产、资产质量不高时，就会形成资金积压，以至营运资金不足，从而使企业的短期投资者对企业财务状况产生不良的印象。因此，企业必须注重分析、改善资产结构，使资产保持足够的流动性，以赢得外界对企业的信心。特别是对于资产“泡沫”或虚拟资产进行资产结构分析，摸清存量资产结构，并迅速处理有问题的资产，以有效防止或消除资产经营风险。

(3) 加速资金周转。非流动资产只有伴随着产品(或商品)的销售才能形成销售收入，在资产总量一定的情况下，非流动资产和非商品资产所占的比重越大，企业所实现的周转价值越小，资金的周转速度也就越低。为此，企业必须通过资产结构分析，合理调整流动资产与其他资产的比例关系。

2. 有助于投资者进行投资决策

企业营运能力分析有助于判断企业财务的安全性、资本的保全程度以及资产的收益能力，可用以进行相应的投资决策。

（1）企业的安全性与其资产结构密切相关，如果企业流动性强的资产所占的比重大，企业资产的变现能力强，企业一般不会遇到现金拮据的压力，企业的财务安全性较高。

（2）要保全所有者或股东的投入资本，除要求在资产的运用过程中，资产的净损失不得冲减资本金外，还要有高质量的资产作为其物质基础，否则资产周转价值不能实现，就无从谈及资本保全。而通过资产结构和资产管理效果分析，可以很好地判断资本的安全程度。

（3）企业的资产结构直接影响着企业的收益。企业存量资产的周转速度越快，实现收益的能力越强；存量资产中商品资产越多，实现的收益额也越大；商品资产中毛利额高的商品所占比重越高，取得的利润率就越高。良好的资产结构和资产管理效果预示着企业未来收益的能力。

3. 有助于债权人进行信贷决策

资产结构和资产管理效果分析有助于判明其债权的物资保证程度或其安全性，可用以进行相应的信用决策。短期债权人通过了解企业短期资产的数额，可以判明企业短期债权的物资保现长期资产，可以判明企业长期债权的物资保证程度。在通过资产结构分析企业债权的物资保证时，应将资产结构与债务结构相联系，进行匹配分析，考察企业的资产周转期限结构与债务的期限结构的匹配情况、资产的周转(变现)实现日结构与债务的偿还期结构的匹配情况，以进一步掌握企业的各种结构是否相互适应。通过资产管理效果分析，则可对债务本息的偿还能力有更直接的认识。

对于其他与企业具有密切经济利益关系的部门和单位而言，企业的营运能力分析同样具有重要意义：对政府及有关管理部门有助于判明企业经营是否稳定，财务状况是否良好，这将有利于宏观管理、控制和监管；对业务关联企业有助于判明企业是否有足量合格的商品供应或有足够的支付能力，亦即判明企业的供销能力及其信用状况是否可靠，以确定可否建立长期稳定的业务合作关系或者所能给予的信用政策的松紧度。总之，营运能力分析能够用以评价一个企业的经营业绩、管理水平，乃至预期它的发展前途，关系重大。

4. 有助于政府经济管理部门进行宏观决策

政府及有关管理部门通过对企业资金利用效率的分析，可以判明企业经营是否稳定，财务状况是否良好；有利于监督各项经济政策、法规的执行情况；有利于为宏观决策与调控提供可靠的信息。

## 5.2 静态营运能力指标分析

所谓静态营运能力分析，主要是指考察和评价企业资产组合的有效性、资本结构的合理性及其对企业收益与风险的影响。

### 5.2.1 资产组合及其影响因素

资产组合指企业资产中各种资产之间的比例关系，尤其是流动资产与非流动资产之间的比例关系。在资产总额不变的情况下，资产组合也就是流动资产与非流动资产在总资产中各自所占的比重，它是企业营运资金管理政策的一个重要内容。通常，包括固定资产、无形资产及对外长期投资在内的非流动资产，反映企业的生产经营规模，其在一定期间内往往保持不变。非流动资产如发生变化，必然会导致流动资产的变动，从而影响资产组合状况。从一定意义上说，企业的资产组合及其变动，主要取决于企业流动资产在总资产中所占的比重及其变化情况。

企业资产组合受诸多因素影响，主要有以下几个方面。

1. 企业的行业特性

企业所处的行业不同，其行业特征与经营范围也有所不同，企业在经营中的流动资产与非流动资产之间的比例及资产组合自然会有差异。例如，处于资本密集型行业的企业，其流动资产所占比重一般比处于劳动密集型行业的企业低；又如，处于生产周期长的行业的企业，其流动资产所占比重较生产周期短的行业企业高；再如，分别处于金融、电信、医药、商业、冶金及旅游等行业的企业，其流动资产所占比重往往也是依次由高到低排列的。对于大部分企业而言，由于流动资产中主要是应收账款和存货，而它们的占用水平又主要取决于企业生产经营所处的行业领域，因此行业特征或行业差别是影响企业资产组合的重要因素。

2. 企业的营业规模

从理论与实践的角度看，企业的营业规模对企业资产组合也有重要的影响。一般来说，企业的营业规模越大，生产能力越强，其机械化程度与自动化水平就越高，从而在固定资产等非流动资产方面的投资也就越多。不仅如此，与营业规模较小的企业相比，营业规模较大的企业更具有较强的筹资能力和抗风险能力，为谋取更多的盈利而愿意承担更大的风险，即使出现财务困难，也更容易迅速筹集资金，其使用的流动资产可以相对较少，而更多地使用固定资产等。

3. 企业的经营环境

企业的经营活动受诸多因素的影响，如利息率、通货膨胀、科技进步、社会信用等。这些影响因素及其变化，都会影响企业的经营活动与资产组合状况。例如，当利息率上升或较高时，企业为了减少利息支出，减轻财务负担，往往尽可能减少在流动资产方面的投资，降低流动资产在全部资产中所占的比重；反之，当利息率下降或较低时，企业一般不采取上述举措，则维持或提高流动资产在全部资产中所占的比重。又如，在通货膨胀情况下，企业一般尽可能占用他人资金和减少他人占用本单位的资金，从而影响企业的流动资产占用及其与非流动资产的比例。再者，随着科学技术的不断进步，商业竞争的日趋激烈，为培育其核心竞争力并保持成长性企业也逐渐加大对固定资产、无形资产等非流动资产的投资力度，从而导致流动资产在全部资产中的比重不断下降。有资料表明，受利息率上升和科技进步等因素的影响，美国制造业企业的流动资金比重，从1965年的55%下降到1983年的41%，资产组合发生了显著的变化。

4. 企业的风险偏好

无论是不同的行业企业之间，还是同行业的不同企业之间，其资产组合都有一定的差异，重要原因之一是企业管理者对风险的态度或企业(管理者)的风险偏好不同。一般而言，偏好高风险的企业，其流动资产占总资产的比重较低；偏好低风险或回避风险的企业，其流动资产所占比重则较高。一个企业持有的流动资产，通常包括生产经营的正常需要量和保险储备量两部分。偏好高风险的企业，其实际保险储备一般低于正常保险储备(水平)；反之，企业的实际保险储备额大都高于正常保险储备(水平)。也就是说，从保险储备的角度，也可以判别企业的风险偏好及资产组合状况。

受上述诸多因素的影响，不同企业的资产组合状况存在差异。但是，总体来说，企业资产组合状况可大致分为三种类型，即稳健型、冒险型及适中型。

稳健型资产组合，有时也称为保守型资产组合，即企业在确定其持有的流动资产的数量时，根据同业惯例和以往经验，在正常的需用量与保险储备量的基础上，再加上一部分额外的储备量，以便降低风险。例如，某企业以往的经验表明，一般情况下，实现营业额100万元所需流动资产为30万元，其中的20万元为正常需用量，10万元为合理的保险储备量。现企业基于回避风险的考虑，为实现预计的营业额100万元安排了40万元的流动资产。显然，企业较以往采取了稳健或保守的资产组合。这种资产组合的结果是，风险较小，但其收益(水平)也较低。

与之几乎相反的是冒险型资产组合或称激进型资产组合，即企业在确定其持有流动资产的数量时，根据同业惯例和以往经验，只安排正常生产经营的需用量，不安排或安排很少的保险储备量以便提高收益(水平)。该企业假定为实现预计的营业额100万元仅安排了20万元的流动资产。相比而言，企业资产的流动性在整体上降低了，从而增大了风险，但有望增加收益。也就是说，这种资产组合的结果是，风险较大，但其收益水平有可能较高。

介于上述稳健型资产组合与冒险型资产组合之间的，则是适中型资产组合或称中庸型资产组合。企业在确定其持有流动资产的数量时，根据同业惯例和以往经验，在保证正常生产经营需用量的基础上，为防不测再适当地安排一定的保险储备量，即合理的保险储备量。与上述两种资产组合相比，适中型资产组合的结果是，风险及收益均较适中。这也是企业在正常情况下安排的一种资产组合。

在其他因素不变或相对不变的情况下，由于不同的资产组合导致不同的风险与收益水平，因此企业应根据其经营和理财目标，综合考虑各种影响因素，认真权衡风险与收益，以确定合理的资产组合。

**阅读案例5-1**

## 大宇资本结构的“神话”

1. 公司发展史

大宇集团于1967年开始奠基立厂，其创办人金宇中当时是一名纺织品推销员。经过30年的发展，通过政府的政策支持、银行的信贷支持和在海内外的大力购并，大宇成为直逼韩国最大企业——现代集团的庞大商业帝国。国内所属企业曾多达41家，海外公司数量创下过600家的记录，鼎盛时期，海外雇员多达几十万，大宇成为国际知名品牌。

2. 经营理念

大宇是“章鱼足式”扩张模式的积极推行者，认为企业规模越大，就越能立于不败之地，即所谓的“大马不死”。据报道，1993年金宇中提出“世界化经营”战略时，大宇在海外的企业只有15家，而到1998年底已增至600多家，“等于每3天增加一个企业”。还有更让韩国人为大宇着迷的是：在韩国陷入金融危机的1997年，大宇不仅没有被危机困倒，反而在国内的集团排名中由第4位上升到第2位，金宇中本人也被美国《幸福》杂志评为亚洲风云人物。

3. 债务负担

1997年底韩国发生金融危机后，其他企业集团都开始收缩，但大宇仍然我行我素，结果债务越背越重。大宇认为，只要提高开工率，增加销售额和出口就能躲过这场金融危机。因此，它继续大量发行债券，进行“借贷式经营”。1998年大宇发行的公司债券达7万亿韩元(约58.33亿美元)。1998年第4季度，大宇的债务危机已初露端倪，在各方援助下才避过债务灾难。

4. 债务危机

1999年7月中旬，大宇向韩国政府发出求救信号；7月27日，大宇因“延迟重组”，被韩国4家债权银行接管；8月11日，大宇在压力下屈服，割价出售两家财务出现问题的公司；8月16日，大宇与债权人达成协议，在1999年底前，将出售盈利最佳的大宇证券公司，以及大宇电器、大宇造船、大宇建筑公司等，大宇的汽车项目资产免遭处理。“8月16日协议”的达成，表明大宇已处于破产清算前夕，遭遇“存”或“亡”的险境。由于在此后的几个月中，经营依然不善，资产负债率依然居高不下，大宇不得不于1999年11月1日向新闻界正式宣布，该集团董事长金宇中以及14名下属公司的总经理决定辞职，以表示“对大宇的债务危机负责，并为推行结构调整创造条件”。韩国媒体认为，这意味着“大宇集团解体进程已经完成”，“大宇集团已经消失”。

5. 破产边缘的具体表现

2000年以来，大宇汽车一直徘徊在破产的边缘，具体表现为：第一，营业成绩持续下降，亏损不断增长。据统计，仅在2000年上半年，大宇汽车每月净亏损就接近一千亿韩元；第二，工厂开工率大幅下降，人员精简不见进展。大宇汽车公司在国内拥有两个大工厂，到10月份它们的平均开工率仅为60%；在过去近两年内，大宇汽车捉襟见肘，资金流动困难日益加深。2000年以来大宇汽车的工人有几个月未能及时领到工资。退休职员的养老金也无力正常发放，到2000年年底，公司的正常运营资金有近四千五百亿韩元的缺口。

6. 大宇破产

2000年11月9日，因资不抵债和经营不善，韩国第二大汽车生产企业大宇汽车公司宣告破产。该公司的破产对韩国的经济产生了重大的负面影响。

大宇失败的成因分析：

第一，高额负债经营，削弱了企业抵御外部冲击的能力。金融危机前相关指标显示如下：自有资本比例18.1%，负债率473.3%，对银行资金的依存率61.6%，利息负担占总成本10%。

第二，重外扩轻内实，造成企业经营的高成本低效率。横跨6大行业，大量员工，竞争环境恶劣。

第三，盲目的世界经营战略。

第四，经济发展战略的改变，决定了大宇的命运。

(资料来源：搜狐财经 http：//business. sohu. com/)

### 5.2.2 资本结构及其影响因素

资本结构指企业资金中各种资金之间的比例关系，在性质上可认为是权益资金与债务资金的比例关系，在时间上可指短期资金和长期资金的比例关系。它是企业营运资金管理政策的又一重要内容，也是筹资决策的核心。如果基于对经营资源配置与使用的认知而从投资角度将资产组合理解为某种意义上的投资过程或投资组合的话，那么从筹资角度也可以把资本结构理解为筹资过程或筹资组合。但是，有人把筹资组合与资产组合对应地同时称谓，是不严格的，其做法也是不可取的。从效率性分析的角度，这里的资本结构多指短期资金与长期资金之间的比例关系。

企业资本结构受诸多因素影响，主要有以下几个方面。

1. 财务目标

一般来说，企业的财务目标主要有三种观点，即利润最大化、股价最大化及公司价值最大化，其对企业的资本结构安排影响较大。

(1) 利润最大化目标要求企业的财务活动应尽可能多地获得利润，而企业的筹资、投资及分配活动都会影响到利润这项综合性数量指标。当然，这里的利润一般是指企业所得税后利润即净利润，而非所得税前利润、息税前利润及营业利润等。在该目标导引下，企业在安排其资本结构的决策中，要在适度风险的基础上合理设定债权资本比例，尽可能降低资本成本，以提高企业的净利润水平。

(2) 股价最大化目标则要求公司的财务活动应最大程度地提高股票的市场价值，从而需要在风险适当的情况下合理安排债权资本比例，尽可能降低资本成本，以便通过增加公司业绩如每股盈余等来提高股票的市场价格。

(3) 至于公司价值最大化目标及其对资本结构的作用，实际上在很大程度上综合了上述两种目标的影响。该财务目标要求公司在适度风险的条件下，合理确定债权资本比例，以便通过股权资本价值与债权资本来增加公司的总价值。由此看来，上述三种财务目标有其相同或相通之处，但它们之间及其对资本结构的影响仍存在一定的差异。

2. 投资者动机

从投资者角度看，企业的投资者有两类，即股权投资者和债权投资者。它们对企业进行投资，总的来说，都是为了获取投资收益；但是，进而言之，它们的投资动机仍有不同。一般地，债权投资者对企业的投资，其动机主要是在按期收回本金的条件下，获取一定的利息收益。而股权投资者对企业的投资，其基本动机是在保证或保全资本金的基础上，获得一定的权益收益，并使其投资价值不断增值，有时还具有控制被投资企业的意图。无疑，投资者的不同动机对其投资的性质与期限、资本结构及其价值基础都具有重要的影响。因此，企业在决定资本结构时必须考虑投资者的动机，合理安排股权资本和债权资本、短期资金与长期资金的比例关系。

3. 债权人态度

通常，企业在决定资本结构并付诸实施之前，往往要考虑债权人乃至信用评级机构的态度和意见。如果企业安排的债权资本比例较高，银行等债权人未必提供资金支持，或者在提供资金时附加较为严格的条件，如较高的利率或担保抵押等。因此，债权人的态度对于企业资本结构的安排具有较大的影响。

4. 经营者行为

从控制权的角度看，企业的经营者有时为把握其对企业的控制权，尽可能采用债务融资的方式来筹集资金，从而增加债权资本并提高其在企业全部资本中所占的比重；从回避风险的角度分析，企业的经营者尽可能少采用债务融资的方式筹集资金，从而降低债权资本在企业全部资本中所占比重。更为现实的情况是，企业的经营者将控制权、财务风险及杠杆利益等多种因素综合起来加以考虑，以确定债权或股权筹资方式及不同资本的比例。

5. 财务实绩与前景

在企业财务实绩与前景良好的情况下，企业更有可能利用外部资金，并倾向于采取债权筹资方式筹集资金；在企业财务实绩与前景不佳的情况下，企业主要依赖内部资金，利用留存收益等以增加股权资本。

此外，税收法规政策、企业所处的行业特征及金融利率环境等因素，也在不同程度上影响资本结构。不仅如此，上述各种因素还影响长期资金与短期资金的比例关系。

### 5.2.3 资产组合和资本结构对风险与收益的影响

从长期资产和短期资产所需资金支持的角度来看，一般有三类情况，且不同情况下企业的风险与收益也有所不同。正常的情况是，短期资产通过短期资金支持形成，而长期资产(包括一部分经常占用的流动资产)则通过长期资金的支持取得。有一种情况是，不仅短期资产通过短期资金支持形成，而且还有部分长期资产也通过短期资金支持取得。在这种情况下；企业的资本成本较低，有利于提高企业的收益水平，但短期资金安排长期使用，往往加大企业的风险，从而要求企业的经营者具备较强的紧急筹资能力和高效率调配资金的水平。还有一种情况是，企业只有部分短期资产是通过短期资金支持形成的，而其他部分短期资产和全部长期资产都是通过长期资金支持取得的。在该种情况下，企业资本成本较高，并且还有机会成本，往往会导致收益较少，但长期资金安排短期使用，又有利于降低风险。因此，企业在安排资本结构时，应综合考虑各种因素及其影响，认真权衡风险与收益，既要保持合理的股权资本与债权资本的比例关系，又要保持适当的短期资金和长期资金的比例关系。

现分别就上述三种情况举例说明如下。

**【例5-1】** 某公司正常情况下的总资产为100万元，其中短期资产(不包括经常性的部分流动资产)30万元，长期资产70万元。公司息税前收益为27万元，短期资本30万元，资本成本率5%，长期资本70万元，资本成本率15%，所得税税率30%，则有关测算分析如下。

(1) 综合资本成本即加权平均资本成本为

$$30\times5\%+70\times15\%=12(万元)$$

(2) 息后税前收益为

$$27-12=15(万元)$$

(3) 所得税费用为

$$15\times30\%=4.5(万元)$$

(4) 净利润为

$$15-4.5=10.5(\text{万元})$$

(5) 资产报酬率为

$$\frac{10.5}{100}\times100\%=10.5\%$$

(6) 长、短期资本的比例为

$$\frac{70}{30}=7:3$$

或短期资本占全部资本的比重为

$$\frac{30}{30+70}\times100\%=30\%$$

(7) 流动比率(从账面意义上说，该比率值较下列数稍高)为

$$\frac{30}{30}=1:1(\text{或比值为 }1)$$

**【例 5-2】** 承例 5-1，假定短期资本减少为 20 万元，长期资本增加到 80 万元，其他条件不变，则有关分析测算如下。

(1) 综合资本成本即加权平均资本成本为

$$20\times5\%+80\times15\%=13(\text{万元})$$

(2) 息后税前收益为

$$27-13=14(\text{万元})$$

(3) 所得税费用为

$$14\times30\%=4.2(\text{万元})$$

(4) 净利润为

$$14-4.2=9.8(\text{万元})$$

(5) 资产报酬率为

$$\frac{9.8}{100}\times100\%=9.8\%$$

(6) 长、短期资本的比例为

$$\frac{80}{20}=4:1$$

或短期资本占全部资本的比重为

$$\frac{20}{20+80}\times100\%=20\%$$

(7)流动比率(从账面意义上说，该比率值较下列数稍高)为

$$\frac{30}{20}=1.5:1(\text{或比值为 }1.5)$$

将上述两种情况相比较可以发现：在资产总额、资产组合及资本总额等不变的情况下，不同资本结构会导致不同的风险与收益。一般来说，短期资本所占比重越低(分别为30%和 20%)，流动比率指标越高(分别为 1 和 1.5)，其反映的资产流动性也越大，财务风险(可能性)越小；同时，在短期资本和长期资本的水平不变(分别为 5%和 15%)的条件

下，降低短期资本所占比重，会导致综合资本成本增加(分别为12万元和13万元)，从而减少收益(如净利润分别为10.5万元和9.8万元)，并降低收益水平(如投资报酬率分别为10.5%和9.8%)。

【例5-3】 续前例，假定短期资本增加到40万元，长期资本减少为60万元，其他条件不变，则有关分析如下。

(1) 综合资本成本即加权平均资本成本为

$$40\times5\%+60\times15\%=11(万元)$$

(2) 息后税前收益为

$$27-11=16(万元)$$

(3) 所得税费用为

$$16\times30\%=4.8(万元)$$

(4) 净利润为

$$16-4.8=11.2(万元)$$

(5) 资产报酬率为

$$\frac{11.2}{100}\times100\%=11.2\%$$

(6) 长、短期资本的比例为

$$\frac{60}{40}=3:2$$

或短期资本占全部资本的比重为

$$\frac{40}{40+60}\times100\%=40\%$$

(7) 流动比率(从账面意义上说，该比率值较下列数稍高)为

$$\frac{30}{40}=0.75:1(或比值为0.75)$$

与前述分析结果相对照，如果调整短期资本所占比重(如由20%调至40%)，则流动比率指标会下降(如由1.5降为0.75)，其所反映的资产流动性越小，财务风险(可能性)越大；同时，在短期资本和长期资本的成本平均不变(分别为5%和15%)的情况下，提高短期资本所占比重，将导致综合资本成本减少(如由13万元减至11万元)，从而增加收益(如净利润由9.8万元增至11.2万元)，并提高收益水平(如投资报酬率由9.8%提高到11.2%)。

沿用前例正常情况下的数据资料，但将短期资产与长期资产的比例由3：7调整为4：6，也就是说，短期资产由30万元调增至40万元，而长期资产由70万元调减到60万元，则流动比率为4：3或比值为1.33(即40/30)。显然，这与正常情况下相比的结果是，资产流动性增大，其所反映的财务风险却有所降低；此时，因投资者所要求的收益(利息和股利)与企业的成本都有望减少，企业的收益(盈利)水平也会有所降低。因为在同等规模下，短期资产的收益要少于长期资产的收益。相反，若将短期资产与长期资产的比例由3：7调整为2：8，也就是说，短期资产由30万元调减为20万元，而长期资产由70万元调增为80万元，则流动比率为2：3或比值为0.67(即20/30)。可见，这与正常情况相比

的结果是，流动性减小，其所反映的财务风险却有所上升；此时，投资者所要求的收益(利息和股利)与企业的成本都很有可能增多，企业的收益(盈利)水平也很有可能且应该提高。

综上所述，无论是资产组合还是资本结构，都会对企业的风险与收益产生重要的影响。因此，企业在安排资产组合、确定资本结构及进行两者间的搭配时，应充分考虑并认真权衡风险、收益及其关系。进而言之，这能在一定程度上从效率的角度衡量和评价企业管理当局配置资源与调控资金的能力与水平，也是静态考察和分析企业效率的重要内容。它表明企业的效率既影响流动性和盈利性，又影响风险性及成长性，因而效率性分析是企业财务分析的重要组成部分。

## 5.3 动态营运能力指标分析

所谓动态营运能力分析，是指考察和评价企业调节、配置及控制经济资源的能力与水平，也是衡量与体现企业管理当局运营资金的有效性和合理性。反映企业动态营运能力的财务指标主要有应收账款周转率、存货周转率、流动资产周转率、固定资产周转率和总资产周转率等。

### 5.3.1 应收账款周转率

应收账款周转率（accounts receivable turnover)是销售额与应收账款的比率。对于大多数实行赊销的企业而言，应收账款是营运资本的重要组成部分。应收账款周转率影响应收账款的流动性与质量(即无损失收回的可能性)，也影响企业的销售规模和营业收入，进而影响企业的盈利性。该指标是账龄的指示器，其计算公式有两种：

$$应收账款周转率(次数)=\frac{销售额}{平均应收账款}$$

$$应收账款周转率(天数)=\frac{360}{应收账款周转次数}=360\times\frac{平均应收账款}{销售额}$$

由于前述应收账款周转率(次数与天数)在计算中采用了直接的应收账款平均数，其所反映的是应收账款平均周转(收款)频率，并不一定符合分析期末的实际情况，因而有人主张用应收账款期末余额计算和评价有关指标。

**【例5-4】** 应收账款周转天数(期末)，可用应收账款期末余额除以平均每天销售额求得。假定某公司期初、期末应收账款分别为1 500 000元和2 500 000元，实现销售额12 000 000元。在不考虑现销的情况下，分别用两种方法计算该公司应收账款周转天数如下：

第一种方法下，应收账款采用平均数，则有

$$应收账款周转率(次数)=\frac{12\ 000\ 000}{\frac{1\ 5000\ 000+2\ 500\ 000}{2}}=6(次)$$

$$应收账款周转率(天数)=\frac{360}{6}=60(天)$$

第二种方法下，应收账款采用期末数，则有

$$平均每天销售额=\frac{12\ 000\ 000}{360}=33\ 333(元)$$

$$应收账款周转率(天数)=\frac{2\ 500\ 000}{33\ 333}=75(天)$$

显然，这两种方法计算的结果有一定的差异(15天)。因此，企业应根据具体情况，灵活采用适当的方法计算，以便做出客观、可信的分析与评价。

应收账款周转率(次数与天数)指标，既可用于同行业不同企业之间的比较与分析，又可用于同一企业不同期间的考察和评价，从而不仅能够反映企业短期流动性与偿债能力及其变化情况，而且能够反映企业动态效率性和营运能力及其变动趋势。因此，该指标在财务分析中具有重要的作用。

**【例5-5】** 某企业2005年期初、期末应收账款分别为1 100 000元和1 200 000元，该年度实现销售收入7 714 000元；2006年度实现销售收入8 571 000元，期末应收账款为1 300 000元。该企业每年度销售收入中现销与赊销比均为3∶7。则有关计算与分析如下：

2005年应收账款平均余额、赊销收入净额及应收账款周转率为

$$应收账款平均余额=\frac{1\ 100\ 000+1\ 200\ 000}{2}=1\ 150\ 000(元)$$

$$赊销收入净额=7\ 714\ 000\times 70\%=5\ 400\ 000(元)$$

$$应收账款周转率(次数)=\frac{5\ 400\ 000}{1\ 150\ 000}=4.7(次)$$

$$应收账款周转率(天数)=\frac{360}{4.7}=76.6(天)$$

2006年应收账款平均余额、赊销收入净额及应收账款周转率为

$$应收账款平均余额=\frac{1\ 200\ 000+1\ 300\ 000}{2}=1\ 250\ 000(元)$$

$$赊销收入净额=8\ 571\ 000\times 70\%=5\ 999\ 700(元)$$

$$应收账款周转率(次数)=\frac{6\ 000}{1\ 250}=4.8(次)$$

$$应收账款周转率(天数)=\frac{360}{4.8}=75(天)$$

根据以上计算结果，对比发现该企业2006年应收账款周转率较2005年有所改善，周转次数由4.7次提高到4.8次，周转天数由76.6天降低为75天。虽然应收账款平均占用额由1 150 000元增加到1 250 000元，增加速度为8.7%，但是赊销净额增速更快，为11%，其数额由5 400 000元扩大到5 999 700元，表明应收账款占用资金相对节约。应收账款周转率及其变动情况，说明企业的营运能力有所增强，管理效率有所提高。这对加速企业的资金周转，增强资产的流动性及流动资产的变现力，都会起到积极的作用。

在计算与分析应收账款周转率时，需注意下列几点：

第一，要注意结合企业经营特点进行分析，因为季节性经营的企业使用该指标时，有时不能反映其实际情况。

第二，要注意企业结算方式及其影响，尤其是在企业大量使用分期付款结算或大量使用现金结算方式进行销售的情况下，更需注意该指标的恰当性和适用性。

第三，要注意期末销售情况对该指标分析与利用的影响，特别是年末大量销售或年末销售大幅度下降的情形。

第四，要注意结合行业特点与经验惯例加以分析。应收账款周转率(次数与天数)能提供有关企业应收账款管理方面的信息，有利于分析企业的信用政策。在分析与判断企业应收账款的账龄时，一般经验认为，企业应收账款的平均收款期应不超过企业的信用条件所允许的付款期10天。因此，在使用应收账款周转天数指标时，要将之与原定给予客户的信用期限相对比，以评价客户的信用程度、原定信用条件的恰当性，以及企业应收账款的管理效率。

第五，要注意对该指标进行横向与纵向的分析利用。信息使用者，尤其是外部使用人要将该指标与本企业前期指标、其他类似企业指标及行业平均水平相比较，以判断该指标的高低，并为透析成因提供基础。

**阅读案例** 5-2

哈空调的收入与应收账款

哈空调(600202)公布2008年半年报，基本每股收益0.513元，扣除非经常性损益后的每股收益为0.359元，净资产收益率为20.86%，归属于母公司所有者的净利润为1.64亿元。但是哈空调当天却全天下挫8.69%，远大于当天上证综指3.43%的跌幅。在报表业绩大幅增加的情况下，其股价市场的表现为何如此不堪?

半年报显示，今年上半年公司经营状况良好，营业收入、税后利润等指标均创历史最好水平。上半年公司实现营业收入7.52亿元，较上年同期增长48.93%，其中电站空冷产品实现营业收入4.37亿元，同比增长62.04%；石化空冷产品实现营业收入2.26亿元，同比增长32.13%。公司上半年实现净利润1.64亿元，较上年同期增长87.72%。

不过，半年报也显示，上半年公司应收账款增长迅速，6月末应收账款达11.59亿元，而去年同期的数据为7.13亿元，同比增长了62.39%，对此，公司解释为销售收入增长所致。同时，公司上半年经营活动产生的现金流量为－2.31亿元，去年同期则为0.65亿元，显然，由于更多的收入反映为应收账款形式，使得公司经营利润含金量有所降低。由于资金压力，公司贷款规模有所增加，从去年上半年的2亿元增长至4.1亿元，未来如果应收账款过高的情况不能改善的话，公司将面临更大的资金压力。

所以，考虑到公司应收账款方面存在的问题，其股价在业绩大增的背景下出现“见光死”也就不足为怪了。

(资料来源：网易财经 http：//money.163.com/)

### 5.3.2 存货周转率

存货周转率(inventory turnover ratio)，是销货成本与存货的比率。存货通常是工商企业流动资产的一个重要组成部分，是企业为了获取回报(即出售存货实现的预期利润)而进行的一种投资，但企业不需要靠它来维持足够的流动性，因为它通常是流动资产中流动性最差的部分，且持有存货存在风险。事实上，绝大多数企业都力求维持一定水平的存货。作为反映企业销售能力与流动性的重要指标，以及评价企业运用与管理存货效率的分析工具，存货周转率具有重要的意义。其计算公式有两种：

$$存货周转率(次数)=\frac{销货成本}{存货平均余额}$$

$$存货周转率(天数)=\frac{360}{存货周转次数}$$

$$=360\times\frac{存货平均余额}{销货成本}$$

该指标是指从存货的购买到销售所用的天数，即存货周转一次所需要的时间(天数)，也就是存货通过销售转换为应收账款平均需要的天数，在零售与批发商业企业称之为库存周期。如果要考察和分析企业出售期末存货所需要的天数，则可用期末存货计算。为此，先要计算平均每天的销货成本(销货成本/360)，然后将期末存货除以平均每天的销货成本，即得按期末存货计算的存货周转天数。需要指出的是，按期末存货计算存货周转天数，须有一个前提，即销售率不变。通常，这两种计算的结果间存在着一定的差异。现举例说明如下。

**【例5-6】** 假定某公司2006年销售存货取得的盈余收入为18 000 000元，其销售净额为16 000 000元，销售毛利率为25%；期末、期初存货分别为4 000 000元和2 000 000元。

第一种方法下，存货采用平均数，则有

$$存货周转率(次数)=\frac{16\ 000\ 000\times(1-25\%)}{\frac{2\ 000\ 000+4\ 000\ 000}{2}}=4(次)$$

$$存货周转率(天数)=\frac{360}{4}=90(天)$$

第二种方法下，存货采用期末数，则有

$$存货周转率(次数)=\frac{16\ 000\ 000\times(1-25\%)}{4\ 000\ 000}=3(次)$$

$$存货周转率(天数)=\frac{360}{3}=120(天)$$

显然，这两种方法计算的结果相差30天。因此，企业应根据具体情况，采取适当的计算方法，以便做出符合分析目的的评价。

一般情况下，存货周转天数越少，表明存货周转速度越快，资金占用于存货的时间越短，企业管理存货的效率也越高。但是，过高的存货周转率，有时也意味着存货占用水平过低和频繁发生存货缺货(信号)；相对而言，过低的存货周转率，通常意味着存货占用过量或存货发生报废贬值(信号)。因此，分析企业存货周转率的高低应结合同行业的存货平均水平和企业过去的存货周转情况进行判断。

在计算与分析存货周转率时，需注意下列几点：

(1) 该指标的好坏反映了企业的存货管理水平，它不仅影响企业的短期偿债能力，也是整个企业管理的重要内容。

(2) 企业管理者和有条件的外部报表使用者，除了分析进货批量因素、生产销售的季节性变化等情况以外，还应对存货的内部结构以及影响存货周转速度的重要项目进行分

析，如分别计算原材料周转率、在产品周转率等。计算公式为

$$原材料周转率=\frac{耗用材料成本}{材料平均余额}$$

$$在产品周转率=\frac{制造成本}{在产品平均余额}$$

(3) 存货周转分析的目的是从不同的角度和环节找出存货管理中存在的问题，使存货管理在保证生产连续性的同时，尽量可能少占用经营资金，提高资金的使用效率，增强企业的短期偿债能力，促使企业管理水平的提高。

(4) 存货周转率在反映存货周转速度、存货占用水平的同时，也从一定程度上反映了销售实现的快慢。一般情况下，存货周转速度越快，说明企业投入存货的资金从投入到完成销售的时间越短，存货转换为货币资金或应收账款等的速度越快，资金的回收速度越快。在企业资金利润率较高的情况下，企业就越能获得更高的利润。若存货周转率慢，说明企业的存货可能适销不对路，有过多的呆滞存货，影响资金的及时回笼。

**阅读案例 5-3**

### 上海通用的零库存与存货周转率

上海通用汽车有限公司的生产线上基本做到了零库存。它的部分零件，有些是本地供应商所生产的，供应商会根据上海通用汽车公司生产的要求，在指定的时间直接送到生产线上。这样，企业保持了接近于零的库存，省去了大量的库存资金占用。

同时，上海通用聘请了一家第三方物流供应商设计配送路线，然后到不同的供应商处取货，再直接送到上海通用。利用“牛奶取货”或者叫“循环取货”的方式使上海通用的零部件运输成本下降了30%以上。

为了有效实施零库存，上海通用非常注意协调与供应商之间的关系。它的“柔性化生产”(即一条生产流水线可以生产不同平台多个型号的产品)对供应商的要求极高，供应商必须时常处于“时刻供货”状态，这样会给供应商带来很高的存货成本。为了克服这个问题，上海通用与供应商时刻保持着透明的信息沟通，包括让供应商了解企业的生产计划。

这种管理方式在很大程度上降低了企业的存货周转率，提高了企业资金的利用效率。

### 5.3.3 营业周期

营业周期(operating cycle)，是指从外购商品或接受劳务从而承担付款义务时开始，到收回因销售商品或提高劳务而产生应收账款时为止的这段时间。简言之，它是指自取得存货至销售存货并收回现金所需时间(通常以天数表示)。在市场竞争日趋激烈和信用关系普遍存在的情况下，大多数公司在购买原材料等商品时并不立即付款，而是采用赊销等信用方式，因而营业周期的起点是外购承担付款义务之时，而不是外购实际支付现金之际。事实上，人们在探讨企业的流动性与效率性及偿债能力和营运能力时，会自然地论及营业周期。基于上述认知与界定，营业周期可用公式表述为

$$营业周期=存货周转天数+应收账款周转天数$$

这表明可以把应收账款周转天数与存货周转天数之和作为营业周期的近似数来反映其长短，也意味着营业周期是将期末存货全部变为现金所需要的时间。营业周期长短对企业

的生产经营与管理绩效具有重要的影响。一般来说，营业周期越短，说明资金周转速度较快，资产使用效率越高，获利能力越强；营业周期越长，说明资金周转速度越慢，资产使用效率越低，获利能力越弱。现举例说明如下。

**【例5-7】** 假定某公司2006年销售净额为64 000 000元，销货成本为49 280 000元，应收账款平均余额为5 760 500元，存货平均余额为5 749 333元；2005年销售净额为47 000 000元，销售成本为35 250 000元，应收账款平均余额为4 100 000元，存货平均余额为4 014 580元。其营业周期计算为：

(1)2006年应收账款周转天数、存货周转天数及营业周期。

$$\text{应收账款周转率(天数)}=\frac{360\times 5\ 760\ 500}{64\ 000\ 000}=32.4(\text{天})$$

$$\text{存货周转天数}=\frac{360\times 5\ 749\ 333}{49\ 280\ 000}=42(\text{天})$$

$$\text{营业周期}=32.4+42=74.4(\text{天})$$

(2) 2005年应收账款周转天数、存货周转天数及营业周期。

$$\text{应收账款周转率(天数)}=\frac{360\times 4\ 100\ 500}{47\ 000\ 000}=31.4(\text{天})$$

$$\text{存货周转天数}=\frac{360\times 4\ 014\ 580}{35\ 250\ 000}=41(\text{天})$$

$$\text{营业周期}=31.4+41=72.4(\text{天})$$

显然，该公司2006年比2005年营业周期延长了2天(74.4－72.4)，说明2006年较2005年资产利用效率降低了，管理绩效也有所下降，比如毛利率由2005年的25%(即1－35 250 000/47 000 000)下降到2006年的23%(即1－49 280 000/64 000 000)。从构成角度分析，2006年比2005年营业周期延长了2天，主要是应收账款和存货均延长了1天所致。要进一步分析原因以便采取改进措施，则需查明应收账款和存货在周转速度上放慢的具体缘由。

营业周期不仅可用于分析和考察企业资产的使用效率和管理水平，而且可用来补充说明与评价企业的流动性。事实上，营业周期的长短是决定企业流动资产需要量的重要因素。虽然该指标具有静态的表征，其实它更具有动态的意义。一个营业周期很短的公司，流动资产数量往往也相对较少，其流动比率和速动比率大都相对较低，但其经营效率很高，从而从动态意义上说该公司的流动性也相对较好，且不必过分依靠流动比率和速动比率等指标所反映的那种静态流动性。换言之，营业周期能够补充提供公司流动性的信息。因此，一个相对较短的营业周期，也能反映出公司的令人满意的流动性；相反，一个相对较长的营业周期，可能成为应收账款或存货占用过度的信号，并反映出公司的流动性较差。它有利于并促使人们重新考虑和评价公司的流动性。

在使用营业周期指标分析时，需要注意以下几个问题。

(1) 不同企业对存货计价方法会存在较大差异，不同的存货计价方法会导致不同的期末存货价值，从而会延长或缩短存货周转天数。因而，会影响营业周期的长短。

(2) 根据我国现行制度规定，企业可自行确定坏账准备的提取方法、提取比例，从而使不同的企业之间的应收账款周转天数的计算结果产生差异。因而，也会影响营业周期的长短。

(3) 外部报表使用者，通常只能根据销售净额而非赊销净额计算应收账款周转天数。在存在大量现金销售的情况下，就会夸大应收账款周转率，缩短应收账款的周转天数，进而会缩短企业的营业周期。

### 5.3.4 流动资产周转率

流动资产周转率(current assets turnover)，是一定期间的周转额与流动资产的比率。流动资产是企业各类资产中流动性最强、最具活力的部分，因此，对流动资产的周转额与占用额进行比较分析，既能考察投入与产出意义上流动资产的使用效率，又能评价价值流转意义上所使用流动资产实现价值补偿的速度。其计算公式如下：

$$\text{流动资产周转率(次数)}=\frac{\text{周转额}}{\text{流动资产平均余额}}$$

公式中的分子即周转额，有两种计算方法：一种是按产品或商品销售收入净额计算的周转额；另一种是按产品或商品销售成本计算的周转额。按前者计算的流动资产周转率，通常称为收入流动资产周转率，按后者计算的流动资产周转率，往往叫做成本流动资产周转率。其中，收入流动资产周转率受流动资产周转速度和企业盈利水平的影响，且该指标将流动资产占用额与周转结果统一起来，便于与其他指标联系起来加以分析，故在实际工作中应用较少。但是，由于产品或商品销售收入中，有一部分是税收和利润，将不再参加流动资产周转，因而其在准确反映流动资产周转速度方面不及成本流动资产周转率。

公式中的分母即流动资产平均余额，是把期初流动资产和期末流动资产相加后除以2。在实际工作中，大多采用这一种计算方法。

**【例5-8】** 假定某公司期初、期末流动资产分别为1 120万元和1 500万元，该期间实现销售净额6 000万元，则流动资产周转率为

$$\frac{6\ 000}{\frac{(1\ 120+1\ 500)}{2}}=4.58\text{(次)}$$

流动资产周转率越高，也就是流动资产在一定时期内周转次数越多或流动资产周转一次所需的天数越少，表明流动资产周转越快，也意味着以相同的流动资产完成的周转额越多或完成既定的周转额所占用的流动资产越少；同时，流动资产经历经营过程各阶段占用的时间越少，表明流动资产利用的效果越好，有利于节约资金成本或提高盈利水平。相反，流动资产周转率越低，表明流动资产周转速度越慢，需要补充流动资产参加周转，从而造成资产使用效率低，利用效果差，甚至形成浪费，降低盈利水平。当然，也可以用“天数”表示流动资产周转率。此时的流动资产周转率通俗易懂、计算简便，应用较为普遍。其表达式为

$$\text{流动资产周转率(天数)}=\frac{360\times\text{流动资产}}{\text{周转额}}$$

在使用流动资产周转率指标分析时，需要注意在具体评价时，应结合企业的历史资料(或目标值)或者行业平均(或先进)水平；此外，还应该结合前述应收账款周转率、存货周转率等，以分析其高低的原因，从而采取措施加以改进。由于大多数工商企业的流动资产

周转状况都取决于应收账款和存货等主要流动资产项目的周转速度，因此，中西方企业大都不再单独使用该指标来考察流动资产周转情况。

### 5.3.5 固定资产周转率

固定资产周转率(fixed assets turnover)，是一定期间的周转额与固定资产的比率。它是反映企业固定资产周转情况，用以衡量固定资产利用效率的一项指标。其计算公式如下：

$$\text{固定资产周转率(次数)}=\frac{\text{周转额}}{\text{固定资产}}$$

公式中的分子即周转额，是产品或商品的销售收入净额，即产品或商品的销售收入扣除折扣、折让及退回后的余额；公式中的分母即固定资产，是指固定资产的净值，该净值通常用固定资产的平均数，有时也用期末数。

上述计算结果是用次数表示的固定资产周转率，实际上，也可以用天数来表示固定资产周转率。其计算公式如下：

$$\text{固定资产周转率(天数)}=\frac{360\times\text{固定资产}}{\text{周转额}}$$

一般而言，固定资产周转次数越多或周转一次所需的天数越少，即固定资产周转率越高，表明企业固定资产利用较充分，说明企业固定资产投资得当，固定资产结构合理，能够较好地发挥固定资产的使用效率；反之，固定资产周转次数越少或周转一次所需的天数越多，即固定资产周转率越低，表明企业固定资产周转速度越慢，说明企业固定资产的分布与安排不合理、不适当，固定资产使用效率低，提供的生产经营成果不多，企业的营运能力不强。

在使用固定资产周转率指标分析时，需要注意以下问题。

(1) 一般而言，固定资产的增加不是渐进的，而是突然上升的，这会导致固定资产周转率的变化。

(2) 企业固定资产所采用的折旧方法和折旧年限的不同，会导致不同的固定资产账面净值，也会对固定资产周转率的计算产生重要影响，造成指标的人为差异。

(3) 在企业固定资产、销售情况都未发生变化的条件下，由于通货膨胀因素导致物价上涨而使销售收入虚增，也会使固定资产周转率提高，但企业固定资产的实际效能并未增加。

在进行固定资产周转率分析时，应以企业历史水平和同行业平均水平作标准进行对比分析，从中找出差距，努力提高固定资产周转速度。

### 5.3.6 总资产周转率

总资产周转率(total assets turnover)，是一定期间的周转额与全部资产的比率。运用该指标进行分析，实际上就是分析企业的总资产及其各类、各项组成部分的营运状况，评价企业利用总资产创造销售收入的有效程度。其计算公式如下：

$$\text{总资产周转率(次数)}=\frac{\text{销售或营业收入净额}}{\text{总资产平均总额}}$$

公式中的分子是指企业产品或商品的销售收入净额，即一定期间产品或商品销售收入扣除折扣、折让及退回等之后的余额。公式中的分母即全部资产平均总额，即各类、各项资产原值之和扣除折旧、摊销及折耗等之后的余额，且往往按平均数计算，也就是将期初数与期末数加总后除以 2，上述指标是以次数表示的全部资产的周转速度。总资产周转率也可以用天数来表示，计算期间通常为一年，按 360 天计算。其计算公式如下：

$$\text{总资产周转率(天数)}=\frac{360\times\text{总资产平均总额}}{\text{销售或营业收入净额}}$$

利用总资产周转率能够更加集中和全面地反映企业的资产利用效率。

**【例 5-9】** 某公司 2006 年实现销售收入净额为 4 524 000 元，年初、年末资产总额分别为 3 758 000 元和 3 484 000 元。有关计算如下：

(1) 该年平均资产总额为

$$\frac{3\ 758\ 000+3\ 484\ 000}{2}=3\ 621\ 000(\text{元})$$

(2) $\text{总资产周转率(次数)}=\frac{4\ 524\ 000}{3\ 621\ 000}=1.25(\text{次})$

$\text{总资产周转率(天数)}=\frac{360}{1.25}=288.14(\text{天})$

企业的总资产周转率指标要与行业水平相比较，以判断企业对总资产运用的有效性。若总资产周转率高，说明企业有效地运用了资产；反之，总资产周转率低，则说明企业没有充分发挥资产的效能，从而须增加销售额，削减部分资产或调整资产组合。

在使用总资产周转率指标分析时，需要注意以下问题。

在运用该指标进行财务分析与评价中，要注意不同行业特性及其影响，如加工制造业的总资产周转率较商品流通业为低；也要注意新旧资产会计计价及其影响，如新资产计价高于旧资产，而使较多运用旧资产的企业的总资产周转率偏高；还要注意总资产中不同组成部分的运用效率及其影响。

此外必须明确，总资产周转率指标重视资产的利用情况，可用来衡量企业的效率性，却忽视销售的盈利能力，难以用来全面评价企业的盈利性；同时，该指标不能充分衡量综合效率，但与反映盈利性的指标结合起来有助于评价企业的盈利能力。在第四章中曾述及，盈利性主要包括以利润为基础的盈利性和以报酬为基础的盈利性，前者与销售额有关，后者与投资额有关。总资产周转率固然与销售额、投资额均有关，但与利润及报酬无直接关系。因此，效率性分析要同流动性、盈利性等评价结合起来，以便全面、科学、合理地评析企业的财务情况。

## 本章小结

营运能力是指企业配置经济资源、安排资本结构及调控流动资金的水平与潜力。从静态角度看，其主要表现为资产组合状况、资本结构情况及其对收益与风险的影响；从动态角度看，则主要表现为利用资产的有效程度。

静态营运能力分析，主要是指考察和评价企业资产组合的有效性、资本结构的合理性及其对企业收益与风险的影响。资产组合指企业资产中各种资产之间的比例关系，尤其是流动资产与非流动资产之间的比例关系。总体来说，企业资产组合状况可大致分为三种类型，即稳健型、冒险型及适中型。资本结构指企业资金中各种资金之间的比例关系，在性质上可认为是权益资金与债务资金的比例关系，在时间上可指短期资金和长期资金的比例关系。它是企业营运资金管理政策的又一个重要内容，也是筹资决策的核心。企业安排资产组合，确定资本结构及进行两者间的搭配，能在一定程度上从效率的角度衡量和评价企业管理当局配置资源与调控资金的能力与水平，也是静态考察和分析企业效率性的重要内容。

所谓动态营运能力分析，就是考察和评价企业调节、配置及控制经济资源的能力与水平，也是衡量与体现企业管理当局运营资金的有效性和合理性。动态营运能力分析主要采用应收账款周转率、存货周转率、营业周期、流动资产周转率、固定资产周转率及总资产周转率等指标。

效率性分析要同流动性、盈利性等评价结合起来，以便全面、科学、合理地评析企业的财务情况。

## 关键术语

| | | | |
|---|---|---|---|
| 营运能力 | 静态营运能力分析 | 资产组合 | 资本结构 |
| 应收账款周转率 | 应收账款周转天数 | 存货周转率 | 存货周转天数 |
| 营业周期 | 流动资产周转率 | 固定资产周转率 | 总资产周转率 |

## 思考与练习

一、 单项选择题

1. 流动资产占总资产的比重是影响(　　)指标变动的重要因素。

A. 总资产周转率　B. 总资产产值率　C. 总资产收入率　D. 总资产报酬率

2. 反映资产占用与收入之间关系的指标是(　　)。

A. 流动资产产值率　B. 流动资产周转率　C. 固定资产产值率　D. 总资产产值率

3. 影响流动资产周转率的因素是(　　)。

A. 产出率　B. 销售率　C. 成本收入率　D. 收入成本率

4. 当流动资产占用量不变时，由于流动资产周转加快会形成流动资金的(　　)。

A. 绝对浪费额　B. 相对浪费额　C. 绝对节约额　D. 相对节约额

5. 当流动资产占用量不变时，由于销售收入减少会形成流动资金的(　　)。

A. 绝对浪费额　B. 相对浪费额　C. 绝对节约额　D. 相对节约额

6. 如果流动资产大于流动负债，则月末用银行存款偿还一笔其他应付款会使(　　)。

A. 营运资金减少　B. 营运资金增加　C. 流动比率提高　D. 流动比率降低

7. 某企业计划年度销售成本为1400万元，销售毛利率为30%，流动资产平均占用额为400万元，则该企业流动资金周转天数为(　　)天。

A. 120　B. 90　C. 72　D. 65

## 二、多项选择题

1. 反映企业营运能力的指标有(　　)。

A. 总资产收入率　　B. 固定资产收入率

C. 流动资产周转率　　D. 存货周转率

E. 应收账款周转率

2. 影响存货周转率的因素有(　　)。

A. 材料周转率　　B. 在产品周转率

C. 产品销售收入　　D. 产品生产成本

E. 产成品周转率

3. 应收账款周转率越高越好，因为它表明(　　)。

A. 收款迅速　　B. 减少坏账损失

C. 资产流动性高　　D. 销售收入增加

E. 利润增加

4. 存货周转率偏低的原因可能是(　　)。

A. 应收账款增加　　B. 降价销售

C. 产品滞销　　D. 销售政策发生变化

E. 大量赊销

5. 以下属于流动资金相对节约额的情况是(　　)。

A. 流动资产存量不变，销售收入增加

B. 流动资产存量不变，流动资产周转加速

C. 销售收入增长速度超过流动资产增长速度

D. 销售收入不变，流动资产存量减少

E. 流动资产减少速度大于销售收入减少速度

6. 反映流动资产周转速度的指标有(　　)。

A. 流动资产周转率　　B. 流动资产垫支周转率

C. 存货周转率　　D. 存货构成率

E. 应付账款周转率

7. 在计算应收账款周转率时，关于应收账款余额的确定，下列说法错误的是(　　)。

A. 包括“应收账款”和“应收票据”等的全部赊销账款，金额为扣除坏账准备前的数额

B. 包括“应收账款”和“应收票据”等的全部赊销账款，金额为扣除坏账准备后的净额

C. “应收账款”账户的期末余额

D. 仅在本年度发生的应收账款

## 三、判断题

1. 从一定意义上讲，流动性比收益性更重要。(　　)

2. 应收账款周转率反映企业应收账款的周转速度，应收账款周转率越大，对企业越有利。(　　)

3. 总资产收入率与总资产周转率的经济实质是一样的。(　　)

4. 在其他条件不变时，流动资产比重越高，总资产周转速度越快。(　　)

5. 资产周转次数越多，周转天数越多，表明资产周转速度越快。(　　)

6. 使用主营业务收入作为周转额是用来说明垫支的流动资产周转速度。(　　)

7. 成本收入率越高，流动资产周转速度越快。(　　)

8. 销售收入增加的同时，流动资产存量减少所形成的节约额是绝对节约额。(　　)

9. 存货周转速度越快，则存货的流动性越强，存货转换为现金或应收账款的速度也就越快。（ ）

10. 只要流动资产实际存量大于基期，就会形成绝对浪费额。（ ）

四、 计算题

1. 某企业连续三年的资产负债表中相关资产项目的数额如表5-1所示。

表5-1 企业连续三年的资产

| 项目 | 2009年年末 | 2010年年末 | 2011年年末 |
|---|---|---|---|
| 流动资产 | 2 200 | 2 680 | 2 680 |
| 其中：应收账款 | 944 | 1 028 | 1 140 |
| 存货 | 1 060 | 928 | 1 070 |
| 固定资产 | 3 800 | 3 340 | 3 500 |
| 资产总额 | 8 800 | 8 060 | 8 920 |

已知2011年该公司的主营业务收入为10 465万元，比2010年增长了15%，其主营业务成本为8 176万元，比2010年增长了12%。试计算分析：

（1）该企业2010年和2011年的应收账款周转率、存货周转率、流动资产周转率、固定资产周转率和总资产周转率。

（2）对该企业的资产运用效率进行评价。

2. 某公司2009年销售收入净额为8 000万元，年初应收账款余额为600万元，年末应收账款余额为1 000万元，坏账准备按应收账款的10%计提。每年按360天计算。

要求：计算该公司的应收账款周转率(天数)。

3. 某公司2010年产品销售收入为20 000万元，全部资产平均余额为8 000万元，流动资产平均余额为3 600万元；2011年公司销售收入为22 000万元，全部资产平均余额为9 000万元，流动资产平均余额为4 200万元。

要求：

(1)根据以上资料，计算公司2010年和2011年的总资产周转率；

(2)分析资产周转率变动的原因。

## 实际操作训练

1. L公司的简式资产负债表如表5-2所示。

表5-2 资产负债表

2011年12月31日　　单位：万元

| 资产 | 期末 | 负债和股东权益 | 期末 |
|---|---|---|---|
| 货币资金 | 6 000 | 应付账款 | |
| 应收账款 | | 应交税金 | 5 000 |
| 存货 | | 长期负债 | |
| 固定资产 | 35 280 | 实收资本 | 35 000 |
| | | 未分配利润 | |
| 总计 | 88 280 | 总计 | |

该公司其他财务资料如下：

(1) 年末流动比率为1.5；

(2) 产权比率(负债/所有者权益)为1.5；

(3) 以销售额和年末存货计算的存货周转率为15次；

(4) 以销售成本和年末存货计算的存货周转率为12次；

(5) 本年销售毛利为5.4亿元；

(6) 长期负债占负债总额比例为1/3。

要求：根据上述财务资料，把上述简式资产负债表填写完整。

2. 中国第一铅笔股份有限公司营运能力分析案例

(1) 基本案情

中国第一铅笔股份有限公司是一家生产活动铅笔、高级绘图铅笔、色芯铅笔等的股份有限公司。1992年，刚刚改制后创立不久的中国第一铅笔股份有限公司(以下简称中铅公司)便陷入了四面楚歌的境地。当时全国铅笔年总产量高达50多亿支，数百家亏损面达80%的铅笔企业“互相残杀”。尽管中铅公司拥有“中华牌”和“长城牌”这两个在神州大地家喻户晓的老牌“明星”，但竞相削价和大批水货的冲击使他们喘不过气来。

中铅公司只能背水一战，它们在依托名牌的基础上，在包装、品种、款式、装潢等方面对老名牌进行了彻底的改造和革新，以每年30%的更新率挺进市场。就这样，“中华牌”和“长城牌”铅笔不仅顶住了市场的冲击，而且以高出其他品牌两倍的价格畅销不衰，目前，中铅公司每年的利润相当于全国同行业其他所有企业盈利总和的95%。

1996年该公司年木制铅笔产量为103 200万支，外销全年完成8 884.7万元，出口量比上年增长55.6%。公司现有未流通股65 141 366股，占总股本的42.78%，已流通股87 120 000股，占总股本的57.22%。公司最大的股东是上海轻工控股集团公司，持股50 391 950股，占总股本的33.09%，公司下属有上海高蒂丝化妆品有限公司、上海铅笔机械有限公司、上海长城笔业有限公司等12家子公司及关联公司。

(2) 案情分析

试对中铅公司1996年的营运能力进行分析见表5-3、表5-4，重点分析的指标有：总资产周转率、流动资产周转率、应收账款周转率、存货周转率及固定资产周转率。

**表5-3 合并资产负债表**

1996年12月31日

编制单位：中国第一铅笔股份有限公司　　　　金额单位：元

| 资产 | 合并年初数 | 合并年末数 | 负债及股东权益 | 合并年初数 | 合并年末数 |
|---|---|---|---|---|---|
| 流动资产： | | | 流动负债： | | |
| 货币资金 | 93 039 438.09 | 80 505 167.70 | 短期借款 | 58 993 000.00 | 82 993 000.00 |
| 短期投资 | 32 234 107.18 | 43 264 046.18 | 应付票据 | 4 961 580.92 | 6 777 779.32 |
| 应收票据 | 2 352 369.61 | 13 730 052.65 | 应付账款 | 28 283 596.81 | 29 931 675.22 |
| 应收账款 | 56 009 815.39 | 72 960 770.62 | 预收账款 | 3 058 162.57 | 653 702.68 |
| 减：坏账准备 | 280 049.08 | 364 803.85 | 应付福利费 | 849 396.80 | 784 712.51 |
| 应收账款净额 | 55 729 766.31 | 72 595 966.77 | 未付股利 | 47 344 057.28 | 49 457 453.27 |
| 预付账款 | 5 003 615.75 | 112 738.02 | 未交税金 | 2 744 424.92 | 2 688 014.48 |
| 其他应收款 | 11 687 212.18 | 14 831 593.33 | 其他未交款 | 506.17 | 52 362.05 |
| 待摊费用 | 2 387 978.07 | 1 659 773.64 | 其他应付款 | 37 466 954.69 | 5 137 280.96 |

续表

| 资产 | 合并年初数 | 合并年末数 | 负债及股东权益 | 合并年初数 | 合并年末数 |
|---|---|---|---|---|---|
| 存货 | 41 677 751.28 | 47 927 134.01 | 预提费用 | 46 414.30 | 493 675.72 |
| 减：存货变现损失准备 | | | 一年内到期的长期负债 | | |
| 存货净额 | 41 677 751.28 | 47 927 134.01 | 其他流动负债 | 5 000 000.00 | 2 000 000.00 |
| 待处理流动资产净损失 | 85 356.00 | 45 356.00 | 流动负债合计 | 188 748 094.46 | 180 969 656.21 |
| 1年内到期的长期债券投资 | | | | | |
| 其他流动资产 | | | 长期负债： | | |
| 流动资产合计 | 244 197 594.47 | 274 671 828.30 | 长期借款 | 7 791 000.00 | 13 852 000.00 |
| 长期投资： | | | 应付债券 | | |
| 长期投资 | 45 012 754.56 | 455 060.10 | 长期应付款 | | |
| 合并价差 | 416 680.93 | 416 680.93 | 其他长期负债 | 11 040 000.00 | 7 360 000.00 |
| 固定资产： | | | 长期负债合计 | 18 831 000.00 | 21 212 000.00 |
| 固定资产原价 | 116 191 206.02 | 128 452 670.53 | 递延税项： | | |
| 减：累计折旧 | 15 748 783.00 | 24 084 642.95 | 递延税款贷项 | | |
| 固定资产净值 | 100 442 423.02 | 104 368 027.58 | 负债合计 | 207 579 094.46 | 202 181 656.21 |
| 在建工程 | 93 135 252.37 | 84 271 208.61 | | | |
| 固定资产清理 | | | 少数股东权益 | 5 001 109.11 | 107 689 575.39 |
| 待处理固定资产净损失 | | | 股东权益： | | |
| 固定资产合计 | 193 577 675.39 | 188 639 236.19 | 股本 | 138 419 424.00 | 152 261 366.00 |
| 无形资产及递延资产： | | | 资本公积 | 102 479 621.91 | 88 643 679.91 |
| 无形资产 | 8 937 808.15 | 8 941 037.21 | 盈余公积 | 39 653 750.84 | 65 952 370.07 |
| 递延资产 | 7 199 774.40 | 8 395 718.97 | 其中：公益金 | 12 787 207.28 | 18 610 027.88 |
| 无形资产及递延资产合计 | 16 137 582.55 | 17 336 756.18 | 未分配利润 | 6 207 287.58 | 6 711 514.12 |
| 其他长期资产： | | | 外币报表折算差额 | | |
| 其他长期资产 | | | 股东权益合计 | 286 762 084.33 | 313 568 930.10 |
| 递延税项： | | | | | |
| 递延税款借项 | | | | | |
| 资产总计 | 499 342 287.90 | 526 519 561.70 | 负债及股东权益合计 | 49 934 287.90 | 526 519 561.70 |

应收账款：72 960 770.62
其中：1年以内 71 172 602.54
2年以内 138 151.00
2～3年 1 208 764.90
3年以上 441 252.18

**表5-4 合并利润及利润分配表**

1996年12月31日

编制单位：中国第一铅笔股份有限公司　　　　金额单位：元

| 项　　目 | 合并上年数 | 合并本期数 |
|---|---|---|
| 一、主营业务收入 | 196 587 463.93 | 241 751 062.47 |
| 减：营业成本 | 122 134 748.45 | 153 103 771.73 |
| 销售费用 | 207 644.62 | 1 875 912.80 |
| 管理费用 | 29 363 665.36 | 36 719 968.67 |
| 财务费用 | 441 126.73 | 4 002 244.02 |
| 进货费用 | 91 731.36 | 330 975.76 |
| 营业税金及附加 | 3 870 706.74 | 4 601 604.69 |
| 二、主营业务利润 | 38 909 040.67 | 41 116 584.80 |
| 加：其他业务利润 | 6 635 812.80 | 12 641 327.53 |
| 三、营业利润 | 45 544 853.47 | 53 757 912.33 |
| 加：投资收益 | 9 099 542.52 | 8 131 915.41 |
| 补贴收入 | 29 577.81 | 17 156.50 |
| 营业外收入 | 681 178.39 | 804 927.30 |
| 减：营业外支出 | 2 341 639.30 | 650 601.84 |
| 加：以前年度损益调整 | | |
| 四、利润总额 | 53 013 512.89 | 62 081 299.70 |
| 减：所得税 | 4 290 287.40 | 2 876 668.57 |
| 减：少数股东权益 | 700 109.11 | 1 951 512.16 |
| 五、净利润 | 48 023 116.38 | 5 723 118.97 |
| 加：年初未分配利润 | 5 048 773.50 | 6 209 287.58 |
| 盈余公积转入数 | | |
| 六、可分配的利润 | 53 071 889.88 | 63 462 406.55 |
| 减：提取法定公积金 | 8 861 229.01 | 11 709 592.22 |
| 提取法定公益金 | 5 032 733.34 | 87 641.00 |
| 职工奖金福利 | | |
| 七、可供股东分配的利润 | 39 177 927.53 | 42 986 607.92 |

续表

| 项　目 | 合并上年数 | 合并本期数 |
| --- | --- | --- |
| 减：已分配优先股股利 | | |
| 提取任意公积金 | 2 516 366.67 | 5 822 820.60 |
| 已分配普通股股利 | 30 452 273.28 | 30 452 273.20 |
| 未分配利润 | 6 209 284.58 | 6 711 514.12 |

(3) 问题探讨

通过以上营运能力指标的计算，试分析讨论第一铅笔公司的营运能力存在的主要问题有哪些，应该如何予以改进。

# 第6章　发展能力分析

## 教学目标

本章主要讲述企业发展能力分析框架、营业发展能力分析、财务发展能力分析等基本内容。通过本章的学习需要掌握影响企业价值的主要因素、营业发展能力的分析方法、净收益增长率的分析及其影响因素等内容。

## 教学要求

| 知识要点 | 能力要求 | 相关知识 |
| --- | --- | --- |
| 企业发展能力分析框架 | 了解企业发展能力的含义<br>掌握企业发展能力分析框架 | 营业发展能力分析<br>财务发展能力分析<br>竞争能力分析 |
| 营业发展能力分析 | 了解营业发展能力的含义<br>掌握营业发展能力指标 | 销售增长指标<br>资产增长指标 |
| 财务发展能力分析 | 了解营业发展能力的含义<br>掌握营业发展能力指标 | 净收益增长率<br>资本积累率 |
| 竞争能力分析 | 了解竞争能力分析的主要内容 | 市场占有率<br>市场覆盖率<br>竞争能力<br>竞争策略 |

导入案例

《新财富》2003年的研究报告中提出传统行业胜过“新经济”，并取代“信息技术”将成为成长性最好的行业。

“汽车零部件”行业是成长性最好的行业，基本成长率达5.68%。不过，推动“汽车零部件”迅速发展的“汽车”行业的成长性并不高，只有2.31%，比去年的2.51%还要低。这可能与上市公司的行业代表性有关。

工业板块的“公路和铁路运输”(第2位)和“运输基础设施”(第4位)、能源板块的“石油和天然气”(第3位)以及材料板块的“金属和矿业”(第5位)，也位列成长性的前五位。这五个行业的158家排名公司中共有25家公司入选100强。

5个行业的净利润现金含量均超过100%。在经常性总资产回报率最高的5个行业中，该五个成长性最好的行业就占了4个。“汽车零部件”还是30个行业中派现比例最高的行业，其股利支付率高达30%；“运输基础设施”则是毛利率最高，应收账款最少的行业，其主营业务利润率高达53%、应收款只占总资产的4.23%；“石油和天然气”是有息负债率最低的行业；“公路和铁路运输”行业市盈率最低、净利润现金含量最高。

而2002年成长性最好的属于“信息技术”板块的“通讯设备”和“软件”行业的基本成长率以及落后到第8位和第6位。两个行业的净利润现金含量仍然不够理想，“应收账款”也仍然比较多。

计算机和家电所属的行业成长性最差，相比去年，“计算机和外设”的成长性进一步下降，从2.34%降至1.61%，成为今年成长性最差的行业。其经常性总资产回报率也是所有行业中最低的。

家电所属的“家庭耐用品”行业的成长性则基本维持去年的水平，成长性仅稍高于“计算机和外设”，位居倒数第2。

经常性总资产回报率、股利支付率、有息负债率、毛利率、主营业务收入现金含量、应收款项占总资产的比例等指标在这两个行业中基本处在同一水平，这也反映了两个行业目前处在比较成熟的发展阶段，市场竞争都非常激烈，公司较多，不可能保持很高的成长性。

100强的行业构成：100强中相对数量(占行业排名公司的比例)最多的3个行业分别是“公路和铁路运输”、“运输基础设施”和“石油和天然气”。

100强中绝对数量最多的行业仍然是“金属和矿业”行业；第2位是“医药”，而“运输基础设施”、“纺织品”、“服饰和奢侈品”、“电力”以及“化学制品”均以6家公司并列第3位。

没有入围100强的行业共有5个：“建筑材料”、“电气设备”、“建筑和工程”、“生物技术”和“多板块公司”。“机器机械”、“家庭耐用品”以及“综合”行业均只有1家公司进入100强。

从上市地点来看，100强中，深市上市公司42家、沪市上市公司58家。从地区分布来看，广东最多，共有16家入围，山东13家，上海9家。

## 6.1 企业发展能力分析框架

企业是营利性组织，其出发点和归宿是获利。企业一旦成立就会面临竞争，始终处于生存或倒闭、发展或萎缩的矛盾过程中。企业只有生存下去才能获利，而企业是在发展中求得生存的。所谓发展能力，是指企业实现盈利、保持盈利的持续程度及价值增长的可能性。企业的发展能力，也称企业的成长性，它是企业通过自身的生产经营活动，不断扩大积累而形成的发展潜能。企业能否健康发展取决于多种因素，包括外部经营环境、企业内在素质及资源条件等。企业的发展包括两方面的发展——营业能力的发展和财务能力的发展，本章将阐述这两方面发展的评价方法。

在当今的市场环境中，企业与企业之间、行业与行业之间都存在着激烈的竞争，企业在竞争中面临多种选择。如何在竞争中处于不败之地，让企业走上可持续发展的道路是非常重要的，然而竞争是残酷的，营业能力的发展既是其生存之本，也是其获利之据。而财务能力的发展实际是企业各方面发展的财务体现，对企业财务能力发展的分析有助于完整系统地把握企业整体的发展状况，本章结合案例系统地阐述企业这两方面发展能力的分析。

考核企业的发展能力，可以抑制企业的短期行为，有利于完善现代企业制度。企业的短期行为集中表现为追求眼前的利润，忽视企业资产的保值与增值。为了实现短期利润，有些企业不惜拼耗设备、少计费用和成本。增加了对企业发展能力的考核后，不仅要考核企业目前实现的利润，还要考核企业资产的保值与增值情况，这就可以从一定程度上抑制企业的短期行为，真正增加企业的经济实力，完善现代企业制度。

企业的发展能力，也称企业的成长性，它是企业通过自身的生产经营活动，不断扩大积累而形成的发展潜能。企业能否健康发展取决于多种因素，包括外部经营环境、企业内在素质及资源条件等。

**阅读案例 6-1**

### 云南白药(000538)的发展空间分析

云南白药在国内中药市场居于绝对龙头地位，是我国中药业的一面旗帜。但是，近年来全球制药业巨头大举进军国内市场，极大地威胁和冲击了云南白药的市场份额。例如，1992 年，美国强生公司的邦迪创可贴进入中国市场，此后，邦迪创可贴的市场份额一度超过云南白药创可贴的 10 倍。云南白药必须研发新产品，创造新的利润增长点。

据统计，一个成功的新药年销售额可达 10 亿～40 亿美元。专利产品在专利有效期内由于能垄断该产品市场，因此，在受益期内能获得巨额垄断利润。世界排名前 10 的药企利润率都在 30%以上。

国外研制一种新药一般要花费 2 亿～10 亿美元，从筛选到投入临床需要 10 年的时间。全球制药业巨头非常重视新药产品的开发，他们的研发费用一般能达到产品销售总额的 15%以上。目前，世界排名前 10 的公司占到全球医药市场总额的 1/3 以上。

2004 年，云南白药推出“防治牙龈出血”的云南白药牙膏。由于云南白药牙膏具有止血、组织修复、活血化瘀等功能，而我国 80%的消费者都存在不同程度的牙龈出血的情况，因此，价格高达 22 元/支的云南白药牙膏上市后销售量迅速上升，尽管当时市场上鲜有价格超过 10 元/支的牙膏。2005 年，云南白药牙膏的销售额已经达到了 8 000 万元。2008 年，其销售额超过 5 亿元，居牙膏品牌的第五位。

2009 年，云南白药实现主营业务收入 71.72 亿元，同比增幅为 25%，销售额超过亿元的自产产品达到 7 个；实现净利润 6.09 亿元，同比增长 31%。云南白药具有祖传的中药配方、自主知识产权，这些保证了云南白药的市场份额。但是，近年来全球制药业巨头大举进军国内市场，极大地威胁和冲击了云南白药的市场份额。与全球制药业巨头相比，云南白药研发新产品仍然受到研发费用的制约。

企业的价值是其未来现金流量的现值，是企业获利能力的指示器。企业价值最大化不等于利润最大化，因为利润指标只是企业某一时段的绩效反映，对其整个存续期间的行为无法描述；企业价值最大化也不等同于规模最大化，因为需求的个性化、企业对环境变化的适应性要求使得单纯依靠资产扩张增加企业价值已经不合时宜了。所以企业价值是一个复合的概念。21 世纪是新经济时代，网络、信息和高新技术的发展改变了传统企业的组织结构与管理模式，丰富了企业价值增长的途径。鉴于企业价值计算的复杂性，我们从影响企业价值的几个方面的因素着手来评价企业价值的增长。

企业的价值往往很难精确地确定，因此学者在评价企业价值的时候很难直接计算企业价值的增长率。鉴于此，学者往往转换角度，不是计算价值而是对影响价值增长率的因素进行分析，也就是对价值驱动因素的发展情况分析。具体来讲，可分为以下两个方面。

1. 企业生产经营方面增长的分析

(1) 销售增长的分析。销售是企业收入的主要来源，也是企业价值的体现。企业只有保证销售的稳定增长，才能不断扩大收入。而收入的扩大就是企业良好运营的一种体现，同时充足的收入也为企业进一步扩大市场、开发新产品、进行技改提供资金来源，促进企业进一步发展。

(2) 要判断企业在销售方面是否具有良好的成长性，必须分析销售增长是否具有效益性。一个企业的销售增长率应高于其资产增长率，才能说明企业在销售方面具有良好的成长性。要全面、正确地分析和判断一个企业营业收入的增长趋势和水平，必须将企业不同时期销售增长率加以比较和分析。

(3) 对资产规模增长的分析。企业资产是取得收入的保障，在资产收益率一定的情况下，资产规模与收入之间存在着正比例关系。总资产的现有价值也反映着清算可获取的现金流入额。

(4) 对资产使用效率的分析。资源的稀缺性是所有企业不可避免的问题，对资产使用效率的分析应该通过分析企业各项资产的周转情况、规模变化、结构变化，发现并改进企业经营过程中对各项资产的利用效率，从而为提高企业盈利能力和核心竞争力打下良好的基础。

2. 企业财务方面的发展分析

(1) 对净资产规模增长的分析。在企业净资产收益率不变的情况下，企业净资产规模与收入存在正比例关系。而且净资产规模的增长反映着企业不断有新的资本投入，这说明投资者对企业有足够的信心。这样就为企业进行负债筹资提供了保障，提高了企业的筹资能力，有利于企业获取进一步发展所需的资金。

(2) 对股利增长的分析。股票是一种有价证券，是股份公司在筹集资本时向出资人公开或私下发行的、用以证明出资人的股本身份和权利，并根据持有人所持有的股份数享有权益和承担义务的凭证，代表着其持有者(即股东)对股份公司的所有权。这种所有权为一种综合权利，如参加股东大会、投票表决、参与公司的重大决策，收取股息或分享红利等。同一类别的每一份股票所代表的公司所有权是相等的。每个股东所拥有的公司所有权份额的大小，取决于其持有的股票数量占公司总股本的比重。股票一般可以通过买卖方式有偿转让，股东能通过股票转让收回其投资，但不能要求公司返还其出资。股东与公司之间的关系不是债权债务关系。股东是公司的所有者，以其出资额为限对公司负有限责任，承担风险、分享收益。企业所有者从企业获得利益的途径有两条：一是资本利得，二是股利的获得。股价的增长来源于股票市场对于企业发展前景的信心，换句话说也就是潜在投资者对于其未来的收益有很好的预期，从长远来看其实质仍是预期的股利增长。可以讲，卖股票就是卖企业未来发展的潜力。所有者从企业获得利益的唯一来源就是股利的发放。如果只单纯从投资者角度出发，也要考虑企业的股利政策以及企业发展的各方面因素。不过，一般来讲，股利的持续增长一般可以理解为企业的持续发展。

这一分析框架包含两个方面的影响因素，利用这一框架可以对企业发展能力有比较全面的认识。但是，每一个因素的增长与企业的发展只是同向的关系，无法从数量关系上来准确界定。在分析实践当中应该注意以下问题，对于企业的财务分析也应该结合企业的发展战略来看。不同企业发展的侧重点可能不同，企业所处的发展周期不同也会影响各因素的平衡关系。如果企业采取的是快速扩张的战略，就可能在一定时期内进行大量的资产并购行为，使得企业资产规模迅速扩大，而短期内并不能带来销售及净利润的迅速增长。如果企业采取的战略是稳健发展型，那么就会以着力提高盈利性为基本目标。如果有的企业采取的是内部优化型的增长政策，也就是在现有资产规模的基础上，充分挖掘内部潜力，提高产品的档次和质量，进而扩大产品销售，采取积极的办法降低成本。这一类企业的发展能力反映在销售及净收益的增长方面。当然，不同发展阶段的企业价值增长的体现可能会不同。同时还要注意，即使具有同样分析指标结果的两个企业也会因为处于不同阶段而反映出不同的信息，这在进行比较时必须注意。

当然，在财务分析过程当中，还应该注意与企业所处的周期结合起来，因为处在不同周期阶段的企业同一发展能力分析指标计算结果反映不同的发展能力。比如两个企业，甲企业处在成熟阶段，乙企业处在发展阶段；那么即使两个企业的发展能力指标计算结果相同，也不能说明两个企业的发展能力就相同。

经营方面的发展和财务方面的发展对于一个健康发展的企业来说，是协调发展、互相促进的两个方面。营业能力的发展是企业发展的根本和实质，营业能力的提升，必然会促进财务能力的提高；而财务能力的发展是企业发展的综合体现，也为企业营业能力的发展提供了保障。最后这两个方面的发展体现着企业竞争能力的强弱。

## 6.2 营业发展能力

企业要持续发展，企业的价值需要不断地提升，而企业长期价值增长应该主要来源于正常的生产经营活动。因此分析企业的发展能力，在很大程度上应该首先分析企业的营业发展能力。

营业发展能力，是指企业在正常经营活动中所具有的发展能力。对企业营业发展能力的分析主要是评价企业正常活动所具有的成长性等情况等。根据很多企业因成长过快而破产的事实可知：增长率达到最大化不一定代表企业价值最大化，增长并不是一件非要达到最大化不可的事情。在很多企业，保持适度的增长率，在财务上积蓄能量是非常必要的。企业正常的主产经营活动包括企业的方方面面，但是从财务上来说，我们主要关注销售方面的增长、资产方面的增长以及对于资产使用效率的提高，于是我们以一个指标体系来系统反映和衡量这几方面的发展程度。

在竞争激烈的市场环境下，销售的稳步增长表明了市场或者客户终端对于企业产品和服务的认同与肯定，也表明了企业占领市场的能力，而这都是企业生存和发展的基本条件和力量。此外销售收入还是企业现金流的主要来源，也可以说是企业生命的保障。因此，分析企业的发展能力要首先分析其销售的发展能力。

企业通过对资源的运作创造收益和财富。企业的资产不仅是企业进行经营活动获得收入的基础，也是企业偿债的基础。资产的增长本身可以带动企业价值的增长，同时也是企业进一步发展的动力。因此，分析企业营业发展潜力，也要关注资产规模的增长。同时，由于各个企业使用资产的效率不同，同样的资产规模可以给企业带来不同程度的利益。也就是说，不仅资产规模的增长可以给企业带来利益，资产使用效率的提高同样可以为企业带来发展。

**阅读案例 6-2**

乐普医疗(300003)如何发展壮大

目前，在国内市场上销售药物支架系统的公司主要有：强生公司、波士顿公司、美敦力公司、乐普医疗、微创医疗、山东吉威。其中，强生公司、波士顿公司和美敦力公司三家外国企业约占27%的药物支架市场份额，另外三家为国内企业，占73%的药物支架市场份额，其中乐普医疗占25%以上。

乐普医疗现有590名员工，其中，1/3的员工具有大学本科及以上学历。在人员不足、研发费用不足的情况下，乐普医疗借鉴跨国公司的研发模式，与国内著名的研究机构和大学合作，加快研发速度，保持技术领先性。同时，乐普医疗也与小型研发企业合作，购买他们的研发成果，这有利于保持研发成果的准确性。有的跨国公司50%的研发成果来自外部合作，包括与著名研究机构和大学合作以及与小型研发企业合作。乐普医疗的大部分研发成果是自主研发。

目前，我国有些朝阳行业的中小企业具有较强的研发能力，但是，市场营销能力较弱，所以企业的发展受到极大的限制。乐普医疗2009年年度报告提出："注意建设公司通过技术推广手段与终端客户沟通、培训、交流、凝聚和把握的能力。公司已基本具备凝聚经销商和终端客户的双能力，形成了较为完善的营销网络体系，对竞争对手形成了较高进入市场的门槛，具备一定的市场竞争优势。"

乐普医疗正在积极推动国际化战略，完成在泰国、巴西、厄瓜多尔、秘鲁、印尼、俄罗斯等国家的产品注册，获得市场准入；同时，启动无载体药物支架的欧洲CE认证工作，争取取得PTCA球囊扩张导管、中心静脉导管包的CE认证证书，力争实现出口销售额突破性进展。

2009年年度乐普医疗实现销售收入5.65亿元，实现净利润2.9亿元。销售收入和净利润分别比2008年增长43.50%和45.11%，税前利润实际增长64.31%。2009年乐普医疗的净利润率超过50%，主营产品支架系统的毛利率超过90%。

### 6.2.1 销售增长指标

#### 1. 销售增长率

销售增长率是企业本年销售或营业收入增长额与上年销售或营业收入总额的比率，反映企业营业收入的增减变动情况。其计算公式为

$$营业收入增长率=\frac{本年营业收入增长额}{上年营业收入总额}\times 100\%$$

其中：本年营业收入增长额＝本年营业收入总额－上年营业收入总额

公式中，如果本年销售或营业收入低于上年，本年销售或营业增长额用“－”表示。上年销售或营业收入总额是指企业上年全年销售或营业收入总额。该指标是一个反映销售增长的相对指标，扣除了企业规模对于销售增长绝对额的影响，当然，在实际分析过程中，也可以计算企业销售或营业增长额作为分析的辅助指标。

营业收入增长率大于零，表明企业本年营业收入有所增长。该指标值越高，表明企业营业收入的增长速度越快，企业市场前景越好。

运用这个指标时，应当注意以下几点：

(1) 销售或营业增长率是衡量企业经营状况和市场占有能力、预测企业经营业务拓展趋势的重要指标，同时也是衡量企业增长增量和存量资本的重要前提。企业只有不断提高销售或营业收入，才能为企业的持续发展提供有效的支撑和保障。

(2) 销售或营业收入增长率大于零，表明企业本年销售或营业收入有所增长。该指标值越高，表明企业销售或营业收入的增长速度越快，企业市场前景越好。

(3) 该指标在实际运用时，应结合企业历年的销售水平、企业市场占有情况、行业未来发展及其他影响企业发展的潜在因素进行潜在性分析。同时，在分析时要确定一定的比较标准。因为任何单独的发展能力指标都不能完全反映问题。只有对企业之间或本企业各年度之间进行比较才有意义。在比较中，使用的参照标准包括本企业历史水平、其他类似企业的历史水平以及所在的行业水平。

(4) 销售增长率作为相对量的指标，也受到增长基数影响。如果上年的销售或营业收入额特别小，那么即使销售或营业收入出现幅度较小的增长，也会出现较大的增长率数值，不利于企业之间相互比较。

(5) 根据某产品的销售收入增长率指标分析企业的成长性：一种产品的生命周期一般可划分为 4 个阶段，即投放期、成长期、成熟期和衰退期。投放期，销售收入增长率较小；成长期，销售收入增长率较大；成熟期，销售收入增长率较上期变动不大；衰退期，销售收入增长率表现为负数。根据这个原理，大致可以分析企业产品所处的生命周期阶段，也可以据以判断企业发展前景。对于一个具有良好发展前景的企业来说，较为理想的产品结构是“成熟一代，生产一代，储备一代，开发一代”。对一个所有产品都处于成熟期或者衰退期的企业来说，其发展前景值得怀疑。

因此在分析过程中必须考虑基数的影响，应结合企业较长期的历年营业收入水平、企业市场占有情况、行业未来发展及其他影响企业发展的潜在因素进行前瞻性预测，或结合企业前三年的营业收入增长率来作出趋势性分析判断。企业可以结合运用销售或营业收入增长额、三年销售或营业收入平均增长率来综合分析判断。

2. 销售均增率

又称营业均增率、三年销售平均增长率，它表明企业主营业务连续三年的增长情况，体现企业持续的发展态势和市场扩张能力。

当然，除了关注销售或营业收入总额的增长情况外，还需要进行横向的比较；另外还要结合其他指标，比如还需关注销售或营业利润率及其变化情况，因为销售或营业收入只显示了收入的来源，只有扣除相关的成本费用后才是企业真正的利润。

### 6.2.2 可持续增长率

1. 可持续增长率的概念

由于企业要以发展求生存，销售增长是任何企业都无法回避的问题。企业增长的财务意义是资金增长。在销售增长时企业往往需要补充资金，这主要是因为销售增加通常会引起存货和应收账款等资产的增加。销售增长得越多，需要的资金越多。

从资金来源上看，企业增长的实现方式有三种；一是完全依靠内部资金增长。有些小企业无法取得借款，有些大企业不愿意借款，它们主要是靠内部积累实现增长。完全依靠内部来源支持的增长率就是前面提到的“内含增长率”。内部的财务资源是有限的，往往会限制企业的发展，无法充分利用扩大企业财富的机会。二是主要依靠外部资金增长。从外部来源筹资，包括增加债务和股东投资，也可以提高增长率。主要依靠外部资金实现增长是不能持久的。增加负债会使企业的财务风险增加、筹资能力下降，最终会使借款能力完全丧失；增加股东投入资本，不仅会分散控制权，而且会稀释每股盈余，除非追加投资有更高的回报率，否则不能增加股东财富。三是平衡增长。平衡增长，就是保持目前的财务结构和与此有关的财务风险，按照股东权益的增长比例增加借款，以此支持销售增长。这种增长率，一般不会消耗企业的财务资源，是一种可持续的增长速度。

可持续增长率是指不增发新股并保持目前经营效率和财务政策条件下公司销售所能增长的最大比率。

可持续增长率的假设条件如下：

(1) 公司目前的资本结构是一个目标结构，并且打算继续维持下去；

(2) 公司目前的股利政策是一个目标股利政策，并且打算继续维持下去；

(3) 不愿意或者不打算发售新股，增加债务是其唯一的外部筹资来源；

(4) 公司的销售净利率将维持当前水平，并且可以涵盖负债的利息；

(5) 公司的资产周转率将维持当前的水平。

在上述假设条件成立时，销售的实际增长率与可持续增长率相等。

虽然企业各年的财务比率总会有些变化，但上述假设基本上符合大多数公司的情况。大多数公司不能随时增发新股。据国外的有关统计资料显示，上市公司平均 20 年出售一次新股。我国上市公司增发新股亦有严格的审批程序，并且至少要间隔一定的年限。改变经营效率(体现于资产周转率和销售净利率)和财务政策(体现于资产负债率和收益留存率)，对于一个理智的公司来说是件非常重大的事情。当然，对于根本就没有明确的经营和财务政策的企业除外。

可持续增长的思想，不是说企业的增长不可以高于或低于可持续增长率。问题在于管理人员必须事先预计并且解决在公司超过可持续增长率之上的增长所导致的财务问题。超过部分的资金只有两个解决办法：提高资产收益率，或者改变财务政策。提高经营效率并非总是可行的，改变财务政策是有风险和极限的，因此超常增长只能是短期的。尽管企业的增长时快时慢，但从长期来看总是受到可持续增长率的制约。

2. 可持续增长率的计算

(1) 根据期初股东权益计算可持续增长率。

限制销售增长的是资产，限制资产增长的是资金来源(包括负债和股东权益)。不改变经营效率和财务政策的情况下(即企业平衡增长)，限制资产增长的是股东权益的增长率。可持续增长率公式(期初股东权益)如下：

可持续增长率=(销售净利率×总资产周转率×留存收益率×权益乘数)/(1-销售净利率×总资产周转率×留存收益率×权益乘数)

(2) 根据期末股东权益计算的可持续增长率。

可持续增长率也可以全部用期末数和本期发生额计算，而不使用期初数。其推导过程如下：

由于：企业增长所需资金有增加负债和增加股东权益两个来源。

所以：资产增加额=股东权益增加额+负债增加额 ①

假设：资产周转率不变即资产随销售正比例增加：

则有：资产增加额÷期末资产总额=销售增加额÷本期销售额

资产增加额=期末资产总额×(销售增加额÷本期销售额) ②

假设：销售净利率不变：

则有：股东权益增加额=留存收益增加额=(基期销售额+销售增加额)×销售净利率×收益留存率 ③

假设：财务结构不变即负债和所有者权益同比例增加：

则有：负债增加额=期末负债×(股东权益增加额÷期末股东权益)=(基期销售额+销售增加额)×销售净利率×收益留存率×期末负债÷期末股东权益 ④

将式②、③、④代入式①：

期末资产总额×(销售增加额÷本期销售额)

=(基期销售额+销售增加额)×销售净利率×收益留存率+(基期销售额+销售增加额)×销售净利率×收益留存率×期末负债÷期末股东权益

=(基期销售额+销售增加额)×销售净利率×收益留存率×(1+期末负债÷期末股东权益)

销售增加额=(基期销售额+销售增加额)×期末总资产周转率×销售净利率×收益留存率×期末总资产/期末股东权益

令：$A$=期末总资产周转率×销售净利率×收益留存率×期末总资产/期末股东权益

销售增加额=(基期销售额+销售增加额)×$A$

销售增加额= 基期销售额×$A/(1-A)$

因此，可持续增长率可以表示为：

可持续增长率=期末总资产周转率×销售净利率×收益留存率×期末权益乘数÷(1-期末总资产周转率×销售净利率×收益留存率×期末权益乘数)

根据可持续增长率公式(期末股东权益)计算如下：

可持续增长率=期末净资产收益率×本期收益留存比率/(1-期末净资产收益率×本期收益留存比率)

通过比较可以看出，两个公式计算的可持续增长率是一致的。

3. 可持续增长率与实际增长率

通过上面的举例可以看出，可持续增长率与实际增长率是两个概念。可持续增长率是企业当前经营效率和财务政策决定的内在增长能力，而实际增长率是本年销售额比上年销售额的增长百分比。它们之间有一定的联系。

(1) 如果某一年的经营效率和财务政策与上年相同，则实际增长率等于上年的可持续增长率。

(2) 如果某一年的4个财务比率有一个或多个数值增加，则实际增长率就会超过上年的可持续增长率。

(3) 如果某一年的4个财务比率有一个或多个数值比上年下降，则实际销售增长率就会低于上年的可持续增长率。

可持续增长率的高低，取决于4项财务比率。销售净利率和资产周转率的乘积是资产净利率，它体现了企业运用资产获取收益的能力，决定了企业的综合实力。至于采用“薄利多销”还是“厚利少销”的方针，则是销售政策选择问题。收益留存率和权益乘数的高低是财务政策选择问题，取决于决策人对收益与风险的权衡。企业的实力和承担风险的能力，决定了企业的增长速度。因此，实际上一个理智的企业在增长率问题上并没有多少回旋余地，尤其是从长期来看更是如此。一些企业由于发展过快陷入危机甚至破产，另一些企业由于增长太慢遇到困难甚至被其他企业收购，这说明不当的增长速度足以毁掉一个企业。

### 6.2.3 资产增长指标

资产代表企业用以取得收入的资源，也是企业偿还债务的保障。资产的增长是企业发展的一个重要方面，也是实现企业价值增长的重要手段。从企业实践来看，发展潜力高的企业一般都能保证资产的稳定增长。对资产规模增长的分析可以分为绝对指标和相对指标两种，也即绝对增长量分析和增长率分析，一般采用计算总资产增长率并进行相应的分析。

1. 总资产增长率

总资产增长率，是企业本年总资产增长额同年初资产总额的比率，反映企业本期资产规模的增长情况。该指标从企业资产总量扩张方面衡量企业的发展能力。其计算公式为

$$总资产周转率=\frac{本年总资产增长额}{年初资产总额}\times 100\%$$

其中：本年总资产增长额是指企业本年年末资产总额与年初资产总额的差额，本年总资产增长额=年末资产总额-年初资产总额；年初资产总额是指资产总额的年初数。

总资产增长率指标越高，表明企业一定时期内资产经营规模扩张的速度越快。但在分析时，需要关注资产规模扩张的质和量的关系，以及企业的后续发展能力，避免盲目扩张。

当然，与销售增长率情况相似，资产增长率也存在受资产短期波动因素影响的缺陷。为了弥补总资产增长率易受短期异常波动影响的缺陷，也可以计算三年的平均资产增长率，运用资产规模增长指标时，需要注意以下几个方面的问题。

第一，运用资产增长率进行分析时，也需要制定一定的标准，或者有一定的参照指标，如果是横向比较就要特别注意不同企业之间的可比性。因为不同企业资产使用效率不

同，为实现净收益的同幅度增长，效率低的企业需要更大幅度的增长。

第二，不同的企业资产使用效率不同，为实现净收益的同幅度增长，资产使用效率低的企业需要更大幅度的资产增长；另外，不同企业所采取的不同发展策略也将会体现在资产增长率上，采取外向规模增长型发展策略的企业资产增长率会较高，而采取内部优化型发展策略的企业资产增长率会以较低的水平呈现。

第三，资产增长率是反映企业发展能力的指标，所使用的变量的数值是账面价值。这就使得有些重要的资源无法在报表中作为资产体现，如无形资产、人力资产无法在报表中体现。而且，近几年，无形资产和人力资产的地位越来越重要，加之资产价值的变化又很快，所以在运用资产增长率指标分析时，要正确对待资产的账面价值，另外还可以结合其他辅助指标进行分析。

除了计算与分析总资产增长率外，还可以对资产各类的增长情况进行分析。如可以分别计算流动资产增长率、固定资产增长率、无形资产增长率及员工增长率。计算公式为

$$\text{流动资产周转率}=\frac{\text{本年流动资产增长额}}{\text{年初流动资产额}}\times 100\%$$

$$\text{固定资产增长率}=\frac{\text{本年固定资产增长额}}{\text{年初固定资产额}}\times 100\%$$

$$\text{无形资产增长率}=\frac{\text{本年无形资产增长额}}{\text{年初无形资产额}}\times 100\%$$

$$\text{员工增长率}=\frac{\text{本年员工增长人数}}{\text{年初员工数量}}\times 100\%$$

2. 固定资产成新率

固定资产成新率又称“固定资产净值率”或“有用系数”，是企业当期平均固定资产净值同固定资产原值的比率，反映了企业所拥有的固定资产的新旧程度，体现了企业固定资产更新的快慢和持续发展的能力。其计算公式为

$$\text{固定资产成新率}=\frac{\text{平均固定资产净值}}{\text{平均固定资产原值}}\times 100\%$$

公式中，平均固定资产净值是指企业固定资产净值的年初数同年末数的平均值。平均固定资产原值是指企业固定资产原值的年初数与年末数的平均值。

如果某个公司的固定资产成新率在六成左右，则表明企业不是处于发展的最初阶段，而是比较成熟的发展阶段了。企业现有的固定资产还可以在较长时间内为企业服务，但是企业也必须注意资产的更新问题，提取充足的准备。但是在实践操作时，应注意资产规模扩张的质量，以及企业后续的发展问题，避免资产盲目扩张。因此，固定资产成新率实际上也反映了企业的发展前景，是分析企业发展能力的一个重要指标。

当然，在运用这个指标时需要注意以下几个问题：

(1) 和资产增长率的计算遇到的问题一样，固定资产成新率的计算所使用的变量数值是账面价值，那么就不可避免地要受到会计计价方法的影响。实际上，固定资产成新率在很大程度上受到了折旧方法的影响，同样的固定资产，采用加速折旧法下的成新率要低于直线折旧法下的成新率。因此，在分析时，一定要注意剔除由于采用了不同折旧法而引起

的差别。同时，企业对房屋、设备等应提未提折旧也会影响对固定资产新旧程度的真实反映。

(2) 资产使用效率的提高可使企业在所拥有的资产规模不变的情况下，扩大收益，创造更多的财富。固定资产成新率受周期影响较大，处在发展期的企业与处在衰退期的企业的固定资产成新率当然不同。虽然企业处在不同的阶段本身反映了企业具有不同的发展能力，但在对企业做出评价时，还需要考虑企业所处周期阶段这个重要因素。

(3)固定资产成新率反映了企业所拥有的固定资产的新旧程度，体现了企业固定资产更新的快慢和持续发展的能力。该指标高，表明企业固定资产比较新，对扩大再生产的准备比较充足，发展的可能性比较大。运用该指标分析固定资产新旧程度时，应剔除企业应提未提折旧对房屋、机器设备等固定资产真实状况的影响。

3. 资本扩张指标

资本扩张指标主要是资本积累率。

资本积累率是本年所有者权益增加额同年初所有者权益余额的比率，是企业当年所有者权益总的增长率，反映企业净资产当年的变动水平。该指标的计算公式为

$$资本积累率=\frac{本年净资产增长额}{年初净资产数}\times 100\%$$

该指标越高，表明企业资本积累越多，应付风险和持续发展的能力越强。该指标如为负值，表明企业资本受到侵蚀，所有者利益受到侵害。

在分析评价资本积累率时，应注意本期与上期权益资本变动的偶然性因素，特别是实收资本的变动对资本积累率的影响。

4. 利润增长率指标

1）营业利润增长率

营业利润增长率是企业本年营业利润增长额同上年营业利润的比率。营业利润增长率表示与上年相比企业营业利润的增减变动情况，是评价企业经营发展和盈利能力状况的综合指标。其计算公式为

$$营业利润增长率=\frac{本年营业利润增长额}{上年营业利润}\times 100\%$$

主营业务利润增长率是本年主营业务利润率较去年增长的程度。

主营业务利润增长率超过主营业务收入增长率越多，说明企业的主营收入弥补成本费用的能力进一步提高，企业抵御价格降低、成本升高和销售下降的能力进一步增强，企业主营业务的获利能力提高，并推动整个企业获得更多的利润。

若该比率小于主营业务收入增长率，说明企业取得的收入不能消化成本费用的上涨，主营业务的获利能力有所下降。

2）净利润增长率分析

企业发展的内涵是企业价值的增长，企业价值表现为给企业带来未来现金流的能力，因此可以用净利润的增长来近似代替价值的增长，以净利润增长来分析企业发展能力。

净利润增长率指标反映企业获利能力的增长情况，反映了企业长期的盈利能力趋势。

净利润增长率计算公式表示为

$$净利润增长率=\frac{本期净利润-上期净利润}{上期净利润}\times 100\%$$

净利润增长率指标是用来考核企业净利润，即税后利润增长情况的财务指标，净利润增长了，企业所有者权益的增长才有保证，企业的增长才有根基。

企业发展所需资金基本来源有三个：一是投资者注入新资金；二是向金融机构举债；三是靠自我积累。

该指标通常越大越好。因为只有净利润不断增长的企业，自我积累才能逐年增加。随着企业逐年积累的增加，发展资金增多，企业的经营规模不断扩大，发展后劲不断增强，发展前景将越来越好。

运用该指标需要注意：

(1) 企业的发展与净收益的增长，二者并不一定同步，净收益的增长可能滞后于企业的发展，这就使得净收益增长率无法真正反映企业的发展能力，只是近似替代。

(2) 注意盈利增长和销售增长的比较(即净利润增长率与主营业务收入增长率的比较)。

(3) 注意偶发性变动因素的影响(即警惕一次性损益对公司增长的扭曲)。

(4) 在使用净利润增长率时，净利润计算周期的选择很关键。

(5) 削减成本是不可持续的盈利增长来源。

上面分别对销售、资产方面的分析指标进行了阐述，这些指标构成了一个体系。这能够很好地评价企业在正常经营活动上所具有的成长性，同时，企业的营业发展能力是整个企业发展能力的基础和动力，因此，这些指标对于企业的发展能力具有关键作用。此外，从某种程度上说，营业发展能力也决定了财务发展能力。

5. 反映上市公司发展能力的特殊指标：股利增长率

股利增长率与企业价值(股票价值)有很密切的关系。Gordon 模型认为，股票价值等于下一年的预期股利除以要求的股票收益率和预期股利增长率的差额所得的商，即股票价值$=\frac{DPS}{(r-g)}$(其中 $DPS$ 表示下一年的预期股利，$r$ 表示要求的股票收益率，$g$ 表示股利增长率)。从该模型的表达式可以看出，股利增长率越高，企业股票的价值越高。

$$股利增长率=\frac{本年每股股利增长额}{上年每股股利}\times 100\%$$

$$三年平均股利增长率=\left(\sqrt[3]{\frac{本年每股股利}{三年前每股股利}}-1\right)\times 100\%$$

该指标的意义可以表示：投资者从企业获得的利益分为资本利得(股价的增长)和股利两类，投资者在退出前从企业获得利益的唯一来源就是股利。虽然企业的股利政策是综合各种因素的结果，但股利的持续增长一般被理解为企业的持续发展。

从理论上分析，股利增长率在短期内有可能高于资本成本，但从长期来看，如果股利增长率高于资本成本，必然出现支付清算性股利的情况，从而导致资本的减少。

## 6.3 财务发展能力分析

企业的财务发展能力分析是指对于企业财务状况的改善能力分析，也称为企业的财务成长性分析。它主要是分析评价企业财务意义上的成长性。

### 6.3.1 净收益增长率

1. 净收益增长率

企业发展的内涵是企业价值的增长，但价值评估本身缺乏公认的模型，因此价值增长率的计算就没有准确性，而且价值评估本身非常复杂，对分析者在理论和实务方面有很高的要求。

企业价值表现为给企业带来未来现金流的能力，因此可以用净收益的增长来近似代替价值的增长，以净收益增长分析作为企业发展能力分析的核心。

净收益增长率只能揭示企业发展能力的一个侧面，还需要以净收益增长率为基点，对影响企业净收益增长率的因素进行分析，以全面把握企业的发展能力。

设定以下符号代表的含义：

$g_t$——$t$ 年的净收益增长率；

$NI_t$——$t$ 年的净收益；

$NA_t$——$t$ 年的净资产；

$ROE_t$——$t$ 年的净资产收益率(净收益÷净资产)；

$b_t$——$t$ 年的留存收益比率(留存收益占总收益的百分比)。

$$
\begin{aligned}
g_t &= (NI_t - NI_{t-1}) \div NI_{t-1} \\
&= (NA_t \times ROE_t - NA_{t-1} \times ROE_{t-1}) / NI_{t-1} \\
&= [(NA_{t-1} + NA_{t-1} \times ROE_{t-1} \times b_{t-1}) \times ROE_t - NA_{t-1} \times ROE_{t-1}] / NA_{t-1} \times ROE_{t-1} \\
&= \frac{ROE_t}{ROE_{t-1}} + b_{t-1} \times ROE_{t-1}
\end{aligned}
$$

即：

$$g_t = \frac{ROE_t}{ROE_{t-1}} + b_{t-1} \times ROE_{t-1}$$

上式等号右边第一项反映了净资产收益率的变化对净收益增长率的影响。净资产收益率的提高(减少)表明权益资本具有更高(更低)的盈利能力，进而导致一个更高(更低)的净收益增长率。

$$g_t = \frac{ROE_t}{ROE_{t-1}} + b_{t-1} \times ROE_{t-1}$$

上式等号右边第二项反映了留存比率和净资产收益率对净收益增长率的影响。在净资产收益率不变的前提下，公式变为 $g_t = b_{t-1} \times ROE$，表明净收益增长率与留存比率成正比例关系。留存比率之所以会影响净收益增长率，是因为留存收益形成了新的权益资本，扩大了企业净资产的规模。

以上分析表明，企业净资产收益率、净资产收益率的增长率与留存比率是影响企业净收益增长的三个主要因素。对企业净收益增长的分析可围绕这三个因素展开。

以净收益增长率为核心的企业发展能力分析框架的优点：各因素与净收益增长率存在直接的联系，理论依据强。

缺点在于：以净收益增长率代替企业的发展能力存在一定的局限，企业的发展必然体现出净收益的增长，但二者并不一定同步，净收益的增长可能滞后于企业的发展，这就使得净收益增长率无法真正反映企业的发展能力，只是近似替代。

该公式表示在企业不发行新的权益资本并维持一个目标资本结构和固定股利政策的条件下，企业未来净收益增长率是期初净资产收益率和股利支付率的函数表达式。企业未来净收益增长率不可能大于期初净资产收益率。从上式可以看出，企业净资产收益率和留存比率是影响企业净收益增长率的两个主要因素。在 $ROE$ 不变时，净收益增长率与净资产收益率和留存比率成正比关系。留存比率之所以会影响企业净收益增长率，是因为留存收益形成了企业新的股本资本。在现有净资产收益率的基础上获得收益，实际上是企业净资产规模的不断扩大。企业留存比率越高，净收益增长率越高，反映企业为取得长远的发展限制了股利的发放，将资源留在了企业。净资产收益率对于净收益增长率的影响不仅在于本身改变所产生的净收益的变化，还在于留存比率确定基础上，反映企业新增资本取得收益的能力。

由于净资产收益率的重要作用，在实际运用中常把净收益增长扩展成多个变量公式，其扩展式为

$$g = \text{年初净资产收益率} \times \text{留存比率}$$

$$= \text{年初总资产净利率} \times \frac{\text{总资产}}{\text{净资产}} \times \text{留存比率}$$

或

$$g = \text{销售利润率} \times \text{资产周转率} \times \text{杠杆比率} \times \text{留存比率}$$

综上所述，我们可以得出：企业在其他方面保持不变的情况下，每年只能按 $g$ 的速度增长。当企业增长速度超过 $g$ 时，上述 4 个变量必须改变。也就是企业要想加速发展，就必须提高自己的经营效率(资产周转率)，或者增强自身的获利能力，提高销售利润率，或者改变自己的财务政策(股利政策和财务杠杆)。即企业可以通过改变自身的经营效率、获利能力以及财务政策来改变或者适应自己的增长水平。

例如，企业的留存比率为 0.75，销售净利率为 10%，资产周转率为 1，权益乘数为 2，此时的净收益增长率为 1×10%×2×0.75=15%；如果企业增长率要达到 20%，可以改变股利政策，调整留存比率为 1，或者调整财务杠杆(权益乘数)为 2.67，或者提高总资产利用效果，使得总资产周转率达到 1.33，或者提高销售净利率达到 13.33%。

当然也可以对上述几方面同时进行调整和改变，不过上述调整和改变在现实中并不是很容易做到的。

在实际情况下，实际的净收益增长率与测算的净收益增长率常常不一致，这是由上述 4 项比率的实际值与测算值不同所导致的。当实际增长率大于测算增长率时，企业将面临资金短缺的问题；当实际增长率小于测算增长率时，企业存在多余资金。

以净收益增长率为核心来分析企业的发展能力，其优点在于各分析因素与净收益存在

直接联系，有较强的理论依据；缺点在于以净收益增长率来代替企业的发展能力存在一定的局限性，企业的发展必然会体现到净收益的增长上来，但并不一定是同步增长的关系，企业净收益的增长可能会滞后于企业的发展，这使得我们分析的净收益无法反映企业真正的发展能力，而只能是近似代替。

2. 影响净收益增长率的因素

通过以上的分析及计算公式可以看出，影响企业净收益增长率的因素主要包括以下几个方面：

(1) 销售收入。企业销售收入是企业收入的源泉，也是使得企业价值提升的主导因素。只有销售收入不断增长，才能体现企业的不断发展，才能为企业价值提升奠定资金基础。

(2) 净资产规模。在资产净收益率不变时，只要其他因素不变，净资产规模越大，收入规模一般也越大。

(3) 资产使用效率。在企业资产一定的前提下，资产使用效率越高，越能够给企业带来更多的收益；反之，资产使用效率低，会使得企业遭受损失。

(4) 净收益。净收益也叫净利润，是指在利润总额中按规定交纳了所得税以后公司的利润留存，一般也称为税后利润或净收入。净利润是一个企业经营的最终成果，净利润多，企业的经营效益就好；净利润少，企业的经营效益就差，它是衡量一个企业经营效益的主要指标。企业净收益是企业价值增长的源泉，直接影响净收益增长额的大小。

(5) 股利分配。企业股利分配的基础是企业的净收益。企业的股利分配与留存利益之间是此消彼长的关系。如果企业只注重分配，那么企业没有足够的资本积累，则难以实现长期价值的可持续增长。

### 6.3.2 资本扩张指标

1. 资本积累率

资本积累率即股东权益增长率，是指企业本年所有者权益增长额同年初所有者权益的比率。资本积累率表示企业当年资本的积累能力，是企业扩大再生产的源泉，是评价企业发展潜力的重要指标。

$$\text{资本积累率}=\frac{\text{本年所有者权益增长额}}{\text{年初所有者权益}}\times 100\%$$

公式中：

(1) 本年所有者权益增长额是指企业本年所有者权益与上年所有者权益的差额，本年所有者权益增长额=所有者权益年末数－所有者权益年初数。数值取值于“资产负债表”。

(2) 年初所有者权益指所有者权益的年初数。数值取值于“资产负债表”。

对该指标的理解应该注意以下几个方面的问题：

(1) 资本积累率是企业当年所有者权益总的增长率，反映了企业所有者权益在当年的变动水平。

(2) 资本积累率体现了企业资本的积累情况，是企业发展强盛的标志，也是企业扩大再生产的源泉，展示了企业的发展潜力。

(3) 资本积累率反映了投资者投入企业资本的保全性和增长性，该指标越高，表明企业的资本积累越多，企业资本保全性越强，应付风险、持续发展的能力越大。

(4) 该指标如为负值，表明企业资本受到侵蚀，所有者权益受到损害，应予充分重视。

资本积累率反映了投资者投入企业资本的保全性和增长性，该指标越高，表示企业资本积累越多，企业资本保全性越强，应付风险、持续发展的能力越大。

2. 三年资本平均增长率

三年资本平均增长率表示企业资本连续三年的积累情况，体现企业的发展水平和发展趋势。利用三年资本平均增长率指标，能够反映企业资本保全增值的历史发展状况，以及企业稳步发展的趋势。该指标越高，表明企业所有者权益得到的保障程度越大，企业可以长期使用的资金越充裕，抗风险和保持连续发展的能力越强。

一般来讲，实收资本的快速扩张来源于外部资金的加入，反映企业获得了新的资本，表明企业具备了进一步发展的基础，但并不表明企业过去具有很强的发展能力；如果资本的扩张来源于留存收益的增长，反映企业通过自身经营活动不断在积累发展后备资金，既反映了企业在过去经营过程中的发展能力，也反映了企业进一步发展的后劲。

3. 资本保值增值率

资本保值增值率，是指企业本年年末所有者权益扣除客观增减因素后与年初所有者权益的比率，表示企业当年资本在企业自身努力下的实际增减变动情况，是评价企业财务效益状况的辅助指标，也是反映企业价值保持和增长的指标。资本保值增值率反映了企业资本的运营效益与安全状况。计算公式为

$$资本保值增值率=\frac{扣除客观增减因素后的年末所有者权益}{年初所有者权益}\times100\%$$

资本保值增值率等于100%，为资本保值；资本保值增值率大于100%，为资本增值。

所有者权益由实收资本、资本公积、盈余公积和未分配利润构成。

资本保值增值结果的分析指标为资本积累率、净资产收益率、总资产报酬率和不良资产比率。分析指标主要对企业资本运营水平和质量，以及资本保值增值实际完成情况进行分析和验证。其中：

$$资本积累率=\frac{本年所有者权益增长额}{年初所有者权益}\times100\%$$

$$净资产收益率=\frac{净利润}{平均净资产}\times100\%$$

$$总资产报酬率=\frac{利润总额+利息支出}{平均资产总额}\times100\%$$

$$不良资产比率=\frac{年末不良资产总额}{年末资产额}\times100\%$$

资本保值增值率是指企业本年年末所有者权益扣除客观增减因素后同年初所有者权益的比率。该指标表示企业当年资本在企业自身的努力下的实际增减变动情况，是评价企业

财务效益状况的辅助指标。反映了投资者投入企业资本的保全性和增长性，该指标越高，表明企业的资本保全状况越好，所有者权益增长越快，债权人的债务越有保障，企业发展后劲越强。

4. 股利增长率

股利增长率是本年发放股利增长额与上年发放股利的比率。该指标反映企业发放股利的增长情况，是衡量企业发展性的一个重要指标。股利增长率与企业价值有非常密切的关系。股利增长率就是本年度股利较上一年度股利增长的比率。

股票价值等于下一年的预期股利除以要求的股票收益率和预期股利增长率的差额所得的商，即：

$$股票价值=\frac{DPS}{r-g}\times 100\%$$

公式 $DPS$ 表示下一年的预期股利，$r$ 表示要求的股票收益率，$g$ 表示股利增长率。

从该模型的表达式可以看出，股利增长率越高，企业股票的价值越高。股利增长率的计算公式为

$$股利增长率=\frac{本年每股股利增长额}{上年每股股利}\times 100\%$$

式中，本年股利增长额为本年发放每股股利与上年发放每股股利的差额，计算公式为：本年每股股利增长额=本年发放每股股利－上年发放每股股利，若本年发放每股股利小于上年发放每股股利，则用“－”表示；上年每股股利为上年度企业每股发放的股利数。

## 6.4 竞争能力分析

企业竞争能力综合表现在产品的市场占有情况，因此，通过分析企业产品市场占有情况，就可以对企业竞争能力的强弱作出评价。

1. 市场占有率分析

市场占有率是反映企业市场占有情况的一个基本指标。它是指在一定时期、一定市场范围内，企业某种产品的销售量占市场上同种产品的销售量的比重。

一般是将本企业的市场占有率与主要竞争对手进行对比分析。一方面，要通过对比分析看到本企业的差距或优势；另一方面，还要进一步寻找其原因。影响市场占有率的因素有很多，主要有市场需求状况、竞争对手的实力和本企业产品的竞争能力、生产规模等因素。

2. 市场覆盖率分析

市场覆盖率是反映企业市场占有状况的又一主要指标。市场覆盖率是指本企业某种产品行销的地区数占同种产品行销地区总数的比率。

利用该指标说明企业竞争能力的强弱，也必须与竞争对手进行对比分析。影响市场覆盖率的主要因素有：不同地区的需求结构、经济发展水平、民族风俗习惯、竞争对手的实

力、本企业产品的竞争能力以及地区经济封锁等因素。通过计算和对比分析市场覆盖率，可以考察企业产品现在行销的地区，研究可能行销的地区，揭示产品行销不畅的原因，有利于企业扩大竞争地域范围、开拓产品的新市场、提高企业的竞争能力。

3. 产品竞争能力分析

（1）产品质量的竞争能力分析：产品质量的优劣是产品有无竞争能力的首要条件。提高产品质量，是提高企业竞争能力的主要手段。本企业的产品质量不好，不仅会损害消费者的利益，而且也直接影响企业的信誉、产品的销路、企业的市场竞争能力，进而影响企业的发展能力。

产品的质量特征，可以概括为性能、寿命、安全性、可靠性、经济性和外观6个方面。分析企业产品质量的竞争能力大小，就是将本企业产品的有关质量指标与国家标准、竞争对手、用户的要求分别进行对比，从而观察本企业产品质量的水平与差距，对本企业产品质量的竞争能力做出客观评价。

（2）产品品种的竞争能力分析：企业要根据市场变化和新技术的发展，不断调整产品结构，积极改进老产品，主动开发新产品、新品种，才能使企业的产品保持竞争能力。产品品种的竞争能力，应从以下两方面分析：①产品品种占有率的分析；②新品种开发的分析。

（3）产品成本和价格的竞争能力分析：成本是价格的基础，成本高低决定着产品的价格竞争能力。成本越低，出售产品的价格升降余地越大，竞争能力也就越强。所以，要通过与主要竞争对手或同行业成本最低的企业进行成本水平的对比分析，从而对本企业的价格竞争能力做出正确评价，并指出成本水平差距及其原因，进而提出有效对策，以进一步降低成本，提高企业的价格竞争力。

（4）产品销售服务的竞争能力分析：销售服务，是企业竞争力的一个重要方面。强化销售服务，是密切企业与用户关系，提高企业声誉，扩大销售和占领市场，提高企业竞争能力的重要手段之一。不仅要做好售前服务，而且要做好售后服务。分析内容包括，调查用户对销售服务的要求；分析本企业销售服务的质量；分析研究本企业的销售服务的技术力量满足需要的程度；用户对销售服务的满意程度和新要求；对比分析本企业和竞争对手在服务方面的优劣。

4. 企业竞争策略分析

企业的竞争能力是否能得到正常或者最大限度的发挥，关键取决于企业竞争策略正确与否。企业的竞争策略是指企业根据市场的发展和竞争对手的情况制定的经营方针。

企业竞争策略可以归纳为以下几个方面：以优质取胜、以创新取胜、以价廉取胜、以快速交货取胜、以优质服务取胜、以信誉取胜等。

**阅读案例6-3**

## 价格竞争转向产品质量竞争

——登海先锋和万向德农比较分析

登海先锋种业是登海种业与美国先锋海外公司共同出资组建，成立于2002年12月。2009年，登海先锋实现主营业务收入3.41亿元，同比增长45.02%；净利润1.85亿元，同比增长53.90%，其主要原因是先玉335市场销售继续保持旺销态势，报告期内该品种实现销售收入3.18亿元，同比增长47.97%，销量完成1 502万公斤，同比增长38.82%，销售价格也较2008年有一定幅度的增长。2009年，登海先锋的净利润率达到54.25%。

2009年，万向德农实现营业收入6.65亿元，同比增长1.79%；营业利润6 403万元，同比增长34.88%；净利润4 018万元，同比增长32.82%。玉米种子销售收入5.36亿元，毛利率37.86%。

由对比可见，登海先锋的销售毛利率明显高于万向德农。登海先锋毛利率高的原因主要在于销售方式与传统玉米种子销售方式不同，登海先锋主要采取按粒销售，这大大提高了种子单价。而万向德农一直采取以价格取胜的策略，靠低价占领种子市场的最大份额，因此，虽然其销售量大，但低廉的价格使得其毛利率低于竞争对手。

2010年，我国玉米种业市场仍然无法避免供大于求的状况，但市场竞争注定要从价格竞争向产品质量竞争转变。随着先锋公司在中国的成功，先正达、安地等外资企业也纷纷加大了在我国的投资合作力度，渗透至科研、基地、市场等多方面，外资企业对中国种业市场的冲击将会越来越大。

分析企业的竞争策略，就是要结合本企业的经济效益，并与主要竞争对手比较，分析研究现在采取的竞争策略存在哪些问题或潜力；根据市场形势及竞争格局的变化，提出本企业的竞争策略将要做出哪些改变。

通过上述竞争能力的分析，对企业的总体竞争能力在本地区、同行业中的位置做出正确评价，从而对企业未来的发展能力做出合理的分析和评价。

## 本章小结

企业发展能力分析是企业财务分析的一个重要方面。企业发展的核心是企业价值的增长，但由于企业价值评估的困难，企业发展能力的分析可以按价值驱动因素展开，可以分销售增长情况、资产扩张情况、资本扩张情况及股利扩张情况进行分析。

企业发展能力是指企业在正常经营活动中所具有的发展能力，对企业营业发展能力的分析主要是评价企业正常活动所具有的成长性等情况，主要采用销售增长指标、资产增长指标等。销售增长指标包括销售增长率、三年销售平均增长率；资产增长指标包括资产规模增长率、资产更新指标及可反映资产使用效率程度的总资产周转率、流动资产周转率等。

财务发展能力分析是对于企业财务状况的改善能力的分析，也称为企业的财务成长性分析，主要是分析评价企业财务意义上的成长性。主要采用净收益增长率、资本积累率等指标。另外，还要结合资本积累率、三年资本均增率、资产保值增值率及股利增长率等其他指标。利用这系列指标，可以较为全面地评价企业的财务发展能力，进而较好地反映企业的发展能力。

## 关键术语

企业发展能力　企业发展能力分析　企业价值　销售增长指标　资产增长指标　销售增长率　三年销售平均增长率　资产规模增长率　资产更新指标　总资产周转率　流动资产周转率　净收益增长率　资本积累率　三年资本均增率　资产保值增值率　股利增长率　竞争能力分析

# 思考与练习

一、 单项选择题

1. 下列项目中，不属于企业资产规模增加的原因是(　　)。

A. 企业对外举债　　B. 企业实现盈利

C. 企业发放股利　　D. 企业发行股票

2. 如果企业某种产品处于成长期，其销售增长率的特点是(　　)。

A. 比值比较大　　B. 与上期相比变动不大

C. 比值比较小　　D. 与上期相比变动比较小

3. 下列指标中，不可以用来表示收益增长能力的指标是(　　)。

A. 净利润增长率　　B. 营业利润增长率

C. 销售增长率　　D. 三年利润平均增长率

4. 下列指标中，属于增长率指标的是(　　)。

A. 产权比率　　B. 资本收益率

C. 总资产收入率　　D. 资本积累率

5. 如果企业想保持较高的增长速度，此时可以考虑的财务策略不包括(　　)。

A. 增加权益资本　　B. 提高财务杠杆

C. 降低股利支付率　　D. 提高资产周转率

6. 可以反映股东权益账面价值增加变化的指标是(　　)。

A. 权益乘数　　B. 股东权益增长率

C. 产权比率　　D. 三年资本平均增长率

二、 判断题

1. 从长远角度看，上市公司的增长能力是决定公司股票价格上升的根本因素。(　　)

2. 企业能否持续增长对投资者与经营者至关重要，但对债权人而言相对不重要，因为他们只关心企业的变现能力。(　　)

3. 和盈利能力不一样，增长能力的大小不是一个相对概念。(　　)

4. 若两个企业的三年资本平均增长率相同，就可以判断这两个企业具有相同的资本增长趋势。(　　)

5. 净资产收益率可以反映企业运用股东投入资本创造收益的能力，而股东净投资率反映了企业利用股东新投资的程度。(　　)

6. 企业资产增长率越高，说明企业的资产规模增长势头一定越好。(　　)

7. 要正确分析和判断一个企业营业收入的增长趋势和增长水平，必须将一个企业不同时期的销售增长率加以比较和分析。(　　)

8. 获利能力强的企业，其增长能力也强。(　　)

9. 在产品生命周期的成熟期，产品营业收入增长率一般趋于稳定，与上期相比变化不大。(　　)

10. 仅分析某一项发展能力指标，我们无法得出企业整体发展能力情况的结论。(　　)

三、 问答题

1. 影响企业发展能力的因素有哪些?

2. 销售增长指标包括哪些? 有什么区别?

3. 固定资产成新率反映的内容是什么? 运用该指标应该注意什么?

4. 资本积累率指标反映的内容是什么? 运用该指标应该注意什么?

# 实际操作训练

分析资料：表6-1是发达公司2008年至2011年有关的会计资料，试评价该公司的发展能力。

**表6-1　发达公司相关会计资料**

单位：万元

| 项目＼年份 | 2008年 | 2009年 | 2010年 | 2011年 |
|---|---|---|---|---|
| 资产总额 | 1 711 | 2 061 | 2 759 | 3 879 |
| 所有者权益 | 996 | 1 235 | 1 679 | 2 394 |
| 主营业务收入 | 5 720 | 7 742 | 10 839 | 15 516 |
| 净利润 | 49.8 | 68.8 | 109.1 | 161.6 |

# 第 7 章　成本费用分析

## 教学目标

本章主要讲述产品成本分析和期间费用分析，以及作业成本法下的成本及费用分析等内容，通过本章的学习应该掌握产品成本分析方法、期间费用分析方法，了解作业成本法下的成本及费用分析。

## 教学要求

| 知识要点 | 能力要求 | 相关知识 |
|---|---|---|
| 产品成本分析 | 了解影响产品成本的主要因素<br>掌握成本项目分析 | 产品成本<br>成本项目分析 |
| 期间费用分析 | 了解期间费用的含义<br>掌握期间费用分析 | 期间费用<br>期间费用分析 |
| 作业成本法下的成本及费用分析 | 了解作业成本法下的成本及费用分析 | 作业成本法 |

**导入案例**

在1992年，联合办公用品公司是一家从事商务表簿和诸如书写纸、信封、便签卡、贺卡等特种纸制品经营的企业，年销售额为9亿美元。在1988年公司就已扩展到商务表簿库存管理服务领域。该公司相信，在这一领域可以通过提供增值服务使自己有别于其他生产经营商务表簿的企业。当时，表簿生产经营已经成熟，所有的竞争者都在寻求获得销售增长的途径，联合公司掀起了一场运动，要把它的企业客户纳入一项它称之为“全面表簿控制”(TFC)的计划。

到1992年的时候，TFC业务获得的销售收入已达到大约6 000万美元，联合公司也在商务表簿业务分部内部设立了一家单独公司来办理这些客户的业务。TFC项目所提供的服务除了存货控制、表单使用反馈外，还包括表簿的存储和配送(包括存货融资)。联合公司使用了一套复杂的计算机网络系统来监测客户的表簿存货、表簿使用及订货行动，再通过一套内容全面而又简洁易读的管理报告将这些信息提供给客户。

作为配送服务的一部分，联合公司还提供“拣包”服务，由训练有素的工作人员打开整装的箱子准确地拣出客户所要求的表簿数量。联合公司的基本思想是，管理有方的储存和配送网络对任何表簿管理业务都是至关重要的——“我们知道你需要什么……在正确的时间、正确的地点得到正确的产品”。

对少部分客户，联合公司还提供“桌面配送”服务，由联合公司的员工将表簿直接送到个人办公室(通常情况下表簿是送到装卸站)。作为一家综合表簿管理提供商，联合公司的产品系列也必然是综合全面的，包括从标准计算机打印纸、复印纸到客户自行设计以准确满足其需要的自定纸等各种产品。

## 7.1 产品成本分析

产品成本(product cost)是指企业为了生产产品而发生的各种耗费。可以指一定时期为生产一定数量产品而发生的成本总额，也可以指一定时期生产产品单位成本。产品成本有狭义和广义之分，狭义的产品成本是企业在生产单位(车间、分厂)内为生产和管理而支出的各种耗费，主要有原材料、燃料和动力，生产工人工资和各项制造费用。广义的产品成本包括生产发生的各项管理和销售费用等。

产品成本是企业生产经营管理的一项综合指标，通过分析便能了解一个企业整体生产经营管理水平的高低。通过产品总成本、单位成本和具体成本项目等的分析，便能掌握成本变化的情况，找出影响成本升降的各种因素，促进企业综合成本管理水平的提高。

**阅读案例7-1**

### 单位成本为什么降低了?

玉峰公司主要生产皮鞋，2006年1月，财务人员在分析2005年全年某一型号皮鞋的生产成本变动情况时发现，上半年单位成本与下半年产品单位成本存在明显不同。7月以后的成本比之前的平均要降低15元，由于当时企业下半年正在进行目标及管理的试运行，分析人员很快作出以下结论：皮鞋下半年单位成本比上半年降低幅度较大，是由于企业进行了目标成本管理的改革。

但是经过进一步调查发现，目标成本管理实际上在4月份就已经全面展开，而四月份皮鞋的单位成本仅比3月份降低2元，5月份甚至比4月份还要高1元，那么真是管理改善带来的效果吗？带着疑问，另一位分析人员开始对各成本项目进行逐一分析，很快排除了单位产品材料价格、消耗量和人工费突然变化的可能性，但是发现由于6月初企业同外贸公司签订了一笔大合同，下半年产品生产产量明显增多，下半年的制造费用和燃料费用虽然总体也增长了不少，但是单位制造费用和燃料费用变化(降低)更大。从进一步分析中，分析人员找出了产量变化的关键原因，原来是由于生产产量的增加，一直停产的一条生产线也正常运行了，企业生产能力得到充分发挥，空闲的机器设备明显减少，所以企业自6月开始，单位成本得以突然下降。而实行新的管理模式固然也取得了一定效果，但由于开展时间不长，效果还不明显，把成本降低的功劳加到上面，是不客观的。

两位分析人员对同一时期成本数据结果得出了完全不同的原因结论，完全是由于对企业生产经营的了解深度不同造成的。财务人员往往习惯于就数字论数字，缺乏从掌握分析企业综合信息的高度寻找深层次原因，就必然会得出类似第一位分析人员那样似是而非的原因结论。通过主观臆断，给数据结果一个不明确的原因，是分析人员常犯的错误。如果根据这个结论去总结分析成绩和问题，就会南辕北辙，无法真正提高管理水平。

产品成本是产品价值的重要组成部分，所以产品成本也是制订产品价格的重要依据。

工业的生产过程，既是产品的生产过程，又是活劳动和物化劳动的消耗过程，工业企业在一定时期内(如一月、一季、一年)为进行生产活动所发生的全部费用，即用货币形式表现的生产耗费就是该时期的生产费用。为生产一定种类和数量的产品所支出的生产费用总和，就是产品成本。

工业企业产品生产成本(或制造成本)的构成，包括生产过程中实际消耗的直接材料、直接工资、其他直接支出和制造费用。企业行政管理部门为管理和组织经营活动所发生的各项管理费用、为筹集资金而发生的财务费用、为销售产品而发生的销售费用等都作为期间费用，由当期收入中得到补偿，不计入产品的生产成本。

产品成本是反映企业经营管理水平的一项综合性指标，企业生产过程中各项耗费是否得到有效控制，设备利用是否充分，劳动生产率的高低、产品质量的优劣都可以通过产品成本这一指标表现出来。企业的成本核算过程，也是对产品成本的监督、管理过程，因此，企业的成本核算要适应企业管理的要求。

### 7.1.1 影响产品成本的因素

1. 企业外部因素

(1) 企业开办的地点与资源供应。企业开办的地理位置对产品成本有很多方面的影响。比如企业距离原材料、能源供应地的距离不同，那么协作方式、运输方式、利用效益等就会有所差距；企业开办地点距离原材料的供应地远近不同，其运输费用也会存在差距。

(2) 企业的生产规模以及装备程度。企业规模、产品结构、企业组织结构是否合理，对于产品成本水平会产生影响。当然，企业规模扩大，单位产品所负担的固定成本下降，从而有利于企业产品成本降低。

2. 企业内部因素

(1) 材料、能源利用效率。对于大多数产品成本而言，材料能源的消耗往往占有很大的比重。提高劳动生产率不仅可以减少单位产品的工时耗费，提升产品的质量水平，还会使单位产品成本中固定费用降低。这是企业产品成本不断降低的主要途径之一。

(2) 生产工艺水平与生产损失率。提高产品生产工艺水平，提高产品的合格率，减少相应的生产损失，会带来有效产品数量供给增加。而且消耗同样的产品，带来更多的有用产品，意味着能够降低产品成本。

(3) 生产设备的利用率。提高生产设备的利用率，充分发挥现有设备的能力，对于提高劳动生产率，促进产品产量都有明显的效果。由于产品产量增长，单位产品成本中相对固定费用就会降低。

### 7.1.2 成本分析方法

在成本分析中，分析方法有多种，一般要结合企业自身的发展状况、分析的要求及掌握的资料等加以综合考虑确定。一般来讲，成本分析方法主要包括对比分析法、连环替代法、相关分析法。

1. 对比分析法

对比分析法是通过成本指标在不同时期(或不同情况)的数据的对比，来揭露矛盾的一种方法，成本指标的对比，必须注意指标的可比性。

其比较形式包括：

(1) 绝对数比较，如上年产品单位成本10元，本年产品单位成本为9.5元；

(2) 增减数比较，如本年成本比上年降低0.5元；

(3) 指数比较，如本年成本比上年降低5%。

2. 连环替代法

连环替代法也称连锁置换法、连锁替代法。它是确定引起某经济指标变动的各个因素影响程度的一种计算方法。

在几个相互联系的因素共同影响某一指标的情况下，可应用这一方法来计算各个因素对经济指标发生变动的影响程度。

计算方法包括：

(1) 在计算某一因素对一个经济指标的影响时，假定只有这个因素在变动而其他因素不变；

(2) 确定各个因素的替代顺序，然后按照这一顺序替代计算；

(3) 把这个指标与该因素替代前的指标相比较，确定该因素变动所造成的影响。

假设某一经济指标 $A$ 由 $X$、$Y$、$Z$ 三个因素组成。其计划指标 $A_0$ 是由 $X_0$、$Y_0$、$Z_0$ 三个因素相乘的结果；实际指标 $A_1$ 是由 $X_1$、$Y_1$、$Z_1$ 三个因素相乘的结果：

$$A_0 = X_0 \cdot Y_0 \cdot Z_0$$

$$A_1 = X_1 \cdot Y_1 \cdot Z_1$$

其计划与实际的差异($V$)为：

$$V = A_1 - A_0$$

在分析各因素的变动对指标影响时，首先，确定三个因素替代的顺序依次为 $X$、$Y$、$Z$；其次，假定其他两个因素 $Y$、$Z$ 不变，先计算第一个因素 $X$ 变动对指标的影响；然后，在第一个因素已变的基础上，计算第二个因素 $Y$ 变动的影响；依此类推，直到各个因素变动的影响都计算出来为止。用公式表示：

第一个因素变动的影响($V_1$)计算如下：

$$A_0 = X_0 \cdot Y_0 \cdot Z_0 \quad (1)$$

$$A_2 = X_1 \cdot Y_0 \cdot Z_0 \quad (2)$$

$$V_1 = (2) - (1) = A_2 - A_0$$

上述计算，也可用下列公式计算出 $V_1$ 来。

$$V_1 = (X_1 - X_0) Y_0 Z_0$$

第二个因素变动的影响($V_2$)计算如下：

$$A_3 = X_1 \cdot Y_1 \cdot Z_0 \quad (3)$$

$$V_2 = (3) - (2) = A_3 - A_2$$

第三个因素变动的影响($V_3$)计算如下：

$$A_1 = X_1 \cdot Y_1 \cdot Z_1 \quad (4)$$

$$V_3 = (4) - (3) = A_1 - A_3$$

将各因素变动的影响加以综合，其结果应与实际脱离计划的总差异相等：

$$V = V_1 + V_2 + V_3$$

3. 相关分析法

企业的各种经济指标存在着相互依存关系，一个指标变了，就会影响到其他经济指标。例如：生产数量的变化，必然会引起成本的相应变化，利用数学方法进行相关分析，找出有关经济指标之间规律性的联系，即为相关分析法。

4. 差额计算法

差额计算法是因素分析法的一种简化形式，它利用各个因素的目标值与实际值的差额来计算其对成本的影响程度。

5. 比率法

比率法是指用两个以上的指标的比例进行分析的方法。它的基本特点是：先把对比分析的数值变成相对数，再观察其相互之间的关系。

6. 相关比率法

由于项目经济活动的各个方面是相互联系、相互依存，又相互影响的，因而可以将两个性质不同而又相关的指标加以对比，求出比率，并以此来考察经营成果的好坏。例如：产值和工资是两个不同的概念，但它们的关系又是投入与产出的关系。在一般情况下，都希望以最少的工资支出完成最大的产值。因此，用产值工资率指标来考核人工费的支出水平，就很能说明问题。

### 7.1.3 产品成本项目分析

1. 材料费用项目的分析

对单位产品成本中材料费用影响的基本因素，是单位产品材料耗用量和材料单价。它们对单位产品影响的计算公式如下：

(1) 材料耗用量变动的影响 = $\sum$(实际单位耗用量－基准单位耗用量)×基准价格；

(2) 材料单价变动的影响 = $\sum$(实际单价－基准单价)×实际耗用量。

上式中的“基准数”指的是计划数、定额数、上年实际平均、历史或行业先进水平等数值。

2. 工资费用项目的分析

对单位产品成本中工资费用影响的因素，是单位产品工时消耗量和小时工资额。它们对工资费用升降的影响可用下列计算公式：

(1) 工时消耗量变动的影响 = $\sum$[(实际单位工时消耗量－基准单位工时消耗量)×基准小时工资额]；

(2) 小时工资额变动的影响 = $\sum$[(实际小时工资额－基准单位工资额)×实际单位工时消耗量]。

3. 制造费用项目的分析

对产品成本中制造费用影响的基本因素，是单位产品工时消耗量(或其他分配标准)和小时费用分配率(或其他分配率)。其分析的计算公式为：

(1) 工时消耗量变动的影响 = $\sum$[(实际单位工时消耗量－基准单位工时消耗量)×基准小时费用分配率]；

(2) 小时费用分配率变动的影响 = $\sum$[(实际小时费用分配率－基准小时费用分配率)×实际单位工时消耗量]。

为完成实际产量或作为量而发生的实际直接人工成本与标准直接人工成本之间的差额，直接人工成本差异按其形成原因可分为工资率差异和效率差异两种。

(1) 工资率差异。即直接人工的价格差异，是实际人工成本与实际人工工时按标准工资率计算的人工成本之间的差额。

实际工资率是实际工资总额与实际总工时的比率，标准工资率是指标准工资总额与标准总工时的比率。形成直接人工工资率差异的原因，包括直接生产工人升级和降级使用、奖励制度未产生实效、工资调整、加班或使用临时工、出勤率变化等，原因复杂而且难以控制。一般说来应归属于人事劳动部门管理，差异的具体原因可能涉及生产部门或其他部门。

(2) 效率差异。即直接人工的数量差异，是实际工时按标准工资率计算的人工成本与标准人工成本之间的差额。

引起直接人工效率差异的原因，包括工作环境不良、工人经验不足、劳动情绪不佳、新工人上岗过多、机器或工具选用不当、设备故障较多、作业计划安排不当、产量太少无法发挥批量节约优势等，它是主生产部门的责任，但也不是绝对的，例如材料质量不好也会影响生产效率。

对直接人工效率差异，如果存在不同等级工人混合使用的情况，则还可将其进一步分解，计算结构差异和效能差异，反映一定量的总工时中不同等级工人完成的工时所占比重的变动和工作效率变动，计算公式如下：

直接人工结构差异 $=\sum$(实际工时×标准工资率)$-\sum$(实际工时)×预定平均工资率

直接人工效能差异 $=\sum$(实际工时)×预定平均工资率$-\sum$(标准工时×标准工资率)

直接材料成本、直接人工、变动制造费用都属于变动成本。因此，直接材料成本差异、直接人工成本差异、变动制造费用成本差异的计算原理与思路是相同的。我们用 $c$ 代表单位产品某成本项目标准成本；$p$ 代表单位产品某成本项目标准价格；$q$ 代表单位产品某成本项目标准消耗量；$C$ 代替总成本；$Q$ 代替产品产量，首先来看一个通用公式：

某成本项目的单位标准成本 $c_0$＝单位标准用量 $q_0$×单位标准价格 $p_0$

某成本项目的单位实际成本 $c_1$＝单位实际用量 $q_1$×单位实际价格 $p_1$

那么，如何具体地了解成本项目中单位产品标准用量、标准价格的内容呢？其具体内容见表 7-1。

**表 7-1　成本项目中单位产品标准用量、标准价格的内容**

| 成本项目 | 用量标准 | 价格标准 |
|---|---|---|
| 直接材料 | 单位产品材料消耗量 | 原材料单价 |
| 直接人工 | 单位产品直接人工工时 | 小时工资率 |
| 制造费用 | 单位产品直接人工工时 | 小时制造费用分配率 |

基于前面的基本知识，我们就可以计算某成本项目实际成本与标准成本之间的差异了。这个差异显然是实际产量下的差异。因此，就有：

某成本项目总差异 $C=(c_1-c_0)\times Q_1$＝实际产量下的实际成本＋实际产量下的标准成本

公式中的标准成本是指实际产量下的标准成本。

### 7.1.4　变动成本差异计算分析

那么，这个差异到底是如何形成的呢？很显然，从单位产品的实际与标准成本公式中可以看出，导致成本差异形成的原因是：价格差异$(p_1-p_0)$与用量差异$(q_1-q_0)$。接下来，我们计算、分析由它们引起的差异。

1. 用量差异的计算分析

由于单位产品某成本项目用量差异为$(q_1-q_0)$，所以，在实际产量下的某成本项目用量差异为$(q_1-q_0)\times Q_1$，假设价格 $p_0$ 不变，则有：

某成本项目的用量差异＝(单位产品实际用量－单位产品标准用量)×实际产量×标准价格

$$=(q_1-q_0)\times Q_1\times p_0$$

所以，就有：

直接材料用量差异

＝(单位产品实际耗用量－单位产品标准耗用量)×实际产量×标准价格

＝(实际产量下的实用耗用量－实际产量下的标准耗用量)×标准价格

直接人工效率差异

=(单位产品实际工时－单位产品标准工时)×实际产量×标准工资率

=(实际产量下的实际工时－实际产量下的标准工时)×标准工资率

变动制造费用效率差异

=(单位产品实际工时－单位产品标准工时)×实际产量×标准分配率

=(实际产量下的实际工时－实际产量下的标准工时)×标准分配率

2. 价格差异的计算分析

由于单位产品某成本项目价格差异为$(p_1-p_0)$。所以，在实际产量下因价格引起的总差异为：

某成本项目的价格差异

=单位产品价格差异×单位产品实际耗用量×实际产量

$=(p_1-p_0)\times q_1\times Q_1$

所以，就有：

直接材料价格差异=(实际价格－标准价格)×实际产量下实际用量

直接人工工资率差异=(实际工资率－标准工资率)×实际产量下实际人工工时

变动制造费用耗费差异

=(变动制造费用实际分配率－变动制造费用标准分配率)×实际产量下实际工时

### 7.1.5 固定成本差异分析

这里讲的固定成本差异，是指固定制造费用成本差异，它在一定范围内，与产量无关。

固定制造费用成本差异=实际产量下固定制造费用－实际产量下标准固定制造费用

对于这种差异按照分析因素方法来分析，我们可以采用二因素或三因素分析法：

1. 二因素分析

我们首先来思考一下，单位产品固定制造费用的计算：

固定性制造费用的标准成本=标准固定制造费用总额÷月计划产量

固定性制造费用的实际成本=实际固定制造费用总额÷月实际产量

也就是说，固定制造费用标准成本高低要受到以下两个因素影响：

一是实际产量下固定制造费用与标准固定制造费用总额之间的差异，也就是说，实际的固定制造费用与预算的固定制造费用差异，这个叫预算差异，也称为耗费差异。

二是实际产量与计划产量之间的差异，这个称为能量差异。其中，计划产量是指在预算制造费用下应达到的产量。

换而言之，固定制造费用总差异可以分解为耗费差异和能量差异两部分，这叫做二因素分析。具体的计算公式为：

(1) 耗费差异=实际产量下实际固定制造费用－预算产量下标准固定制造费用(即固定制造费用预算数)

(2) 能量差异=(预算产量下的标准工时－实际产量下的标准工时)×标准分配率

=预算产量下的标准固定制造费用－实际产量下的标准固定制造费用

从式中可以看出，“能量差异”代表的是企业由于实际产量没达到预算产量而形成的差异。

2. 三因素分析

那么，企业为什么会产生“能量差异”呢？也就是说，实际产量为什么会没达到标准产量呢？

假设现有车间的生产能力，即预算标准是1天生产100件产品，结果你只生产90件。为什么会造成这种差异？你会解释说，原因一，由于有员工请假，导致一台设备没运转。因此，实际生产工时没达标，造成生产能力闲置差异；原因二，有一位新人刚上岗，动作不快，效率不高，造成生产效率差异。产量的差异，是受生产能力是否充分利用和员工的生产效率高低影响的。

为了更好地理解三因素分析法，我们对上述公式进行推导，可以得出：

$$固定性制造费用的标准成本=\frac{标准固定制造费用总额}{月计划产量}=\frac{标准固定制造费用总额}{月标准工时/单位产品工时标准}$$

$$固定性制造费用的实际成本=\frac{实际固定制造费用总额}{月计划产量}=\frac{实际固定制造费用总额}{月实际总工时/单位产品实际工时}$$

对比上述两个等式，我们可以得出，固定制造费用标准成本受到标准固定制造费用总额、月标准总工时、单位产品工时标准三因素影响。具体来说：

一是实际产量下固定制造费用与标准固定制造费用总额之间的差异，这个叫预算差异。

二是实际产量生产工时与预算产量标准总工时差异，这个叫能力差异。实质上，它属于生产能力闲置造成的差异。

三是单位产品实际工时与单位产品工时标准的差异，很显然，这是由于生产效率偏离标准生产工时引起的，它叫做效率差异。

三因素分析法是将固定制造费用成本差异分为耗费差异、能力差异和效率差异三部分。由此，得出以下公式：

(1) 耗费差异=实际产量下实际固定制造费用－预算产量下标准固定制造费用(即固定制造费用预算数)

(2) 能力差异=(预算产量下的标准工时－实际产量下的实际工时)×标准分配率

(3) 效率差异=(实际产量下的实际工时－实际产量下的标准工时)×标准分配率

## 7.2 期间费用分析

期间费用，也称期间成本，包括销售费用、管理费用和财务费用。指企业在生产经营过程中发生的，与产品生产活动没有直接联系，而是按发生的时间归集，直接计入当期损益的费用。这些期间费用与产品成本不同，不应该计入产品或劳务的成本中去，而是在发生期全部从利润抵消。

### 7.2.1 期间费用的控制方法

为了加强对期间费用的控制，企业一般可以采用下列方法：

1. 预算控制法

期间费用的预算控制是依据企业成本费用的计划要求而编制的期间费用支出的预算，并据以控制日常期间费用开支。期间费用预算主要根据期间费用项目的特点和各项期间费用过去年度的资料，并考虑计划期可能发生的变化而分项目编制。预算编制出来以后，各部门、各单位必须严格按照预算执行，不得突破预算指标。年终应根据预算进行考核，对于突破指标的部门、单位和个人要进行惩罚，节约的给予奖励。

2. 定额控制法

定额是指一定条件或经济环境下，为生产某种产品或零部件或为完成某项业务而需要耗费的人力、物力、财力的数量标准。为完成同一项业务，不同的人在不同的技术条件和经济环境下，采用不同的方法，其耗费的人力、物力和财力也是不同的。为了控制费用开支，就需要确定一个额度，作为费用开支的标准。凡是在定额内可予以报销，节约的还可以给予一定的奖励，超过定额的部分就不能予以报销。期间费用的许多项目都可以采用定额进行控制，如住宿费、交通费、招待费等。凡是能通过定额加以控制的期间费用项目，企业都应当制定出相应的定额标准，作为制度公布执行，以控制费用开支。在确定定额标准时，在保证完成工作的前提下，应当本着“节约办一切事情”的原则，综合考虑业务的性质、技术条件、经济环境和岗位的职务差别等因素合理地确定。不同性质的业务、不同的技术条件、不同的经济环境、不同岗位和职务的人员等，在定额标准上应有所差别。比如住宿费标准通常受各地经济发展水平和物价水平的影响而有较大的差别。定额标准一旦制定，就必须严格执行，不得随意突破和更改。当然，随着技术条件和经济环境的变化，定额标准应定期进行修订，使之适应新的条件和环境。

3. 审批控制法

各项费用的发生，必须按照有计划(预算)、有审批的原则进行控制管理。企业不能仅有预算没有审批制度。企业应当建立严格的费用审批控制制度。费用审批控制制度应当明确审批的人员及其权限，也就是说，应当明确什么人能批准多大范围的费用开支。通过分层审批，可以有效监督期间费用预算的执行，减少期间费用超额度、超标准、乱开口子和造假贪污等不正常现象的发生。审批控制操作时，一般由费用发生部门业务人员提出申请，经有关领导审批后在额度内开支；费用开支后，由有关人员将有关单据填报报销单，按费用审批控制制度规定经有关领导审批后方可予以报销。

4. 归口分级管理法

归口分级管理法也是期间费用管理的一项基本方法。其主要内容包括：①归口管理。即按照管理权限和管理责任相结合的原则，合理安排企业内部各部门、各单位在期间费用上的权责制，调动各部门、各单位管理好相关费用的积极性。一般来讲，管理费用主要由行政管理部门管理，销售费用由销售部门管理，财务费用由财务部门管理，进货费用由进货部门管理。②分级管理。各管理部门应当根据各项费用的具体情况，将费用控制责任层层分解，层层落实，让归口管理部门的所属单位和个人都对相关费用控制和管理负有责任，从而加强对期间费用的控制。财务部门对期间费用实行统一管理。财务部门作为综合管理部门，应对期间费用进行统一管理。所有期间费用开支都由财务部门统一办理借款报销手续。③财务部门按照企业有关规定的费用开支范围和开支标准，严格执行企业制定的费用预算、费用定额和费用审批制度，对每一笔期间费用支出认真进行审核，凡是符合规定的予以报销，违反规定的不予报销。在实际工作中，以上几种期间费用控制方法并不是孤立的，而是相互交叉、相互联系的。比如，预算控制总是建立在定额控制和归口分级控制之上的；定额控制又是与审批控制和归口分级控制联系在一起的；审批控制和分级归口控制直接相联系等。这四种方法相结合，构成一个完整的期间费用控制体系。

### 7.2.2 对期间费用的比较分析

1. 比较分析法

即将期间费用的发生情况与预算或以前年度进行比较以发现问题。对期间费用的比较可从两方面着手：一方面比较绝对额差异及其相应的变动比率；另一方面是费用构成的相对比较，即对各费用项目从其结构比重进行详细、具体的分析。进行期间费用比较分析，可分析评价本期期间费用预算完成情况或期间费用的变动趋势，还可为进一步的差异原因的具体分析提供线索。期间费用比较分析是以满足管理的要求为原则来开展费用分析工作，应掌握重要性原则，关注那些比重较大、金额变动较大以及费用内容弹性较大的项目，如“其他费用”。一般来说，月份、季度进行重点项目分析，年度进行全面分析。另外，由于每种费用包含的内容和用途不同，分析具体问题的角度会有所侧重，评价各种费用管理水平高低及其合理性所考虑的业务背景和依据不尽相同。

2. 销售费用的分析

销售费用是指企业销售商品过程中发生的费用，包括运输费、装卸费、包装费、保险费、展览费和广告费，以及为销售本企业产品而专设的销售机构的职工工资、福利费、业务费等，如果是商业企业，还包括进货过程中发生的运输费、装卸费、包装费、保险费、运输途中的合理损耗和入库前的挑选整理费等。

产品销售费用的分析建立在本期销售费用实际发生额以及其他相关信息的基础上。为便于分析，企业应定期编制销售费用明细表，用以提供分析所必需的数据。进行分析时，首先查看表中销售费用总额预算的执行情况；然后进行各项目的对比分析，查明销售费用脱离预算的原因。应怎样分析各个销售费用项目呢？可联系当期市场需求变化情况和企业销售业务的开展、销售规模的大小等业务背景来进行。

（1）销售过程中的运输费、装卸费、包装费、保险费等是企业对客户提供产品时的附加服务，它虽然耗费企业资源，但是企业提高对客户服务质量不可减少的费用，通常属于变动成本，与企业销售量的变动成正比，其中运输费还会受运输价格的影响。企业在降低这部分费用的决策时，一定要谨慎考虑它对企业和产品形象的影响，对送货时间效率等市场竞争能力的影响。

（2）展览和广告费用于提高企业或产品知名度，拓展产品或服务市场，是企业增加营业收入的手段。展览和广告费发生后一般是一次性计入当期费用，但它产生的影响能够持续多久则很难估计，因此其金额是否合理较难确定。从成本特性上看符合“酌量性固定成本”特征，其费用发生额只适宜与预算额相比，并结合企业销售量和市场占有情况分析其功效；而不宜与前期实际数额去对比增减额并据此做出优劣的结论。企业应针对产品及服务特点、其目标市场的特点，慎重制定广告策略，应以其预计增加的营业利润是否能够抵补广告支出作为决策的依据，并及时通过比较展览和广告后一定时期的销售收入增长额与展览和广告费投入额，评价分析广告投入的作用是否有效。

(3) 专设销售机构的费用通常随企业营业规模的扩大而呈阶梯状上升。专设的销售机构可以使企业更好地开拓不同地区的市场，扩大企业在该地区的销售量。但是，相对于委托代理商或分销商的销售方式，专设销售机构的费用是固定的，这就需要企业在当地的销售收入至少高于保本点，保证收回该专设销售机构的费用，否则专设销售机构将成为企业的包袱。因此，专设销售机构的费用可与该销售机构实现的销售收入、销售利润等指标一起进行本量利分析，以判断其合理性。

(4) 商业企业在进货过程中发生的各项费用的多少与企业采购频率、采购批量等采购策略有关，商业企业减少进货费用的关键是按照经济采购批量的决策方式进行采购，应努力减少运输途中的损耗，如选取稳妥、负责的运输商等。

3. 管理费用的分析

管理费用是企业为组织和管理生产经营所发生的费用，包括行政管理费用，如行政管理人员工资及福利费、各种办公用物料消耗及摊销、差旅费、会议费、业务招待费等；维持经营能力的费用，如聘请中介机构费、咨询费、无形资产及长期待摊费用摊销、坏账准备等；促进企业发展的研究开发费，职工培训费等；以及承担社会责任的费用，如工会经费、待业保险费、劳动保险费、除营业税和所得税外的其他税费等。

管理费用的分析是对报告期已发生的管理费用从费用项目到实际发生数额是否合理、费用发生情况进行分析和评价，找出问题和原因。因此也要利用编制、提供管理费用明细表这一手段和工具，借助表中数据完成分析工作。它与产品销售费用的分析方法一致，只是费用的性质和内容不同，在具体分析时要结合业务情况或管理背景分别而论。

**阅读案例** 7-2

### 企业的管理费用实际是升还是降?

克成公司的主要业务是生产和销售体育用品。2005年年末，面对成本会计资料，财务分析人员发现，在产销量与上一会计期间大体相同的情况下，本期主营业务成本比上期增加了1 300万元，增加幅度超过6%，管理费用也增加了400万元，增长幅度为11%，造成成本利润率下降较快，于是做出了当期成本费用控制较差的结论。

但是，通过阅读会计报表附注，另一位分析人员发现，企业的会计政策较上一会计期间有了一定的调整，其中影响最大的是折旧。从当年3月起，企业在计提折旧时，开始不再采用直线法，而是采用加速折旧法，经过计算发现本期比上期多计提折旧达1 000万元之多；本期企业对存货计提折价准备增加了300万元，是造成管理费用增加较多的主要原因。把这些因素剔除后，分析人员发现，实际上本期成本和费用较上一会计期间甚至有所好转。

(1) 行政管理费用在一定时期内，如果企业经营规模没有发生重大改变，几乎与企业的业务量没有关系。因此，只要预算制定是合理的，则超过预算就说明企业费用控制存在问题。行政管理费的发生主要在企业最高的管理层，内部监督力量较弱，因此其标准的制定、控制和评价也较困难。

(2) 维持经营能力的费用中，聘请中介机构的费用和咨询费通常金额较小，或是不为企业控制，可以不作为分析的重点。无形资产及长期待摊费用的摊销以及坏账准备的提取金额受企业会计政策的影响很大。在无形资产及长期待摊费用以及应收账款金额既定的情况下，这部分摊销金额和坏账准备金额的大小取决于企业制定的摊销年限和提取比例，通过改变摊销年限和提取比例降低这部分费用虽能使企业账面利润得到改观，并不能说明企业费用降低的业绩，分析时应格外注意。

(3) 促进企业发展的费用虽然在当期甚至近期无法看到成效，而且很容易受到企业追求调整账面利润的需要而减少，但是它们却是企业未来发展至关重要的投入。这部分费用从金额直观地分析，应在企业可承担的能力范围内适当增长。国际上公司研究开发费用的水平通常应达到销售收入的10%以上。研究开发费用的效果，可从新产品在营业收入中所占比例、专利产品在营业收入中所占比例等财务指标中得到一定程度的反映。

(4) 业务性费用。

例如，业务招待费、仓库保管费等。这一类费用支出的多少与企业生产规模大小、生产性质、生产业务的开展有直接的联系。但是，有的费用，比如业务招待费，往往实际支出超过规定的限额，且有上升的趋势。所以在分析时，应结合相关资料，查明费用超支的原因，特别是不合理的支出，更要检查清楚。

4. 财务费用的分析

对财务费用的具体分析也必须借助于详细资料，即有必要编制并利用财务费用明细表。财务费用是企业为了筹集资金等而发生的费用，包括利息费用、汇兑损失和相关的手续费。我国企业的利息收入和汇兑损益作为财务费用的冲减也归类为财务费用的内容。财务费用是企业筹资活动和闲置资金利用效果的反映。财务费用的高低主要取决于企业的筹资决策，即资金来源中负债比例、长短期债务安排的结果。因此在分析评价财务费用时应考虑企业融资对生产经营资金需求的满足程度以及外汇市场上汇率变化的风险情况(有外币业务的企业需要考虑)。

(1) 利息费用的分析主要用于判断企业财务风险的大小，可以通过计算利息保障倍数、企业财务杠杆系数等指标进行分析。

(2) 利息收入是企业的一项收入，它是企业将闲置资金存入银行所得到的利息。通常情况下，银行存款利息率应远远低于企业的投资收益率，因此除保持流动性必要的现金外，将资金过多地存于银行说明企业资金运用效率低下。如果企业利息收入金额突然大幅度增加，最常见的原因是企业新近筹集大笔资金用于固定资产投资。

(3) 汇兑损失和汇兑收益是有外汇业务的企业因汇率变化而产生的外汇项目的增值或减值。企业虽无法控制汇率的变化，但可以通过对汇率变化的预测，及时调整相关的外汇资产，合理安排外汇负债期限，尽量减少汇兑损失，增加汇兑收益。可以说，汇兑损失和汇兑收益可以在一定程度上反映企业财务部门管理外汇资金的绩效。

5. 质量成本分析

质量成本的概念是由美国质量专家A. V. 菲根堡姆在20世纪50年代提出来的。他将企业中质量预防和鉴定成本费用与产品质量不符合企业自身和顾客要求所造成的损失一并考虑，形成质量报告，为企业高层管理者了解质量问题对企业经济效益的影响，进行质量管理决策提供重要依据。此后人们充分认识了降低质量成本对提高企业经济效益的巨大潜力，从而进一步提高了质量成本管理在企业经营战略中的重要性。

质量成本是指企业为了保证和提高产品或服务质量而支出的一切费用，以及因未达到产品质量标准，不能满足用户和消费者需要而产生的一切损失。质量成本一般包括：为确保与要求一致而作的所有工作的一致成本，以及由于不符合要求而引起的全部工作的不一致成本。这些工作引起的成本主要包括：预防成本、鉴定成本、内部损失成本和外部损失成本。其中预防成本和鉴定成本属于质量成本中的一致成本，而内部损失成本和外部损失成本，又统称为故障成本，属于不一致成本。

具体而言，预防成本是为减少质量损失和检验费用而发生的各种费用，是在结果产生之前为了达到质量要求而进行的一些活动的成本，它包括质量管理活动费和行政费、质量改进措施费、质量教育培训费、新产品评审费、质量情报费及工序控制费；鉴定成本是按照质量标准对产品质量进行测试、评定和检验所发生的各项费用，是在结果产生之后，为了评估结果是否满足要求进行测试活动而产生的成本，包括部门行政费、材料工序成品检验费、检测设备维修费和折旧等。故障成本是在结果产生之后，通过质量测试活动发现项目结果不满足质量要求，为了纠正其错误使其满足质量要求发生的成本，分为两部分：内部损失和外部损失。内部损失是指产品出厂前的废次品损失、返修费用、停工损失和复检费等；外部损失是在产品出售后由于质量问题而造成的各种损失，如索赔损失、违约损失和“三包”损失等。上述概念也可用公式表示如下：

质量成本＝预防成本＋鉴定成本＋内部损失成本＋外部损失成本

质量成本也称质量费用，是为了确保和保证满意的质量而发生的费用以及没有达到满意的质量所造成的损失。造价不同的产品，质量问题带来的损失不同；同一次品，出现在供应链的不同位置，造成的损失也不一样(例如更换、维修、保修、停产、丧失信誉、失去以后生意等)。例如坏在客户处，影响最大，假设权重为100；坏在公司生产线，影响相当大，假设权重为10；坏在供应商的生产车间，影响最小，假设权重为1。该产品价格为1 000元，在上述三个环节各出现次品一个，总的质量成本就是111 000元(100×1 000 ＋10×1 000 ＋ 1×1 000)。这个指标有助于促使在供应链初端解决质量问题，在一些附加值高、技术含量高、供应链复杂的行业比较流行，例如在美国，飞机制造业、设备制造行业等设备原厂(OEM)采用得比较多。

1) 质量成本的构成

(1) 预防成本。用于预防不合格品与故障所需的各项费用，主要包括：①实施各类策划所需的费用，包括：体系策划、产品实现策划；②产品/工艺设计评审、验证、确认费用；③工序能力研究费用；④质量审核费用；⑤质量情报费用；⑥培训费用；⑦质量改进费用。

(2) 鉴定成本。用于评估产品是否满足规定要求所需各项费用，主要包括：①检验费用；②监测装置的费用；③破坏性试验的工件成本、耗材及劳务费。

(3) 内部损失成本。产品出厂前因不满足要求而支付的费用，主要包括：①废品损失；②返工损失；③复检费用；④停工损失；⑤质量故障处理费；⑥质量降级损失。

(4) 外部损失成本。产品出厂后因不满足要求，导致索赔、修理、更换或信誉损失而支付的费用，主要包括：①索赔费用；②退货损失；③保修费用；④降价损失；⑤处理质量异议的工资、交通费；⑥信誉损失。

2) 质量成本的相关准备工作

(1) 针对所需用的分类项目，制定相应的定价体系。

(2) 确定各部门应定期向财务口输送的相关信息。

(3) 进行针对性的培训。

(4) 形成必要的程序或规章制度。

(5) 财务口建立相应的凭证及账目。

① 质量成本数据不能依靠原有的生产成本中提取，要建立独立的获取渠道。

② 根据需要设立相应的质量成本凭证：建立会计分离凭证；建立统计记录凭证；建立统计凭证；建立质量成本分账。

3) 质量成本遵循原则

(1) 以寻求适宜的质量成本为目的。任何企业都有与其产品结构、生产批量、设备条件、管理方式和人员素质等相适应的质量成本，开展质量成本管理的目的就是找到适宜的质量成本控制方式，来优化企业的质量成本。

(2) 以严格、准确的记录数据为依据。实施质量成本管理非常重要的一点就是要对成本数据流进行细致的核算和分析，所以提供的各种数据和记录必须真实、可靠，否则对决策只能起到误导作用。

(3) 建立完善的成本决算体系。要对成本进行控制，就要对成本进行核算。

有统一的口径，应有对人工的工时、成品的加工成本、损失成本、生产定额等有统一的核算和计价标准，这样对于质量成本的计算才能快速、及时、准确，并且可以减少相关职能部门统计数据的主观性。

4) 质量成本工作程序

(1) 要深入开展质量成本管理的宣传和学习，对主要从事质量成本管理的人员进行专门培训，明确其职责和任务。

(2) 制定质量成本管理的有效标准，即确定适宜的质量成本水平。

(3) 编制、实施质量成本计划，同时要对有关数据进行统计、核算与分析，对质量成本计划的实施进行适时控制。

(4) 对质量成本的控制情况进行考核，并结合企业的具体情况，提出质量成本改进计划和相应的质量成本改进措施。

5) 最佳质量成本水平的确定

一般来讲，质量成本诸要素之间客观上存在着内在逻辑关系。比如，随着产品质量的提高，预防鉴定成本随着增加，而内外部损失成本则减少。如果预防鉴定成本过少，将导致内外部损失成本剧增，利润急剧下降。从理论上讲，最佳质量水平应是内外部损失成本曲线与预防鉴定成本曲线的交点。当投入成本(预防成本和鉴定成本)为0时，合格品率几近于0；而逐步增加投入时，合格品率就迅速上升，损失成本则急剧下降，而总运行质量成本(投入加损失)也迅速下降。

6) 质量成本预测与计划

质量成本预测一般指企业根据当前的技术经济条件和采取一定的质量管理措施之后，规划一定时期内为保证产品达到必要的质量标准而需要支付的最佳质量成本水平和计划目标。开展质量成本预测工作，其目的主要是编制计划和提出控制的目标。质量成本预测的方法主要有两种：一是经验判断法，即组织企业中质管技术人员、财会人员就手头掌握的质量方面资料进行综合分析，做出较为客观的判断。二是数学计算分析法，即利用企业良好的管理基础所积累的资料，找出趋近最佳的质量成本数据，运用数学模型等方法展开预测。质量成本计划的制订应与企业的总体经营计划、质量计划和产品成本计划相协调，其内容主要包括：总质量成本计划、主要产品的单位产品质量成本计划、质量成本构成比例计划、质量费用计划、质量改进措施计划等。

7) 质量成本的核算和分析

质量成本核算是以货币的形式综合反映企业质量管理活动的状况和成效，是企业质量成本管理的重要内容，具体包括：

(1) 质量成本数据的收集和统计。质量成本数据来源于记录质量成本数据的有关原始凭证，主要指发生在一个报告期内的相关质量费用。具体来说，预防成本的数据由质量管理部门及检验、产品开发、工艺等有关部门根据费用凭证进行统计；鉴别成本数据由检验和开发部门根据检验、试验的费用凭证进行统计；内部质量损失成本数据由检验部门和车间根据废品报告和生产返工等有关凭证统计；外部质量损失成本数据由市场、销售服务等部门根据客户的反馈信息进行统计。

(2) 质量成本的核算。企业质量成本的核算属于管理会计的范畴，应该以会计核算为主、统计核算为辅的原则进行。如果企业已经设置比较完善的质量成本科目，即“质量成本”一级科目和“预防成本”、“鉴定成本”、“内部损失成本”、“外部损失成本”二级科目以及二级科目展开的三级科目，则也应同时设立相应的总分类台账和明细表，即质量成本总分类台账、质量成本预提费用明细账、质量成本鉴定费用明细账、质量成本内部损失费用明细账、质量成本外部损失费用明细账。

企业在进行质量成本核算时，既要利用现代会计制度，又不能干扰企业会计系统的正常运作，要按规定的工作程序对相关的科目进行分解、还原、归集。

(3) 质量成本的分析。质量成本分析是通过分析质量成本的构成比例找出影响质量成本的关键因素，主要为质量改进提供信息，指出改进方向，降低产品成本。因此，质量成本分析是质量成本管理的核心内容。质量成本分析一般包括以下内容：目标质量成本完成情况分析、质量成本变化情况分析、质量成本结构分析、质量成本与其他相关指标对比分析、质量成本灵敏度分析等。

8) 质量成本报告

它是根据日常质量会计核算资料归集、加工、汇总而成的用以反映质量成本管理活动过程和结果的一种总结性文件。质量成本报告可按报送的时间、对象和形式不同作不同的分类。按报送时间分为定期和不定期质量成本报告；按报送对象分为厂级和各责任单位质量成本报告；按报告形式分为报表式、图表式和陈述式三种。就其所要披露的内容以及为了满足质量成本控制的要求，企业的质量成本报告一般有：质量成本表、质量损失表、质量收入表、质量损益表、质量成本及损益表、质量成本财务情况说明书等。质量成本报告可依重要性原则，按年、季、月编制，这样可以对管理人员和工人朝着实现“零缺点”的理想目标不断施加压力。质量成本报告披露的内容一般有：各成本项目的实际金额与比较标准、各成本项目的比例关系、以往各期质量成本的数据资料、质量成本与销售额、销售成本(制造成本)、直接人工工时、固定资产等的比例关系、质量收入、质量损益、与同行业或竞争对手的比较资料、特殊或重大项目的分析说明以及其他等。

9）质量成本考核

质量成本考核是实行质量成本管理的必备环节。为了进行有效的考核，一般要建立从厂部到班组直至责任人的考核指标体系，并和经济责任制、“质量否决权”、“成本否决权”等结合起来，制定相应的考核奖惩办法，严格执行，强化管理，定期进行奖惩，鼓励先进，鞭策落后，保证质量成本管理的实施和质量成本控制目标的实现。

(1) 质量成本总额的分析。

① 质量成本总额/销售收入$=K$。

$K\leqslant 1\%$，质量控制效果较好，可达 $6\sigma$ 水平；

$1\%<K\leqslant 5\%$，质量控制效果一般，可达 $5.5\sigma$ 水平；

$5\%<K\leqslant 15\%$，质量控制较差，可达 $5\sigma$ 水平。

② 质量成本总额与上期/去年同期进行绝对数额的比较，若质量成本总额较高，应分析主要升高科目及原因，提出改进建议。

(2) 质量成本构成分析。

① 质量成本平衡点。

平衡点由企业自身特点所决定。只有当处于平衡点时，质量成本最低。

一般情况下，多品种小批量生产模式，故障损失费>质量保持费；

大批量生产模式，故障损失费<质量保持费。

② 质量成本构成要素之间的关系。

当内部损失成本上升，应增加预防成本，采取预防措施；

当外部损失成本上升，应增加鉴定成本，加强检验；

当内外损失成本均上升，应增加预防及鉴定成本。

③ 质量成本平衡点的分析。

设：内部损失成本为 $C_1$，外部损失成本为 $C_2$，预防成本为 $C_3$，鉴定成本为 $C_4$。

则：平衡点为：$C_1+C_2=C_3+C_4$；

当增加 $C_3$ 和 $C_4$ 时，$C_1$ 和 $C_2$ 应降低。

原则为：$C_3+C_4<C_1+C_2$ 的降低额，否则不经济。

(3) 内部损失成本的分析。

① 应分析内部损失的主要构成因素

② 用图示的方法，明确各类产品、各个工序的内部损失额。

(4) 外部损失成本的分析。

① 应分析外部损失成本的主要来源；

② 分析并评估外部损失成本带来的无形损失；

(5) 形成质量成本分析报告。

① 对质量成本总额的分析及改进建议；

② 对质量成本构成分析及改进建议；

③ 对内、外部损失成本的分析及改进建议；

④ 与质量成本目标进行比较，并进行差距分析。

10) 质量成本控制

(1) 制定质量成本的目标。

① 为质量目标的一部分；

② 制定有依据；

③ 分解到相关部门/工序/过程。

(2) 根据当期质量成本分析，采取相应措施。

① 质量成本分析输入领导层；

② 领导层明确相应措施、职责、完成期限；

③ 实施。

(3) 在运行中对质量成本进行监控。

① 比较法；

② 抓关键环节，采取应对措施；

③ 指标归口，严格考核。

(4) 应注意的问题。

① 结合企业实际，确定细目不能照抄；

② 重点要放在故障损失的研究上；

③ 质量成本目标要合理；

④ 内部统计与核算要真实，分摊及评估要可行；

⑤ 要狠抓关键环节；

⑥ 质量成本要服从于生产成本，最终目的是降低生产成本；

⑦ 要将质量成本管理与质量改进相结合。

11) 质量成本的核算

质量成本核算就是按产品形成的全过程，对投产前的技术准备过程、生产制造过程到产品销售过程的质量成本进行确认、计量与记录。它是用货币形态反映产品质量状况，是实施质量成本控制的中心环节和进行全面质量控制的依据。

为了适应产品质量成本核算的要求，企业应设置“产品质量费用”总账账户，用以核算产品质量成本，归集属于质量管理的各项费用和损失。

“产品质量费用”总账账户下设“预防费用”、“检验费用”、“厂内损失”、“厂外损失”，以及“产品质量费用调整”等二级账户。前四个账户分别核算属于各账户的有关费用和损失；后一个账户用来调整实际并未支付，但应计入前四个账户中的隐含成本，以保证“产品质量费用”总账账户借方发生额完整地反映企业一定时期的总质量成本，作为编制产品质量成本报表的依据。

“产品质量费用”的二级账户下设若干明细账户和费用项目专栏，将直接发生的费用，按产品分别进行明细核算，间接费用在产品间进行分配。不属于质量费用的生产费用，仍在原规定的生产费用账户核算，月末除扣除按资金来源不同结转的质量费用外，均按现行制度的规定，分别转入“生产成本”、“销售费用”、“管理费用”等账户。

12）质量成本分析

质量成本分析就是通过分析产品质量与成本升降因素及其对经济效益影响程度的分析。质量成本分析是质量核算的深入，也是质量成本管理的重要一环。通过质量成本分析可得到必要的信息，从而为调整、确定质量成本中各项费用的投入，达到既定质量目标提供可靠依据。

在实际工作中，质量过高或过低都会造成浪费，不能使企业获得好的经济效益。为了使企业产品质量和成本达到最佳质量水平，就应围绕企业经营目标分析企业内外各种影响因素。

从原则上讲，最佳质量水平是要达到必要功能与成本耗费的最佳结合。从这个意义上说，计算质量成本不是目的，其目的在于进行质量成本分析及其效果。

质量成本分析，共包括四个分析内容：

（1）质量成本总额的构成内容分析；

（2）质量成本总额的构成比例分析；

（3）质量成本各要素之间的比例关系分析；

（4）质量成本占预算成本的比例分析。

其中，质量成本分析的方法包括：

（1）对影响质量成本因素的分析。对质量成本水平分析要深入到质量成本构成的各要素中去，即从质量成本总额中各因素所占比重来分析质量成本构成及其变化，如图 7.1(成本与质量水平关系图)所示。

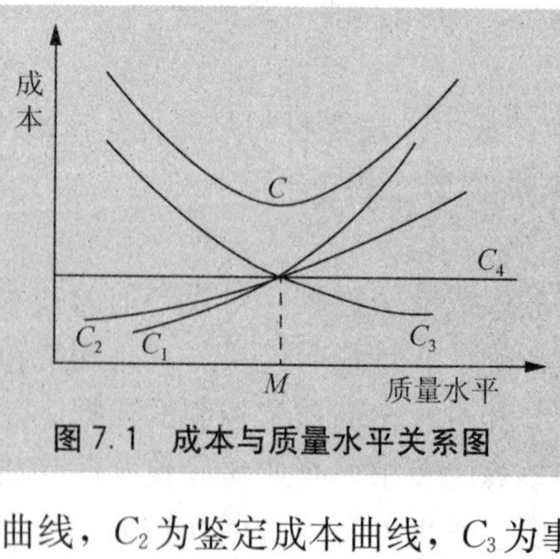


**图 7.1 成本与质量水平关系图**

图 7.1 中 $C_1$ 为预防成本曲线，$C_2$ 为鉴定成本曲线，$C_3$ 为事故成本曲线。当产品质量为 100%不合格时，其预防费用为零。随着质量升高，预防、鉴定费用逐渐增高；当质量为 100%合格时，预防成本很高。事故成本曲线 $C_3$ 变动规律是：当产品质量较低时，事故损失大；当质量提高到 100%合格时，事故损失为零。$C_4$ 为基本生产成本线，不随质量成

本而变化，属于不变成本。$C$ 为总成本曲线，任一点的总成本为 $C_1$、$C_2$、$C_3$、$C_4$ 之和。当质量水平较低或较高时，总成本都比较高，在 $M$ 点或 $M$ 点附近区域总成本最低，它就是最佳质量水平。这两种分析方法，本质也是一致的，只是应用场合不同而需要提供不同成本信息。

根据国内外成功的经验，质量成本比例最佳值为 $C_3$ 占 50%，$C_2$ 为 40%，$C_1$ 占 10%，即质量管理成本占 50%，损失成本占 50%为宜。

(2) 质量成本效益分析。质量成本效益分析就是通过分析质量成本与有关指标的关系，以便从一个侧面大体反映质量经营的状况及其对质量经济效益的影响，借以说明企业进行质量成本核算和管理、开发质量成本的重要性。具体指标如下：

$$产值质量成本率=\frac{质量成本总额}{总产值}\times 100\%$$

$$销售收入质量成本率=\frac{质量成本总额}{销售收入总额}\times 100\%$$

$$销售利润质量成本率=\frac{质量成本总额}{销售利润总额}\times 100\%$$

$$产品成本质量成本率=\frac{质量成本总额}{产品成本总额}\times 100\%$$

$$质量成本利润率=\frac{销售利润总额}{质量成本总额}\times 100\%$$

$$推行质量成本后故障成本降低率=\frac{推行前故障成本-推行后故障成本}{推行前故障成本}\times 100\%$$

$$推行质量成本后废品损失降低率=\frac{推行前废品净损失-推行后废品净损失成本}{推行前废品净损失}\times 100\%$$

(3) 质量成本趋势分析。质量成本本身并不能向管理部门提供足够的资料，以使它与其经营成本同样得到重视，因此必须通过一些基数与质量成本对比，从不同角度说明经营情况。这些基数有工时基数、成本基数、销售基数和单位基数。它们的计算公式如下：

$$工时基数=\frac{内部故障成本}{直接工时}$$

$$成本基数=\frac{总损失成本}{制造成本}$$

$$销售基数=\frac{总质量成本}{净销售额}$$

$$单位基数=\frac{试验和检验费用}{产品数量}$$

上述公式必须对其进行期初预测数与实际执行数的对比分析，才能反映发展趋势。应该注意，只有保持质量基数的一致性才能成为一种好方法。如受到以下因素影响时必须对其进行调整：由于使用代用材料、方法或工艺，使制造成本有了变化；毛利、售价、运费和市场需要的变化；产品组成的变化；上述公式中分子的时间尺度不同于分母的时间尺度时。因而比较趋势分析时，必须考虑和了解这些因素。

# 7.3 作业成本法下的成本费用分析

## 7.3.1 作业成本法的产生与发展

为解决新制造环境下传统成本会计的难题，作业成本法作为新的成本核算方法应运而生。传统成本法是一种通用的解决方案，不考虑企业的目标，但新兴的作业成本从一开始就考虑企业的实施目标和范围，结合企业的实际情况实施，并把成本核算与成本信息分析和应用结合起来，直至采取作业成本法，为企业提供一个整体的解决方案。

作业成本法(activity-based costing)，是一种通过对所有作业活动进行追踪动态反映，计量作业和成本对象的成本，评价作业业绩和资源的利用情况的成本计算和管理方法。它以作业为中心，根据作业对资源耗费的情况将资源的成本分配到作业中，然后根据产品和服务所耗用的作业量，最终将成本分配到产品与服务，是将企业一般管理费用按照更现实的基础进行分摊而非按照直接劳动工时或机械工时。达成该目标的工具是作业成本法(ABC)会计系统，它首先基于实施的作业累加成本，然后按成本动因分摊成本到产品或其他要素，如客户、市场或项目。

对作业成本的研究最早可追溯到 20 世纪 40 年代，最早提出的概念是“作业会计”(activity-based accounting 或 activity accounting)。美国会计学家埃里克·科勒(Eric Kohler)教授于 1941 年在《会计论坛》杂志发表论文首次对作业、作业账户设置等问题进行了讨论，并提出“每项作业都设置一个账户”，“作业就是一个组织单位对一项工程、一个大型建设项目、一项规划以及一项重要经营的各个具体活动所做出的贡献”。随后的乔治·斯托布斯(George J. Staubus)教授认为，“作业会计”是一种和决策有用性目标相联系的会计，研究作业会计首先应明确“作业”、“成本”和“会计目标——决策有用性”三个概念。1971 年斯托布斯在具有重大影响的《作业成本计算和投入产出会计》一书中，对“作业”、“成本”、“作业成本计算”等概念作了全面阐述，引发了 80 年代以后西方会计学者对传统的成本会计系统的全面反思。

1988 年，哈佛大学的罗宾·库珀(Robin Cooper)在夏季号《成本管理》杂志上发表了《一论 ABC 的兴起：什么是 ABC 系统?》，库珀认为产品成本就是制造和运送产品所需全部作业的成本的总和，成本计算的最基本对象是作业；ABC 赖以存在的基础是作业消耗资源、产品消耗作业。接着库珀又连续发表了《二论 ABC 的兴起：何时需要 ABC 系统?》、《三论 ABC 的兴起：需要多少成本动因并如何选择?》和《四论 ABC 的兴起：ABC 系统看起来到底像什么?》。他还与罗伯特·卡普兰(Robert Kaplan)合作在《哈佛商业评论》上发表了《计量成本的正确性：制定正确的决策》等论文，对作业成本法的现实意义、运作程序、成本动因选择、成本库的建立等重要问题进行了全面深入的分析，奠定了作业成本法研究的基石。此后在英美等国家对作业成本的研究日益兴起，研究作业成本法的文章纷纷出现，作业成本理论日趋完善，在冶金、电信、制药、电子设备和 IT 等行业的应用也逐步开展了起来。

### 7.3.2 作业成本法的理论基础

作业成本法的理论基础是认为生产过程应该描述为：生产导致作业发生，产品耗用作业，作业耗用资源，从而导致成本发生。这与传统的制造成本法中产品耗用成本的理念是不同的。这样，作业成本法就以作业成本的核算追踪了产品形成和成本积累的过程，对成本形成的“前因后果”进行追本溯源：从“前因”上讲，由于成本由作业引起，对成本的分析应该是对价值链的分析，而价值链贯穿于企业经营的所有环节，所以成本分析首先从市场需求和产品设计环节开始；从“后果”上讲，要搞清作业的完成实际耗费了多少资源，这些资源是如何实现价值转移的，最终向客户(即市场)转移了多少价值、收取了多少价值，成本分析才算结束。由此出发，作业成本计算法使成本的研究更加深入，成本信息更加详细化、更具有可控性。

### 7.3.3 作业成本法的成本计算程序

一般认为，作业成本法是一个以作业为基础的管理信息系统。它以作业为中心，作业的划分从产品设计开始，到物料供应；从工艺流程的各个环节、总装、质检到发运销售全过程，通过对作业及作业成本的确认计量，最终计算出相对准确的产品成本。同时，经过对所有与产品相关联作用的跟踪，为消除不增值作业，优化作业链和价值链，增加需求者价值，提供有用信息，促进最大限度的节约，提高决策、计划、控制能力，以最终达到提高企业竞争力和获利能力，增加企业价值的目的。

在作业成本法下，成本计算程序分为两大阶段六个步骤。第一阶段是将制造费用分配到同质的作业成本库(同一成本)，并计算每一个成本库的分配率；第二阶段是利用作业成本库分配率，把制造费用分摊给产品，计算产品成本。其实际操作步骤如下：

(1) 定义、识别和选择主要作业。

(2) 归集资源费用到同质成本库。这些资源通常可以从企业的总分类账中得到，但总分类账并无执行各项作业所消耗资源的成本。

(3) 选择成本动因，计算成本库分配率。从中选择一个成本动因作为计算成本分配率的基准。成本计量要考虑成本动因材料是否易于获得；成本动因和消耗资源之间相关程度越高，现有的成本被歪曲的可能性就会越小。

(4) 计算成本库分配率。

(5) 把作业库中的费用分配到产品上去。

$$\text{某产品某成本动因成本}=\text{某成本库分配率}\times\text{成本动因数量}$$

(6) 计算产品成本。作业成本计算的目标最终要计算出产品的成本。直接成本可单独作为一个作业成本库处理。将产品分摊的制造费用，加上产品直接成本，作为产品成本。

$$\text{某产品成本}=\sum\text{成本动因成本}+\text{直接成本}$$

作业成本法产生的基础，以及它的促进成本分配的精确化、所能提供成本信息的决策相关性、提供有意义的非财务信息、拓展成本服务的范围等特点，表明与现代企业相适应的成本控制制度，应是建立在作业管理基础上的；它将形成产品的各项作业作为责任和控制中心，从成本发生的根源上展开分析，区分增值作业和非增值作业，建立最优的动态的增值标准，从财务和经营两个方面对作业业绩进行评价，不断改变作业方式，从而达到持续降低成本的目标。为此，作业成本法有较好的应用前景。在一般应用中，应先分析作业成本法应考虑的问题，为顺利实施准备充分的条件，坚持作业成本法与目标成本、改进成本、生命周期成本、限制理论等其他管理会计方法结合。在具体运用中，除了在制造业应用外，亦可在服务业上进行尝试。如作业成本法运用于银行业在国际金融界已有不少成功案例，它在银行业的应用有重要意义。作业成本法在银行应用可分为战略成本管理、产品成本核算、顾客水平盈利分析和日常成本管理等几个方面。

### 7.3.4 作业成本法的应用关键与前景

作业成本法没有固定的框架和统一的模式，不同的企业有不同的实施目的和核算体系，因此在多个行业的具体应用中，必须结合企业的实际开展。在中国“信息化带动工业化”的国家战略引导下，制造业企业应用作业成本法的空间十分巨大，但企业必须通过理论学习、模型设计等途径，获得成功实施作业成本管理的知识和经验。

总体看来，作业成本法是个性化的成本核算方法。在推行科学和流程管理的企业，一定要以客户和作业流程为中心来对工作任务进行管理，即开展作业成本管理。

中国企业应用作业成本法、开展作业成本管理的关键包括：

1. 获得企业高层的认同

企业领导者的认同是实施作业成本的前提。我国制造企业对作业成本的认同，与国际性企业的认同存在较大差距。这不仅与不同的经济体制有关，也与国内理论和实践中对作业成本的了解不足有关。只有获得企业领导者的支持，才能为在企业中推广作业成本法，进而开展作业成本管理创新条件。

2. 明确实施的责任主体

作业成本法属于管理会计范畴，同时牵涉到企业内部的各个部门。但中国制造业企业内部，大多没有管理会计这一职位或负责部门，其功能多是分散在财务、采购等多个部门中。如果作业成本的实施中没有一个具体的主管部门，就可能出现人人有责人人都不负责的情况。

3. 推动组织再造

作业成本从某种程度上说是全员实施的一项工程，因为作业成本必须清楚企业的运作过程，作业成本核算体系设计、基础数据收集以及改善行动都需要全员参与。另外实施作业成本法，成本在产品之间的重新分配和对作业进行核算，不可避免的导致对个人和组织的绩效的影响，受到影响的组织和个人可能会抵制作业成本的实施。因此推动组织再造是成功实施作业成本法的重点之一。

4. 开发和应用实施工具

作业成本的实施离不开软件的支持，国外已经有成熟的作业成本软件，但在国内，目前还没有出现成熟的软件工具，当前的一些应用作业成本法的企业多是利用自行开发的工具来支持。没有软件工具的支持，作业成本的运行与数据分析都是困难。尽快开发适合中国企业特色的作业成本软件，使得作业成本法的实施标准化、信息化，同时加快与企业现有信息系统的集成，是促进作业成本在制造、电信和IT等行业规模化实施的关键。

### 7.3.5 作业成本法的局限性

需要指出的是，作业成本法也有它一定的局限性。由于它提供的仍然是历史成本信息，所以要发挥决策作用必须要有附加条件。作业成本法虽然大大减少了现行方法在产品成本计算上的主观分配，但并未从根本上消除它们。也就是说，由于作业成本法的基础资料来自于现行的权责发生制，因此其计算结果必须受诸如折旧和开发等成本期末分配中任意性的影响。这样，作业成本法成本归集库归集成本的正确性和客观性就会受到影响。另外，就作业成本法最核心内容成本归集库和成本动因选择而言，作业成本法也无法做到尽善尽美。尽管作业成本法还存在如上一些问题，但绝不能说它对我们毫无借鉴之处。它不仅是一种先进的成本计算方法，同时也是实现成本计算与控制相结合的全面成本管理制度。正如某些学者所说的：由于作业成本法独具的特点，我们完全可以在成本管理的其他方面采用，尤其是成本控制方面，可以用作业成本法来达到控制和节约成本的目的。

### 7.3.6 利用作业分析寻找降低成本的途径

1. 作业链与价值流

作业成本法潜在的企业观是将企业看做是为了满足客户需求而设计的一系列有密切联系的能够创造价值增值或非价值增值的活动的集合。这些作业间以各种方式相互联系形成作业链。

客户购买产品或服务时只承认使其需求得到满足所必需的作业，即能够增加他们所购买产品或服务的有用性的作业，多余作业的价值客户不会补偿。因此对企业而言，满足客户需求所必需的作业是创造价值的作业，而不创造价值的作业只能消耗企业资源，不仅不会带来利润，反而会增加企业成本。

2. 寻找不增加价值的作业

当把企业的经营过程看做是一系列作业时，企业可以通过发现并减少不能增值的作业，使成本降低、利润增加。企业寻找不增加价值作业的步骤是：

(1) 调查并判断产品的哪些属性是顾客认为重要的；

(2) 辨别企业中导致资源消耗的各种作业；

(3) 找出不增加价值的作业并分析其产生的原因。

3. 分析可能降低的成本金额

不能增值的作业是企业应该努力减少的作业，通过作业成本法计算出各作业的成本后，企业可以看到降低成本的潜力和效益大小。

## 本章小结

成本费用分析主要包括产品成本分析、期间费用分析、作业成本法下的成本费用分析三部分内容。

产品成本分析是加强成本管理的重要环节。产品成本分析的主要方法有对比分析法、比率分析法和因素分析法。产品成本差异按照成本项目可以分为直接材料成本差异、直接人工成本差异和制造费用差异。产品成本差异分析是产品成本分析的重要内容。

对期间费用的分析应该结合各部分费用的具体内容，进行科学的计算与控制。通过对质量成本的分析，可以了解企业用在保证与提高产品质量上的费用情况，反映开展质量管理活动的工作效果，是期间费用分析的重要组成部分。

利用作业成本法，企业可以重新分析企业成本费用分配的合理性，并找出节约成本的途径。

## 关键术语

产品成本分析　直接材料成本差异　直接人工成本差异　制造费用差异　期间费用分析　销售费用　管理费用　财务费用　质量成本　质量成本分析　作业成本法

## 思考与练习

一、 单项选择题

1. 成本管理中的成本分析主要指的是(　　)。

A. 事前的成本分析　　B. 事中的成本分析
C. 事后的成本分析　　D. 成本的总括分析

2. 下列不属于成本分析的基本方法的是(　　)。

A. 对比分析法　　B. 产量分析法
C. 因素分析法　　D. 相关分析法

3. 根据实际成本指标与不同时期的指标对比来揭示差异，分析差异产生原因的方法称为(　　)。

A. 因素分析法　　B. 差量分析法
C. 对比分析法　　D. 相关分析法

4. 对本企业各个时期的成本指标进行对比，观察各个不同时期成本升降的规律的分析称为(　　)。

A. 专业分析　　B. 全面分析
C. 纵向分析　　D. 横向分析

5. 用本企业与国内外同行业之间的成本指标进行对比分析，称为(　　)。

A. 全面分析　　B. 重点分析
C. 纵向分析　　D. 横向分析

6. 影响某项成本指标高低的因素有 4 个，采用因素分析法时需要计算的替代指标数量是(　　)。

A. 2 个　　B. 3 个　　C. 4 个　　D. 5 个

7. 企业在进行成本分析时计算成本利润率指标，所采用的分析方法是(　　)。
A. 对比分析法
B. 重点分析法
C. 因素分析法
D. 相关分析法
8. 在进行全部商品产品成本分析时，计算成本降低率时，是用成本降低额除以(　　)。
A. 按计划产量计算的计划总成本
B. 按计划产量计算的实际总成本
C. 按实际产量计算的计划总成本
D. 按实际产量计算的实际总成本
9. 在进行可比产品成本降低任务完成情况分析时，产品品种构成的变动(　　)。
A. 只影响成本降低额，不影响成本降低率
B. 只影响成本降低率，不影响成本降低额
C. 既影响成本降低额，也影响成本降低率
D. 既不影响成本降低额，也不影响成本降低率

二、 多项选择题

1. 成本分析一般包括(　　)。
A. 成本的事前分析
B. 成本的事中分析
C. 成本的事后分析
D. 成本的一般分析
E. 成本的总括分析
2. 成本分析的原则包括(　　)。
A. 全面分析与重点分析相结合
B. 专业分析与群众分析相结合
C. 纵向分析与横向分析相结合
D. 事后分析与事前、事中分析相结合
E. 简单分析和复杂分析相结合
3. 影响成本高低的因素很多，归纳起来主要有(　　)。
A. 固有因素
B. 宏观因素
C. 企业因素
D. 微观因素
E. 社会因素
4. 在实际工作中，通常采用的成本分析方法主要有(　　)。
A. 对比分析法
B. 交互分析法
C. 约当产量分析法
D. 因素分析法
E. 相关分析法
5. 采用对比分析法时，可采取的形式有(　　)。
A. 绝对数对比
B. 相对数对比
C. 定额与实际对比
D. 定额与标准对比
E. 增减差额对比
6. 采用因素分析法进行成本分析时，确定各因素替代顺序时下列说法正确的是(　　)。
A. 先替代数量指标，后替代质量指标
B. 先替代质量指标，后替代数量指标
C. 先替代实物量指标，后替代货币量指标
D. 先替代货币量指标，后替代实物量指标
E. 先替代主要指标，后替代次要指标

7. 在进行全部商品产品成本计划完成情况分析时，需要计算的指标有(　　)。

A. 全部商品产品成本降低额　　B. 全部商品产品成本降低率

C. 可比产品成本降低额　　D. 可比产品成本降低率

E. 不可比产品成本降低额

8. 在进行可比产品成本分析时，需要计算的各项指标包括(　　)。

A. 可比产品成本实际降低额　　B. 可比产品成本实际降低率

C. 可比产品成本计划降低额　　D. 可比产品成本计划降低率

E. 可比产品成本上年度降低额和降低率

9. 影响可比产品成本降低任务完成情况的因素主要有(　　)。

A. 产品单位成本　　B. 产品单位利润

C. 产品单位税金　　D. 产品品种构成

E. 产品产量

10. 在进行可比产品成本降低任务完成情况分析时，对于产品单位成本的变动，下列说法正确的有(　　)。

A. 产品单位成本的变动影响成本降低额

B. 产品单位成本的变动影响成本降低率

C. 产品单位成本的变动不影响成本降低额

D. 产品单位成本的变动不影响成本降低率

E. 产品单位成本的变动既不影响成本降低额，也不影响成本降低率

11. 在计算可比产品成本计划降低额时，需要计算的指标有(　　)。

A. 实际产量按上年实际单位成本计算的总成本

B. 实际产量按本年实际单位成本计算的总成本

C. 计划产量按上年实际单位成本计算的总成本

D. 计划产量按本年计划单位成本计算的总成本

E. 实际产量按本年计划单位成本计算的总成本

12. 进行产品单位成本分析时，计算材料配比变动对单位成本的影响时，需要使用的指标有(　　)。

A. 实际配比的材料平均实际单价　　B. 实际配比的材料平均计划单价

C. 计划配比的材料平均实际单价　　D. 计划配比的材料平均计划单价

E. 单位产品材料实际总耗用量

13. 在进行产品单位成本分析时，计算材料消耗总量变动对单位成本的影响时，需要使用的指标有(　　)。

A. 单位产品材料实际耗用总量　　B. 单位产品材料计划耗用总量

C. 计划配比的材料平均计划单价　　D. 实际配比的材料平均计划单价

E. 实际配比的材料平均实际单价

三、判断题

1. 影响成本分析的因素很多，国家对整个国民经济活动所作出的各种安排对企业成本的影响称为固有因素。(　　)

2. 在分析某个指标时，将与该指标相关但又不同的指标加以对比，分析其相互关系的方法称为对比分析法。(　　)

3. 采用因素分析法进行成本分析时，各因素变动对经济指标影响程度的数额相加，应与该项经济指标实际数与基数的差额相等。(　　)

4. 在进行全部商品产品成本分析时，需要计算成本降低率，该项指标是用成本降低额除以实际产量

的实际总成本计算的。（ ）

5. 在进行可比产品成本降低任务完成情况的分析时，由于产品产量因素的变动，只影响成本降低额，不影响成本降低率。（ ）

6. 可比产品成本实际降低额是用实际产量的按上年实际单位成本计算的总成本与实际产量按本年实际单位成本计算的总成本计算的。（ ）

四、简答题

1. 成本分析主要包括哪些方法？

2. 价格差异与用量差异有何区别？

3. 如何进行质量成本分析？

4. 价格差异是否可以作为考核的指标？

5. 如何理解成本差异分析得出的有利差异和不利差异？

## 实际操作训练

1. 某公司主要生产A产品，准备采用标准成本核算成本，并选择了以下标准：

| | |
|---|---|
| 直接材料 | 21.90 元 |
| 直接人工 | 16.50 元 |
| 变动费用 | 4.20 元 |
| 变动成本 | 42.60 元 |

该公司采用变动成本法核算产品成本，在产品成本中，不包括固定制造费用。A产品标准售价48元/件，成本细分情况如下：

| | |
|---|---|
| 变动销售成本(标准成本) | 506 869 元 |
| 期初库存(标准成本) | 20 572 元 |
| 期末库存(标准成本) | 19 200 元 |
| 直接材料用量差异(有利) | 1 200 元 |
| 生产用直接材料(实际) | 260 289 元 |
| 直接人工(实际) | 201 000 元 |
| 人工效率差异(不利) | 11 000 元 |
| 实际变动制造费用 | 48 270 元 |

要求：计算分析实际成本与标准成本的差异原因。

2. 某企业本年度各种产品计划成本和实际成本资料见表7-2。

表7-2 成本对比分析表

| 项目 | 本年计划成本 | 本年实际成本 | 成本差异额 | 成本差异率 |
|---|---|---|---|---|
| A产品 | 1 000 000 | 980 000 | | |
| B产品 | 2 500 000 | 2 600 000 | | |
| C产品 | 3 800 000 | 4 000 000 | | |
| 合计 | | | | |

要求：根据上述资料，采用对比分析法，分析各种产品的成本差额额和成本差异率，并将计算结果

填入上表中。

3. 某企业生产A产品，本月份产量及其他有关材料费用的资料见表7-3。

表7-3 产量及其他有关资料

| 项目 | 计划数 | 实际数 |
| --- | --- | --- |
| 产品产量(件) | 200 | 220 |
| 单位产品材料消耗量(千克) | 30 | 28 |
| 材料单价(元) | 500 | 480 |
| 材料费用 | | |

要求：根据上述资料，采用因素分析法分析各种因素变动对材料费用的影响程度。

4. 某企业本年度生产5种产品，有关产品产量及单位成本资料见表7-4。

表7-4 有关产品产量及单位成本资料

| 产品类别 | | 实际产量(件) | 计划单位成本(元) | 实际单位成本(元) |
| --- | --- | --- | --- | --- |
| 可比产品 | A产品 | 200 | 150 | 162 |
| | B产品 | 300 | 200 | 180 |
| | C产品 | 800 | 1 200 | 1 150 |
| 不可比产品 | D产品 | 260 | 380 | 400 |
| | E产品 | 400 | 760 | 750 |

要求：根据上述资料，按产品类别计算企业全部商品产品成本计划的完成情况，并将计算结果填入表7-5。

表7-5 全部商品产品成本计划完成情况分析表

| 产品名称 | | 总成本(元) | | 差异 | |
| --- | --- | --- | --- | --- | --- |
| | | 按计划计算 | 按实际计算 | 降低额(元) | 降低率 |
| 可比产品 | A产品 | | | | |
| | B产品 | | | | |
| | C产品 | | | | |
| | 小计 | | | | |
| 不可比产品 | D产品 | | | | |
| | E产品 | | | | |
| | 小计 | | | | |
| 合计 | | | | | |

5. 兴隆公司本年度生产A、B、C、D 4种产品，有关资料见表7-6。

表 7-6 产品产量及单位成本资料

| 产品名称 | 产量(件) | | 单位成本(元) | | |
|---|---|---|---|---|---|
| | 计划 | 实际 | 上年实际 | 本年计划 | 本年实际 |
| A产品 | 2 000 | 2 300 | 1 000 | 980 | 990 |
| B产品 | 1 000 | 900 | 1 500 | 1 600 | 1 480 |
| C产品 | 5 600 | 6 000 | 3 000 | 2 900 | 2 800 |
| D产品 | 7 000 | 6 900 | 5 900 | 5 800 | 5 500 |

要求：根据上述资料对可比产品成本降低任务完成情况进行分析。并将计算结果填入表 7-7～表7-9。

表 7-7 可比产品成本计划降低任务

| 可比产品 | 计划产量 | 单位成本 | | 总成本 | | 降低任务 | |
|---|---|---|---|---|---|---|---|
| | | 上年 | 计划 | 上年 | 计划 | 降低额 | 降低率 |
| A产品 | | | | | | | |
| B产品 | | | | | | | |
| C产品 | | | | | | | |
| D产品 | | | | | | | |
| 合　计 | | | | | | | |

表 7-8 可比产品成本实际完成情况

| 可比产品 | 实际产量 | 单位成本 | | | 总成本 | | | 完成情况 | |
|---|---|---|---|---|---|---|---|---|---|
| | | 上年 | 计划 | 实际 | 上年 | 计划 | 实际 | 降低额 | 降低率 |
| A产品 | | | | | | | | | |
| B产品 | | | | | | | | | |
| C产品 | | | | | | | | | |
| D产品 | | | | | | | | | |
| 合　计 | | | | | | | | | |

表 7-9 可比产品成本降低任务完成情况分析表

| 影响因素 | | | | 计算方法 | |
|---|---|---|---|---|---|
| 顺序 | 产量 | 品种构成 | 单位成本 | 降低额 | 降低率 |
| (1) | 计划 | 计划 | 计划 | | |
| (2) | 实际 | 计划 | 计划 | | |
| (3) | 实际 | 实际 | 计划 | | |
| (4) | 实际 | 实际 | 实际 | | |

续表

| 影响因素 | | | | 计算方法 | |
|---|---|---|---|---|---|
| 顺序 | 产量 | 品种构成 | 单位成本 | 降低额 | 降低率 |
| 各因素的影响：<br>产量因素的影响<br>品种构成因素影响<br>单位成本因素影响 | | | | | |
| 合　计 | | | | | |

6. 某企业生产甲产品，材料项目的有关资料见表 7-10。

**表 7-10　甲产品材料项目的有关资料**

| 材料名称 | 单位耗用量 | | 材料单价(元) | | 材料成本(元) | | 差　异 |
|---|---|---|---|---|---|---|---|
| | 计　划 | 实　际 | 计　划 | 实　际 | 计　划 | 实　际 | |
| A材料 | 100 | 95 | 10 | 8 | 1 000 | 760 | −240 |
| B材料 | 200 | 210 | 20 | 22 | 4 000 | 4 620 | 620 |
| C材料 | 500 | 490 | 8 | 7 | 4 000 | 3 430 | −570 |
| 合　计 | — | — | — | — | 9 000 | 8 810 | −190 |

要求：根据上述资料，计算材料耗用量和材料价格变动对材料费用的影响。

7. 某企业生产 A 产品，材料项目的有关资料见表 7-11。

**表 7-11　A 产品材料项目的有关资料**

| 材料名称 | 计　划 | | | | 实　际 | | | | 差异(元) |
|---|---|---|---|---|---|---|---|---|---|
| | 耗用量(千克) | 配比 | 单价(元) | 成本(元) | 耗用量(千克) | 配比 | 单价(元) | 成本(元) | |
| 甲 | 100 | 33% | 10 | 1 000 | 110 | 36% | 10 | 1 100 | 100 |
| 乙 | 80 | 27% | 8 | 640 | 100 | 32% | 9 | 900 | 260 |
| 丙 | 90 | 30% | 9 | 810 | 80 | 26% | 7 | 560 | −250 |
| 丁 | 30 | 10% | 50 | 1 500 | 20 | 6% | 60 | 1 200 | −300 |
| 合计 | 300 | 100% | — | 3 950 | 310 | 100% | — | 3 760 | −190 |

要求：根据上述资料，分析单位产品材料耗用总量、材料配比和材料价格变动对单位成本的影响程度。

8. 某企业生产多种产品，其中甲产品的有关资料见表 7-12。

**表 7-12　工时及工资资料**

| 项　目 | 单　位 | 计　划 | 实　际 | 差　异 |
|---|---|---|---|---|
| 小时工资率 | | 4 | 4.5 | |
| 单位产品工时 | 小时 | 100 | 95 | |
| 单位产品工资 | 元 | 400 | 427.50 | +27.50 |

要求：根据上述资料，采用因素分析法，分析各因素变动对单位产品成本中工资费用的影响。

9. 某企业生产多种产品，其中甲产品有关资料如下表7-13。

表7-13　工时及制造费用资料

| 项　目 | 单　位 | 计　划 | 实　际 | 差　异 |
|---|---|---|---|---|
| 单位产品工时 | 小时 | 500 | 510 | |
| 制造费用分配率 | | 8 | 7.2 | |
| 单位产品制造费用 | 元 | 4 000 | 3 672 | −328 |

要求：根据上述资料，采用因素分析法，分析各种因素变动对单位成本中制造费用的影响。

# 第8章 风险与信用分析

## 教学目标

通过本章的学习，应该掌握经营杠杆分析、筹资组合风险分析、财务杠杆分析、项目和证券投资风险分析、商业信用政策分析。

## 教学要求

| 知识要点 | 能力要求 | 相关知识 |
|---|---|---|
| 风险的概念及衡量 | 了解风险的含义<br>掌握风险衡量的方法 | 风险<br>风险衡量 |
| 经营风险分析 | 了解经营风险及影响因素<br>掌握经营杠杆分析 | 经营风险<br>经营杠杆分析 |
| 财务风险分析 | 了解财务风险及影响因素<br>掌握财务杠杆分析 | 财务风险<br>财务杠杆分析 |
| 投资风险分析 | 了解投资风险及影响因素<br>掌握项目投资风险分析<br>掌握证券投资风险分析 | 投资风险及影响因素<br>项目投资风险分析<br>证券投资风险分析 |
| 财务信用分析 | 了解商业信用的含义<br>掌握债券信用分析与评级 | 商业信用<br>债券信用分析与评级 |

**导入案例**

## 光明乳业经营风险分析

光明乳业股份有限公司是由国资、外资和民营资本组成的产权多元化的股份制上市公司，主要从事乳和乳制品的开发、生产和销售，奶牛和公牛的饲养、培育，物流配送，营养保健食品的开发、生产和销售。公司拥有世界一流的乳品研发中心、乳品加工设备以及先进的乳品加工工艺，形成了消毒奶、保鲜奶、酸奶、超高温灭菌奶、奶粉、黄油干酪、果汁饮品等系列产品，是国内最大规模的乳制品生产、销售企业之一。

在现阶段的中国，乳制品行业面临着这样一个现状：行业的进入者越来越多，竞争越来越激烈，但是人均消费量却依然很低。乳制品制造业可以说是一个存在着高风险的行业，一方面，我国的国民状况表明：奶制品尤其是牛奶的消费还和世界发达国家消费水平相差很多，这就导致行业收入不足；另一方面，由于奶源以及运输的因素，乳制品企业加大了成本的投入，致使盈利不足，企业面临风险。

在对企业进行行业风险分析的时候，首先要对整个行业在国民经济体系中的地位作一分析，行业风险对单个企业的风险起着风向标的作用。简单来说，从一个行业所处的行业环境可以大致推断出企业的风险可能落在哪一个部分，也可以大致猜测风险范围的广度。但是，正如这样一句话，每一片树叶都是不同的，每一个行业也不能一概而论。在进行行业风险分析的时候，不能单凭整个行业的风险就推算出个别企业的风险状况。例如，某个行业被列为高风险行业，但是其中某个企业经营有方，理智投资，采取科学的管理方法，降低企业的风险，那么这个企业就不能作为高风险企业。

乳制品制造业是一个特殊的行业，在供、产、销方面有其很多的特殊性。

第一，奶源问题。随着乳制品制造业的发展，行业进入者越来越多，竞争也接近于白热化，各个企业为了奶源纷纷进行“圈地运动”。即便如此，我国还有相当大一部分乳制品企业采取小规模分散饲养奶牛的模式，这样完全不能适应大规模现代化的乳制品加工。有资料表明，我国原奶的增长远远不能满足鲜奶的市场需求，如果两者长期过于脱节的话，将极有可能出现机器闲置、产品质量不高的情况。据调查，包括光明在内的中国乳制品制造企业与奶牛饲养者之间的关系基本上是一种合同买卖关系，双方是两个相对独立的经济利益体，这就导致了原料奶的质量认定不一致的纠纷，各有各的标准，缺乏客观的定价机制。

第二，消费不足问题。我国液态奶的人均消费量与世界平均水平还有很大差距，很多人没有消费乳制品的习惯，还有很大一部分人由于经济条件制约消费不起。虽然乳制品企业的数量发展迅速，但是可以称得上具有规模的乳制品消费市场还远远没有形成。由于消费市场不成规模，光明乳业旗下的郑州光明山盟乳业有限公司曾经在2005年爆发了还原奶事件，这导致光明乳品的销售量在全国各地急剧下滑，纷纷被挤出当地前三的地位。虽然“回奶事件”的矛头指向的是光明乳业一家企业，但是在这个行业中到底还有多少家企业有相似的生产状况不得而知，而乳制品的消费不足的确是导致这一现象产生的原因之一。

第三，行业质量风险问题。一方面，乳品的生产必定依赖于奶牛的产奶质量，而奶牛也会发生疫病问题，这一因素也会对企业产生负面影响。如果一家乳制品企业不能对疫病进行控制，那么将会对企业的生产经营带来巨大的风险。另一方面，奶制品作为食品的一种，是直接被消费者食用和吸收的，与消费者的健康休戚相关。一旦在这个环节出现问题，从小处来说，企业的生产受到影响；从大环境来考虑，行业的信誉也会受到冲击。

第四，依赖冷链销售端的市场风险。乳品行业相对于其他食品行业来说是一个比较特殊的行业，乳制品的流通渠道需要具备低温冷链物流销售条件。而冷链产品的销售终端又依赖于社会现代零售业态，但是社会现代零售业态在全国发展很不平衡，所以给公司产品的市场拓展和深度分销带来困难。对于光明乳业来说，公司冷链产品的主要市场为上海、江苏、浙江、安徽、江西、广州、北京、武汉、西安等城市和地区。而公司拓展的新市场受冷藏条件的制约，发展很不平衡，公司应该考虑通过合理布局生产基地建设，适度投放冷柜，提高运输质量，弥补新市场冷藏条件不足的情况，来避免风险的进一步扩大。

从这几点可以看出，乳制品业确是一个高风险存在的行业，也是一个产业链相当脆弱的行业。在供、产、销等任何一个环节出现差错，都将导致严重的后果。在竞争日趋激烈的今天，如何保持市场份额以及获取利润增长将是一个比较严峻的现实问题。

## 8.1 风险的概念及其衡量

### 8.1.1 风险的概念

风险是指在某一特定环境下，在某一特定时间段内，某种损失发生的可能性。风险由风险因素、风险事故和风险损失等要素组成。换句话说，在某一个特定时间段里，人们所期望达到的目标与实际出现的结果之间产生的距离就是风险。

风险有两种定义：一种定义强调了风险表现为不确定性；而另一种定义则强调风险表现为损失的不确定性。

若风险表现为不确定性，说明风险产生的结果可能带来损失、获利或是无损失也无获利，属于广义风险，金融风险属于此类。而风险表现为损失的不确定性，说明风险只能表现出损失，没有从风险中获利的可能性，属于狭义风险。

“风险”一词的由来，最为普遍的一种说法是，在远古时期，以打鱼捕捞为生的渔民们，每次出海前都要祈祷，祈求神灵保佑自己能够平安归来，其中主要的祈祷内容就是让神灵保佑自己在出海时能够风平浪静、满载而归；他们在长期的捕捞实践中，深深体会到“风”给他们带来的无法预测无法确定的危险，他们认识到，在出海捕捞打鱼的生活中，“风”即意味着“险”，因此有了“风险”一词的由来。

而另一种据说经过多位学者论证的“风险”一词的“源出说”称，风险(risk)一词是舶来品，有人认为来自阿拉伯语、有人认为来源于西班牙语或拉丁语，但比较权威的说法是来源于意大利语的“RISQUE”一词。在早期的运用中，也是被理解为客观的危险，体现为自然现象或者航海遇到礁石、风暴等事件。大约到了19世纪，在英文的使用中，风险一词常常用法文拼写，主要是用于与保险有关的事情上。

现代意义上的风险一词，已经大大超越了“遇到危险”的狭义含义，而是“遇到破坏或损失的机会或危险”，可以说，经过两百多年的演绎，风险一词越来越被概念化，并随着人类活动的复杂性和深刻性而逐步深化，并被赋予了从哲学、经济学、社会学、统计学甚至文化艺术领域的更广泛更深层次的含义，且与人类的决策和行为后果联系越来越紧密，风险一词也成为人们生活中出现频率很高的词汇。

无论如何定义风险一词的由来，但其基本的核心含义是“未来结果的不确定性或损失”，也有人进一步定义为“个人和群体在未来遇到伤害的可能性以及对这种可能性的判断与认知”。如果采取适当的措施使破坏或损失的概率不会出现，或者说智慧的认知，理性的判断，继而采取及时而有效的防范措施，那么风险可能带来机会，由此进一步延伸的意义，不仅仅是规避了风险，可能还会带来比例不等的收益，有时风险越大，回报越高、机会越大。

因此，如何判断风险、选择风险、规避风险继而运用风险，在风险中寻求机会创造收益，意义更加深远而重大。

风险概念综述几种代表性观点。

目前，学术界对风险的内涵还没有统一的定义，由于对风险的理解和认识程度不同，或对风险的研究的角度不同，不同的学者对风险概念有着不同的解释。

风险可以归纳为以下几种代表性观点。

1. 风险是事件未来可能结果发生的不确定性

A. H. Mowbray(1995)称风险为不确定性；C. A. Williams(1985)将风险定义为在给定的条件和某一特定的时期，未来结果的变动；March & Shapira 认为风险是事物可能结果的不确定性，可由收益分布的方差测度；Brnmiley 认为风险是公司收入流的不确定性；Markowitz 和 Sharp 等将证券投资的风险定义为该证券资产的各种可能收益率的变动程度，并用收益率的方差来度量证券投资的风险，通过量化风险的概念改变了投资大众对风险的认识。由于方差计算的方便性，风险的这种定义在实际中得到了广泛的应用。

2. 风险是损失发生的不确定性

J. S. Rosenb(1972)将风险定义为损失的不确定性，F. G. Crane(1984)认为风险意味着未来损失的不确定性。Ruefli 等将风险定义为不利事件或事件集发生的机会，并将这种观点又分为主观学说和客观学说两类。主观学说认为不确定性是主观的、个人的和心理上的一种观念，是个人对客观事物的主观估计，而不能以客观的尺度予以衡量，不确定性的范围包括发生与否的不确定性、发生时间的不确定性、发生状况的不确定性以及发生结果严重程度的不确定性。客观学说则是以风险客观存在为前提，以风险事故观察为基础，以数学和统计学观点加以定义，认为风险可用客观的尺度来度量。例如，佩费尔将风险定义为风险是可测度的客观概率的大小；F. H. 奈特认为风险是可测定的不确定性。

3. 风险是指可能发生损失的损害程度的大小

段开龄(2000)认为，风险可以引申定义为预期损失的不利偏差，这里的所谓不利是指对保险公司或被保险企业而言的。例如，若实际损失率大于预期损失率，则此正偏差对保险公司而言即为不利偏差，也就是保险公司所面临的风险(胡宜达等，2001)。Markowitz 在别人质疑的基础上，排除可能收益率高于期望收益率的情况，提出了下方风险(down-side risk)的概念，即实现的收益率低于期望收益率的风险，并用半方差(sernivaviance)来计量下方风险(周刚等译，1999)。

4. 风险是指损失的大小和发生的可能性

朱淑珍(2002)在总结各种风险描述的基础上，把风险定义为：风险是指在一定条件下和一定时期内，由于各种结果发生的不确定性而导致行为主体遭受损失的大小以及这种损失发生可能性的大小，风险是一个二维概念，风险以损失发生的大小与损失发生的概率两个指标进行衡量。王明涛(2003)在总结各种风险描述的基础上，把风险定义为：所谓风险是指在决策过程中，由于各种不确定性因素的作用，决策方案在一定时间内出现不利结果的可能性以及可能损失的程度。它包括损失的概率、可能损失的数量以及损失的易变性三方面内容，其中可能损失的程度处于最重要的位置。

5. 风险是由风险构成要素相互作用的结果

风险因素、风险事件和风险结果是风险的基本构成要素，风险因素是风险形成的必要条件，是风险产生和存在的前提。风险事件是外界环境变量发生预料未及的变动从而导致风险结果的事件，它是风险存在的充分条件，在整个风险中占据核心地位。风险事件是连接风险因素与风险结果的桥梁，是风险由可能性转化为现实性的媒介。根据风险的形成机理，郭晓亭、蒲勇健(2002)等将风险定义为：风险是在一定时间内，以相应的风险因素为必要条件，以相应的风险事件为充分条件，有关行为主体承受相应的风险结果的可能性。叶青、易丹辉(2000)认为，风险的内涵在于它是在一定时间内，由风险因素、风险事故和风险结果递进联系而呈现的可能性。

6. 利用对波动的标准统计测度方法定义风险

1993 年发表的 30 国集团的《衍生证券的实践与原则》报告中，对已知的头寸或组合的市场风险定义为：经过某一时间间隔，具有一定工信区间的最大可能损失，并将这种方法命名为 Value at Risk，简称 VaR 法，且竭力推荐各国银行使用这种方法；1996 年国际清算银行在《巴塞尔协议修正案》中也已允许各国银行使用自己内部的风险估值模型去设立对付市场风险的资本金；1997 年 P. Jorion 在研究金融风险时，利用“在正常的市场环境下，给定一定的时间区间和置信度水平，预期最大损失(或最坏情况下的损失)”的测度方法来定义和度量金融风险，也将这种方法简称为 VaR 法(P. Jorion，1997)。

7. 利用不确定性的随机性特征来定义风险

风险的不确定性包括模糊性与随机性两类。模糊性的不确定性，主要取决于风险本身所固有的模糊属性，要采用模糊数学的方法来刻画与研究；而随机性的不确定性，主要是由于风险外部的多因性(即各种随机因素的影响)造成的必然反映，要采用概率论与数理统计的方法来刻画与研究。

根据不确定性的随机性特征，为了衡量某一风险单位的相对风险程度，胡宜达、沈厚才等提出了风险度的概念，即在特定的客观条件下、特定的时间内，实际损失与预测损失之间的均方误差与预测损失的数学期望之比。它表示风险损失的相对变异程度(即不可预测程度)的一个无量纲(或以百分比表示)的量。

### 8.1.2 风险的衡量

风险衡量也称风险估测，是在识别风险的基础上对风险进行定量分析和描述，即在对过去损失资料分析的基础上，运用概率和数理统计的方法对风险事故的发生概率和风险事故发生后可能造成的损失的严重程度进行定量的分析和预测。

通过风险衡量，计算出较为准确的损失概率，可以使风险管理者在一定程度上消除损失的不确定性。对损失幅度的预测，可以使风险管理者了解风险所带来的损失后果，进而集中力量处理损失后果严重的风险，对企业影响小的风险则不必过多投入，如可以采用自留的方法处理。

在风险识别的基础上，通过对所收集的资料进行分析，运用定性与定量的方法，估计和预测风险发生的概率和损失程度的过程。

风险衡量所要解决的两个问题是损失概率和损失严重程度，其最终目的是为风险决策提供信息。风险衡量所提供的主要信息有：

(1) 每一风险所引起的致损事故发生的概率和损失分布。

(2) 几种风险对同一单位所致损失的概率和损失分布。

(3) 单一风险单位的损失幅度，并在此基础上，进一步估测整个经济单位发生致损事故的概率和总损失分布，以及某一时期内的总损失金额。

(4) 所有风险单位损失的期望值和标准差等。

### 8.1.3 与风险衡量相关的概念

衡量风险程度的大小必然与以下几个概念相联系：随机变量、概率、期望值、平方差、标准差、标准离差率。

1. 随机变量与概率

随机变量($X_i$)是指经济活动中，某一事件在相同的条件下可能发生也可能不发生的事件。

概率($P_i$)是用来表示随机事件发生可能性大小的数值。

通常，把必然发生的事件的概率定为1，把不可能发生的事件的概率定为0，而一般随机事件的概率是介于0与1之间的。概率越大表示该事件发生的可能性越大。

2. 期望值

期望值($\overline{E}$)是指随机变量以其相应概率为权数计算的加权平均值。计算公式如下：

$$\overline{E}=\sum_{i=1}^{n}X_iP_i$$

3. 平方差与标准差

平方差即方差($\sigma^2$)和标准差($\sigma$)都是反映不同风险条件下的随机变量和期望值之间离散程度的指标。平方差和标准离差越大，风险也越大。实务中，常常以标准差从绝对量的角度来衡量风险的大小。

平方差和标准差的计算公式如下：

$$\sigma^2=(X_i-\overline{E})^2P_i$$

$$\sigma=\sqrt{\sigma^2}=\sqrt{(X_i-\overline{E})^2P_i}$$

4. 标准离差率

标准差只能从绝对量的角度衡量风险的大小，但不能用于比较不同方案的风险程度，在这种情况下，可以通过标准离差率进行衡量。

标准离差率($q$)是指标准差与期望值的比率。计算公式如下：

$$q=\frac{\sigma}{E}\times100\%$$

### 8.1.4 风险衡量的计算步骤

(1) 根据给出的随机变量和相应的概率计算期望值。

(2) 计算标准差。

(3) 计算标准离差率(不同方案比较时)。

选择的总原则为：投资效益越高越好，风险程度越低越好。

选择的具体原则为：

(1) 两个投资方案的预期收益率基本相同，应选择标准离差率较低的那个方案；

(2) 两个投资方案的标准离差率基本相同，应选择预期收益率较高的那个方案；

(3) 甲方案的预期收益率高于乙方案，而其标准离差率低于乙方案，应当选择甲方案；

(4) 甲方案的预期收益率高于乙方案，而其标准离差率也高于乙方案，取决于投资者对风险的态度。

### 8.1.5 风险和报酬的关系

在投资报酬率相同的情况下，人们都会选择风险小的项目投资，结果竞争使其风险增加，报酬率下降。最终，高风险的项目必须有高报酬，否则就没有人投资；低报酬的项目必须低风险，否则也没有人投资。风险和报酬的这种关系是市场竞争的结果。

期望投资报酬率＝无风险报酬率＋风险报酬率

风险报酬率＝风险报酬斜率×风险程度

其中：风险程度用标准差或变异系数等计量。

风险报酬斜率取决于全体投资者的风险回避态度，可以通过统计方法来测定。如果大家都愿意冒险，斜率就小，风险溢价不大；反之，斜率就大，风险附加率就比较大。

风险控制的主要方法是多种经营和多种筹资。现代企业大多采用多种经营的方针，多种经营(其利润率和风险是独立的或不完全相关)，它们的景气程度不同，盈亏可以相互补充，减少风险。

企业通过筹资，把投资的风险(也包括报酬)不同程度地分散给股东、债权人，甚至供应商、工人和政府。就整个社会来说，风险是肯定存在的，问题只是由谁来承担及各承担多少。如果大家都要风险小，都不肯承担风险，高风险的项目就没人做，则社会发展就会慢下来。金融市场之所以能存在，就是它吸收社会资金投放给需要资金的企业，通过它分散风险，分配利润。

## 8.2 经营风险分析

### 8.2.1 经营风险的含义

经营风险亦称营业风险，就广义而言，是指企业固有的，由于与经营有关的因素而导致的未来收益的不确定性，而狭义上往往指利用经营杠杆而导致EBIT(息税前利润)变动的风险。

### 8.2.2 经营风险的影响因素

1. 自然原因

自然灾害给人类的正常生产、生活带来严重影响，生命财产蒙受巨大损失。自然环境的各种变化是引发经营风险的直接原因之一。

另一方面，自然界的物体变化也是引发经营风险的间接原因，会对其产生明显的制约和影响，使生产经营活动不能按照正常的程序和方式进行。自然环境的变化给人们的生产生活设置障碍，并诱发种种通过人们的行为产生的风险事故，给生产经营活动带来损失和破坏。

2. 社会政治原因

全面战争是灾害性的经营风险。人们的矛盾爆发将会造成有损社会安定的各种风险；新的社会问题潜伏着不稳定因素，也是诱发经营风险的重要根源，国家政局、国家政策和法律法规方面的不确定性也是经营者风险的重要组成。

3. 经济原因

经济因素是经营者风险的内部、直接的成因。国家各种方针政策的制定及其变化，各种社会服务机构能否规范服务，导致经济前景的不确定性，从而使各经济实体在从事正常的经济活动时，蒙受经济损失。

企业这一系统中，人、财、物和供、产、销任一环节出现故障，都可能导致经营失败，造成损失。经营主体系统要与另外的经营主体系统进行对抗性竞争，成败取决于许多不确定因素，而这些因素或单独发生作用或交叉作用，都会给经营者带来或有损失，即为经营风险。

**阅读案例** 8－1

#### A公司“纸面赢利”为哪般?

A公司是一家国内有影响力的企业，几年前在全国范围内成功迅速扩张，培养了一批吞吐量大的大户，曾经被业内传为一段佳话。但有些大客户一旦羽翼丰满，却成了喂不饱又甩不掉的鹰，不断向企业伸手要支持，出现了客大欺主的状态，使A公司苦不堪言，成了“家”里难念的经，A公司一度在当地区域市场占据了1/3强。但随后两年时间一直都在1/3这个位次上徘徊。

当时业内采取的渠道模式是省级独家经销，再经分销后进入卖场销售。如果采取同样的渠道模式，A公司只能跟着别人的脚后跟走。A公司志在全国，显然不满意这种发展速度。于是想到了赊销。A公司决定对渠道先铺货，给各级渠道一个账期。在结算方式的吸引之下，渠道强力促销，A公司的全国网络逐步建立起来了，业绩增长大大超过了预期，而且年终一结算，净利润率达到15%左右。

但是，账面很好看，却没有看到白花花的银子。为什么呢？因为业务人员为了完成销售任务，不断向代理商压货，原以为存货越多压力就越大，就会积极地主推，谁知道代理商没有现金压力，只要仓库允许，压再多的货他们都接受。一个年销售额为900万元的代理商，仓库里积压300万元的产品不稀奇。

有这么大的库存和应收款，能看到赢利才怪呢！

4. 技术原因

科学技术的发展制造了许多的风险与损失，如核污染、核辐射、环境污染等，随着科学技术的深度发展，其所带来的不确定性和风险会有增无减。

5. 主观原因

风险与人的主观认识和能力有关，风险往往专欺认识和能力薄弱者，损失常常发生于薄弱环节。

### 8.2.3 经营杠杆

经营杠杆又称营业杠杆或营运杠杆，指在企业生产经营中由于存在固定成本而使利润变动率大于产销量变动率的规律。

根据成本性态，在一定产销量范围内，产销量的增加一般不会影响固定成本总额，但会使单位产品固定成本降低，从而提高单位产品利润，并使利润增长率大于产销量增长率；反之，产销量减少，会使单位产品固定成本升高，从而降低单位产品利润，并使利润下降率大于产销量的下降率。所以，产品只有在没有固定成本的条件下，才能使贡献毛益等于经营利润，使利润变动率与产销量变动率同步增减。但这种情况在现实中是不存在的。这样，由于存在固定成本而使利润变动率大于产销量变动率的规律，在管理会计和企业财务管理中就常根据计划期产销量变动率来预测计划期的经营利润。

为了对经营杠杆进行量化，企业财务管理和管理会计中把利润变动率相当于产销量(或销售收入)变动率的倍数称为“经营杠杆系数”、“经营杠杆率”。

经营杠杆系数，是指息税前利润变动率相当于产销业务量变动率的倍数。经营杠杆系数计算公式为

$$\text{经营杠杆系数}=\frac{\text{息税前利润变动率}}{\text{产销业务量变动率}}$$

经营杠杆系数的简化公式为：

$$\text{报告期经营杠杆系数}=\frac{\text{基期边际贡献}}{\text{基期息税前利润}}$$

在求得经营杠杆系数以后，假定固定成本不变，即可用下列公式预测计划期的经营利润。计划期的经营利润计算公式：

$$\text{计划期经营利润}=\text{基期经营利润}\times(1+\text{产销量变动率}\times\text{经营杠杆系数})$$

在某一固定成本比重的作用下，销售量变动对利润产生的作用，被称为经营杠杆。由于经营杠杆对经营风险的影响最为综合，因此常常被用来衡量经营风险的大小。经营杠杆的大小一般用经营杠杆系数表示。

经营杠杆的相关内容包括：

1. 营业杠杆利益

营业杠杆利益(Benefition Operating Leverage)是指在扩大销售额(营业额)的条件下，由于经营成本中固定成本相对降低，所带来增长程度更快的经营利润。在一定产销规模

内，由于固定成本并不随销售量(营业量)的增加而增加，反之，随着销售量(营业量)的增加，单位销量所负担的固定成本会相对减少，从而给企业带来额外的收益。

**阅读案例 8-2**

例：XYZ公司在营业总额为2 400万～3 000万元，固定成本总额为800万元，变动成本率为60%。公司2008—2010年的营业总额分别为2 400万元、2 600万元和3 000万元。现以下表测算其营业杠杆利益。

由表8-1可见，XYZ公司在营业总额为2 400万～3 000万元，固定成本总额每年都是800万元即保持不变，随着营业总额的增长，息税前利润以更快的速度增长。在本案例中，XYZ公司2009年与2008年相比，营业总额的增长率为8%，同期息税前利润的增长率为50%；2010年与2009年相比，营业总额的增长率为15%，同期息税前利润的增长率为67%。由此可知，由于XYZ公司有效地利用了营业杠杆，获得了较高的营业杠杆利益，即息税前利润的增长幅度高于营业总额的增长幅度。

**表8-1　XYZ公司营业杠杆利益测算表**

单位：万元

| 年份 | 营业额 | 营业额增长率 | 变动成本 | 固定成本 | 营业利润 | 利润增长率 |
|---|---|---|---|---|---|---|
| 2008 | 2 400 | | 1 440 | 800 | 160 | |
| 2009 | 2 600 | 8% | 1 560 | 800 | 240 | 50% |
| 2010 | 3 000 | 15% | 1 800 | 800 | 400 | 67% |

2. 营业风险

营业风险(Business Risk)也称经营风险，是指与企业经营相关的风险，尤其是指利用营业杠杆而导致息税前利润变动的风险。

影响营业风险的因素主要有：产品需求的变动、产品售价的变动、单位产品变动成本的变动、营业杠杆变动等。营业杠杆对营业风险的影响最为综合，企业欲取得营业杠杆利益，就需承担由此引起的营业风险，需要在营业杠杆利益与风险之间做出权衡。

**阅读案例 8-3**

例：假定XYZ公司2008—2010年的营业总额分别为3 000万元、2 600万元和2 400万元，每年的固定成本都是800万元，变动成本率为60%。下面以表8-2测算其营业风险。

**表8-2　XYZ公司营业风险测算表**

单位：万元

| 年份 | 营业额 | 营业额降低率 | 变动成本 | 固定成本 | 营业利润 | 利润降低率 |
|---|---|---|---|---|---|---|
| 2008 | 3 000 | | 1 800 | 800 | 400 | |
| 2009 | 2 600 | 13% | 1 560 | 800 | 240 | 40% |
| 2010 | 2 400 | 8% | 1 440 | 800 | 160 | 33% |

由上表的测算可见，XYZ公司在营业总额为2 400～3 000万元的范围内，固定成本总额每年都是

800 万元即保持不变，而随着营业总额的下降，息税前利润以更快的速度下降。例如，XYZ 公司 2009 年与 2008 年相比，营业总额的降低率为 13%，同期息税前利润的降低率为 40%；2010 年与 2009 年相比，营业总额的降低率为 8%，同期息税前利润的降低率为 33%。由此可知，由于 XYZ 公司没有有效地利用营业杠杆，从而导致了营业风险，即息税前利润的降低幅度高于营业总额的降低幅度。

3. 经营杠杆系数的计算

前已述及，经营杠杆系数，也称营业杠杆系数(degree of operating leverage，DOL)、营业杠杆程度，是息税前利润的变动率相当于销售额(营业额)变动率的倍数。它反映着营业杠杆的作用程度。为了反映营业杠杆的作用程度，估计营业杠杆利益的大小，评价营业风险的高低，需要测算营业杠杆系数。可用字母公式表示如下：

$$DOL=\frac{\Delta EBIT/EBIT}{\Delta S/S}$$

式中：$DOL$——营业杠杆系数；

$EBIT$——营业利润，即息税前利润；

$\Delta EBIT$——营业利润的变动额；

$S$——营业额；

$\Delta S$——营业额的变动额。

为了便于计算，可将上列公式变换如下：

∵
$$EBIT=Q(P-V)$$
$$\Delta EBIT=\Delta Q(P-V)$$

∴
$$DOL_{\xi}=\frac{S-C}{S-C-F}$$

式中：$Q$——销售数量；

$P$——销售单价；

$V$——单位销量的变动成本额；

$F$——固定成本总额；

$DOL_{\xi}$——按销售金额确定的营业杠杆系数。

$C$——变动成本总额，可按变动成本率乘以销售总额来确定。

**阅读案例 8-4**

例：XYZ 公司的产品销量 40 000 件，单位产品售价 1 000 元，销售总额 4 000 万元，固定成本总额为 800 万元，单位产品变动成本为 600 元，变动成本率为 60%，变动成本总额为 2 400 万元。其营业杠杆系数测算如下：

$$DOL_{\xi}=\frac{40\ 000\ 000-24\ 000\ 000}{40\ 000\ 000-24\ 000\ 000-8\ 000\ 000}=2\text{倍}$$

$$DOL_{Q}=\frac{40\ 000\times(1\ 000-600)}{40\ 000\times(1\ 000-600)-8\ 000\ 000}=2\text{倍}$$

式中：$DOL_Q$——按销售数量确定的营业杠杆系数。

在此例中营业杠杆系数为 2 的意义在于：当公司销售增长 1 倍时，息税前利润将增长 2 倍；反之，当公司销售下降 1 倍时，息税前利润将下降 2 倍。前种情形表现为营业杠杆利益，后一种情形则表现为营业风险。一般而言，公司的营业杠杆系数越大，营业杠杆利益和营业风险就越高；公司的营业杠杆系数越小，营业杠杆利益和营业风险就越低。

4. 经营杠杆系数应用

企业经营风险的大小常常使用经营杠杆来衡量，经营杠杆的大小一般用经营杠杆系数表示，它是企业计算利息和所得税之前的盈余变动率与销售额变动率之间的比率。

第一，它体现了利润变动和销量变动之间的变化关系；

第二，经营杠杆系数越大，经营杠杆作用和经营风险越大；

第三，固定成本不变，销售额越大，经营杠杆系数越小，经营风险越小，反之，则相反；

第四，当销售额达到盈亏临界点时，经营杠杆系数趋近于无穷大。

企业一般可通过增加销售额，降低单位变动成本和固定成本等措施来降低经营杠杆和经营风险。

5. 控制经营杠杆的途径

企业一般可以通过增加销售金额、降低产品单位变动成本、降低固定成本比重等措施使经营杠杆率下降，降低经营风险。

6. 经营杠杆的理解

一方面，从经营杠杆系数的计算公式可以看出来，单价和销售量增加，边际贡献就会增加，经营杠杆系数＝边际贡献/(边际贡献－固定成本)，因为分母还要减去一个固定成本，分母总是小于分子的，因此同时增加一个数值时，相对于金额较大的分子来说，它增加的幅度相对较小，而相对于金额较小的分母来说，它增加的幅度相对要大，所以分母增加比例越大，则整个式子越小，即经营杠杆系数越小。

举例：如边际贡献＝100，固定成本＝20，则经营杠杆系数＝100/(100－20)＝1.25，当由于单价上升而使边际贡献增加20时，即边际贡献＝120，固定成本不变，则120/(120－20)＝1.2＜1.25，即经营杠杆系数变小，两者呈反方向变化，其他也一样分析。

另一方面，经营杠杆系数越大经营风险则越大。如果单价和销售量增加，那相当于可以得到更多的利润，经营风险就会越小，经营杠杆系数也会越小。所以其与经营杠杆系数呈反方向变化。

7. 影响经营杠杆的因素分析

经营杠杆系数的计算公式为

$$DOL_{\xi}=\frac{S-C}{S-C-F}$$

即：

$$DOL=\frac{px-bx}{px-bx-\alpha}$$

其中：$p$ 为产品销售单价，$x$ 为销售数量，$b$ 为单位变动成本，$\alpha$ 为固定成本总额。

显然，当 $\alpha=0$ 时，$DOL=1$，此时无经营杠杆效应；只有当 $\alpha>0$ 时，$DOL>1$，才有产生经营杠杆效应。人们因此普遍认为，固定成本是产生经营杠杆效应的根源，也就是影响经营风险的关键因素，由于固定成本的固定不变性，使得经营风险的可控制性差。事实上，从计算公式中可看出，在$\alpha \neq 0$的情况下，除了固定成本外，产品销售数量、销售单价、单位变动成本均是影响经营杠杆的因素，都可成为控制经营风险的着眼点。

销售数量与经营杠杆：

$$DOL=\frac{px-bx}{px-bx-\alpha}=\frac{p-b}{p-b-\frac{\alpha}{x}}$$

当其他因素不变时，$x$越大，$DOL$越小；反之，$x$越小，$DOL$越大。

销售单价与经营杠杆：

$$DOL=\frac{px-bx}{px-bx-\alpha}=\frac{1}{1-\frac{\alpha}{(p-b)x}}$$

当其他因素不变时，$b$越大，$DOL$越大；反之，$b$越小，$DOL$越小。

固定成本与经营杠杆：

$$DOL=\frac{px-bx}{px-bx-\alpha}$$

当其他因素不变时，$\alpha$越大，$DOL$越大；反之，$\alpha$越小，$DOL$越小。

8. 经营杠杆的作用

(1) 反映企业的经营状况。规模大的企业的固定成本很高，这就决定了其利润变动率远远大于销售变动率。业务量越高，固定成本总额越大，经营杠杆越大。企业要想多提高盈利能力，就必须不断增加销售，就可以成倍获取利润。单位变动成本较高，销售单价较低，经营杠杆同样会偏大，利润变动幅度仍然大于销售变动幅度。也就是说，获得能力与利润增长的快慢之间不存在直接的关系。

(2) 反映企业的经营风险。在较高经营杠杆率的情况下，当业务量减少时，利润将以经营杠杆率的倍数成倍减少；业务量增加时，利润将以经营杠杆率的倍数成倍增长。这表明经营杠杆率越高，利润变动越剧烈，企业的经营风险越大。反之，经营杠杆率越低，利润变动越平稳，企业的经营风险越小。通常情况下，经营杠杆高低只反映企业的经营风险大小，不能直接代表其经营成果的好坏。在业务量增长同样幅度的前提下，企业的获利水平不同；但在业务量减少同样幅度的情况下，企业利润的下降水平也不同。无论经营杠杆高低，增加业务量是企业获利的关键因素。

(3) 预测企业未来的业绩。通过计算企业的经营杠杆可以对企业未来的利润以及销售变动率等指标进行合理的预测。通过计算企业计划期的销售变动率来预测企业的销售，这有利于进行较快的预测。与此同时，可以进行差别对待，针对不同的产品预测不同的销售变动率，有利于企业进行横向和纵向的比较。

由于基期利润与经营杠杆系数属于已知资料，所以只要计划期目标利润确定了，即可以计算出保证目标利润实现的预算销售变动率。

(4) 用于企业未来的经营决策。由于经营杠杆系数的高低代表企业经营风险的高低，所以企业在进行经营决策时，通常都通过计算经营杠杆的大小来进行风险分析。

企业用经营杠杆进行经营决策时，可直接用经营杠杆率及业务量变化率相乘来计算利润变动率，然后在基期利润基础上计算备选方案的预期利润，最后从备选方案中确定一个最优的方案。这样便可获得一个最佳的经营决策，对企业的市场竞争力有很大的帮助。

经营杠杆的作用具有两面性，当销售收入减少时，经营杠杆会发挥消极作用，造成息税前利润比同期销售收入减少的速度更快；当销售收入增加时，经营杠杆会发挥积极的作用，使息税前利润比同期销收入增长的速度更快。这一点充分表明了其两面性。

9. 经营杠杆理论的特点

企业在运用经营杠杆理论时有两个问题必须注意：

(1) 与固定成本相关。经营杠杆作用的强度与企业固定成本相关。如果企业的固定成本较高，其边际贡献的大部分必须用于弥补固定成本。企业一旦达到保本点(销售收入＝固定成本总额＋变动成本总额)，全部边际贡献都为经营利润。

(2) 接近保本点时，经营杠杆作用最大。企业达到其保本点之后，只要销售略有增长，就会引起经营利润较大的增长。同样，如果企业接近其保本点，只要销售额略有降低，全部经营利润就会被抵消掉。

### 8.2.4 经营杠杆的运用

1. 经营杠杆在企业决策中的运用

(1) 在营运决策中的运用。设备折旧费、职工工资、广告费等这些相对固定大额的费用是企业在生产过程中不可避免的，这些费用通过经营杠杆的作用扩大了企业的经营风险。正因为如此，企业管理人员应当高度重视这些固定费用对企业经营活动的影响，以避免企业走入困境进而发生亏损。要控制这部分费用的作用，应从以下两方面着手：一方面应当从总额上严格控制这类固定费用，另一方面要提高营运效率，使企业的流动资产、固定资产等各种资产都能高效周转，从而通过扩大收入来弥补这部分固定成本。此时，本量利分析法可以发挥其有效的作用，根据收入和各项资产的平均占用余额计算出各项资产的最低周转率，然后在此基础上安排企业的生产销售，来弥补这部分固定成本所发生的支出。

(2) 在盈利决策中的运用。追求利润最大化往往是绝大部分企业的经营目标。经营杠杆原理，不但可以预测销售变动对利润的影响，也可以确定在既定的利润目标下为实现目标利润所需要的销售增长率。市场占有率、生产能力、销售能力这些指标都可以用来衡量企业的销售目标。假如企业未能实现销售利润，就需要修订目标利润，使盈利决策更加符合企业实际；假如企业能够实现销售目标，就可以按照以销定产的原则安排生产，控制生产过程中发生的成本。

(3) 在投资决策中的运用。当企业存在闲置资金的时候，会把多余的资金用来投资，以获得高额的投资回报。一般情况下，企业会同时拥有长期投资和短期投资，当然，有的企业可能只有长期投资。短期投资的投资回收期一般较短，不存在较大的风险。但是长期投资影响时间长、金额大，在过程中会出现很多不确定因素，导致了长期投资有着较大的风险。在这个时候，企业就必须谨慎地进行投资，以免出现投资失败的情况。一旦投资失败，会带来大量的后续成本，这时，透过经营杠杆会把这种风险进行扩大，给企业造成更大的损失。

企业在进行投资决策时要从事前、事中和事后三个不同阶段来进行经营杠杆的分析，必须充分考虑到经营杠杆的作用。在投资决策过程中，投资人应合理预测投资所能够带来的利润和能够形成的成本，计算经营杠杆系数，判断未来的经营风险，并和企业的承受能力进行对比决定能否承受风险，是否进行投资。投资后，投资人要根据已经形成的固定成本和已实现的利润再次计算经营杠杆系数，判断存在的经营风险，并将事前、事中和事后的经营杠杆系数进行比较，以及时发现偏差，进行经营决策的调整。

(4) 在风险决策中的运用。经济的发展在给企业带来大量机会的同时，也带来了很大的风险。通常，我们从一般风险和特殊风险这两方面来进行企业的风险决策分析，而经营杠杆主要是用来判断经营风险的大小的。在变动成本、销售单价不变的情况下，经营杠杆系数将随固定成本的变化呈同方向变化。固定成本越小，经营杠杆系数越小，经营风险越小；固定成本越大，经营杠杆系数越大，经营风险越大。

在盈利企业中，企业可以利用经营杠杆效应，通过扩大销售来大幅度降低单位固定成本，争取较大的回报。在这个时候企业必定会想尽办法扩大销售规模来降低单位固定成本。

如果企业发生亏损，在销售价格大于单位变动成本的情况下，我们可以利用经营杠杆系数来降低亏损程度，但如果销售单价小于单位变动成本，则应当考虑合理的解决办法，有的时候会导致该种产品的生产量下降或者停产。

2. 经营杠杆在企业不同生命周期中的应用

合理利用经营杠杆，对预测企业未来的经营业绩和销售利润都有着很大的作用。但是处于不同生命周期的企业需要不同的经营杠杆，这样才能有效地安排产销，扩大市场份额，有利于企业的战略发展。一般企业发展周期可分为引入期、发展期、成熟期和衰退期。现就从这四个阶段来论述杠杆在各个阶段的应用与战略决策的确定。

(1) 引入期，经营风险高。在产品引入阶段，产品的研发、销售、市场反应等都具有很大的不确定性。在这个过程中，企业需要投入大量的资金来进行产品的开发，但是并不确定能够收回多少。这个时候，企业应该采取谨慎的原则进行研发，并要限制产品的生产规模，防止出现大量积压存货的情况。现在，企业的经营风险与财务风险是互起反作用的，较高的经营风险往往伴随着较低的财务风险。引入阶段，企业的成本较高，较低的产量使单位产品分摊的固定成本较高。如果企业是负债经营，那就还面对着要偿付借款利息的情况。此时，企业最好能够采用权益筹资方式，以降低还款付息的压力，为企业的发展争取时间。

(2) 发展期，资金需求高。发展期企业的生产规模进一步扩大，需要的生产技术也更加成熟，与此同时也产生了大额的固定成本。为了进一步扩大企业的生产规模，企业必然会通过合并、重组等方式来增加企业的竞争力。为了获得更加先进的生产技术，必然会带来大量的开发成本，企业不能不进行融资。同时，在开拓市场、开发产品等方面都需要大量的资金，企业必然会面临着大量的资金缺口，所以需要大量的现金流入。在这个时候必须将企业的经营杠杆系数控制在一定的范围内，这样才能够避免出现经营不善的情况，扩大企业的产品销量，促进企业的发展。

(3) 成熟期，现金流量大。在成熟期，企业的市场占有率趋于稳定，价格在合理的范围内波动。在这个时候，企业往往利用财务杠杆达到融资和节税的目的。与此同时，达到了一个比较理想的状态。在这个时候，经营杠杆可以充分发挥其作用了。利用销售增长率乘以经营杠杆系数，我们可以成功地预测到企业未来的价值。在这个阶段，我们可以采取高效的投资策略，加强企业的成本管理，进行企业的战略安排。

(4) 衰退期，市场占有率低。进入衰退期后，产品的市场占有率出现大幅下降，销售量也急剧萎缩。在这个时候，企业不应再投入新的资源来提高此类产品的市场份额了。我们要做的是将用于生产此种产品的生产能力进行转移，进入到新的产品的生产中去。我们可利用原来形成的良好的市场信誉来推广新的产品，同样也会得到消费者的认可。要充分利用经营杠杆的积极作用，采取新的产品发展策略，以再次获得市场的认可，实现企业的利润最大化。

## 8.3 财务风险分析

### 8.3.1 筹资风险及其影响因素

筹资风险是指企业因借入资金而产生的丧失偿债能力的可能性和企业利润(股东收益)的可变性。筹资风险是由于负债筹资引起、且仅由主权资本承担的附加风险。企业承担风险程度因负债方式、期限及资金使用方式等不同面临的偿债压力也有所不同。因此，筹资决策除规划资金需要数量、并以合适的方式筹措到所需资金以外，还必须正确权衡不同筹资方式下的风险程度，并提出规避和防范风险的措施。

下面主要从三个方面对企业的筹资风险进行分析。一是分析各种筹资方式自身所包含的风险；二是考虑各种资产组合的风险情况；三是对不同资本结构的风险进行分析。

### 8.3.2 财务杠杆

#### 1. 财务杠杆的概念

财务杠杆是指由于债务的存在而导致普通股每股利润变动大于息税前利润变动的杠杆效应。

财务杠杆是指企业利用负债来调节权益资本收益的手段。合理运用财务杠杆给企业权益资本带来的额外收益，即财务杠杆利益。由于财务杠杆受多种因素的影响，在获得财务杠杆利益的同时，也伴随着不可估量的财务风险。因此，认真研究财务杠杆并分析影响财务杠杆的各种因素，搞清其作用、性质以及对企业权益资金收益的影响，是合理运用财务杠杆为企业服务的基本前提。

财务杠杆是一个应用很广的概念。在物理学中，利用一根杠杆和一个支点，就能用很小的力量抬起很重的物体，而什么是财务杠杆呢？从西方的理财学到我国目前的财会界对财务杠杆的理解，大体有以下几种观点：

其一：将财务杠杆定义为“企业在制定资本结构决策时对债务筹资的利用”，因而财务杠杆又可称为融资杠杆、资本杠杆或者负债经营。这种定义强调财务杠杆是对负债的一种利用。

其二：认为财务杠杆是指在筹资中适当举债，调整资本结构给企业带来额外收益。如果负债经营使得企业每股利润上升，便称为正财务杠杆；如果使得企业每股利润下降，通常称为负财务杠杆。显而易见，在这种定义中，财务杠杆强调的是通过负债经营而引起的结果。

另外，有些财务学者认为财务杠杆是指在企业的资金总额中，由于使用利率固定的债务资金而对企业主权资金收益产生的重大影响。与第二种观点对比，这种定义也侧重于负债经营的结果，但其将负债经营的客体局限于利率固定的债务资金，笔者认为其定义的客体范围是狭隘的。笔者将在后文中论述到，企业在事实上是可以选择一部分利率可浮动的债务资金，从而达到转移财务风险的目的。

2. 财务杠杆的作用

合理运用财务杠杆会给企业权益资本带来额外收益，但是同时会给企业带来财务风险。

(1) 财务杠杆的作用。财务杠杆作用是负债和优先股筹资在提高企业所有者收益中所起的作用，是以企业的投资利润与负债利息率的对比关系为基础的。

投资利润率大于负债利息率，此时企业盈利，企业所使用的债务资金所创造的收益(即息税前利润)除债务利息之外还有一部分剩余，这部分剩余收益归企业所有者所有。

投资利润率小于负债利息率，企业所适应的债务资金所创造的收益不足以支付债务利息，对不足以支付的部分企业就需动用权益性资金所创造的利润的一部分来加以弥补，这样便会降低企业使用权益性资金的收益率。

由此可见，当负债在全部资金所占比重很大，从而所支付的利息也很大时，其所有者会得到更大的额外收益，若出现投资利润率小于负债利息率时，其所有者会承担更大的额外损失。通常把利息成本对额外收益和额外损失的效应称为财务杠杆的作用。

(2) 财务杠杆作用的后果。不同的财务杠杆将在不同的条件下发挥不同的作用，从而产生不同的后果。

投资利润率大于负债利润率时，财务杠杆将发生积极的作用，其后果是企业所有者获得更大的额外收益。这种由财务杠杆作用带来的额外利润就是财务杠杆利益。

投资利润率小于负债利润率时，财务杠杆将发生负面的作用，其后果是企业所有者承担更大的额外损失。这些额外损失便构成了企业的财务风险，甚至导致破产。这种不确定性就是企业运用负债所承担的财务风险。

(3) 财务杠杆与公司的经营管理。财务杠杆是否给公司经营带来正面或者负面的影响，关键在于该公司的总资产利润率是否大于银行利率水平，当银行利率水平固定时，公司的赢利水平低，股东没有得到应有的报酬，财务杠杆在此对企业的经营业绩发挥了负面作用，抑制了公司的成长。造成这种结果的原因主要在于公司的赢利能力低，借债资金利用率没有得到高效运作；公司没有重视内部经营管理，没有将有限的财务资源投入到企业最具有竞争力的业务上。

3. 财务杠杆的计量

对财务杠杆计量的主要指标是财务杠杆系数，财务杠杆系数是指普通股每股利润的变动率相当于息税前利润变动率的倍数。

计算公式为

$$财务杠杆系数=\frac{普通股每股利润变动率}{息税前利润变动率}=\frac{基期息税前利润}{基期息税前利润-基期利息}$$

对于同时存在银行借款、融资租赁，且发行优先股的企业来说，可以按以下公式计算财务杠杆系数：

$$财务杠杆系数=\frac{息税前利润}{息税前利润-利息-融资租赁租金-\frac{优先股股利}{1-所得税税率}}$$

与经营杠杆作用的表示方式类似，财务杠杆系数越大，表明财务杠杆作用越大，财务风险也就越大；财务杠杆系数越小，表明财务杠杆作用越小，财务风险也就越小。财务杠杆系数可用字母公式表示为：

$$DFL=\frac{\Delta EPS/EPS}{\Delta EBIT/EBIT}$$

式中：$DFL$——财务杠杆系数；

$\Delta EPS$——普通股每股收益变动额；

$EPS$——变动前的普通股每股收益；

$\Delta EBIT$——息前税前盈余变动额；

$EBIT$——变动前的息前税前盈余。

上述公式还可以推导为：

$$DFL=\frac{EBIT}{EBIT-I}$$

式中：$I$——债务利息。

**阅读案例 8-5**

A、B、C 为三家经营业务相同的公司，它们的有关情况见下表 8-3。

**表 8-3　A、B、C 公司有关情况**

单位：元

| 项目/公司 | A | B | C |
| --- | --- | --- | --- |
| 普通股本 | 2 000 000 | 1 500 000 | 1 000 000 |
| 发行股数 | 20 000 | 15 000 | 10 000 |
| 债务(利率 8%) | 0 | 500 000 | 1 000 000 |
| 资本总额 | 2 000 000 | 2 000 000 | 2 000 000 |
| 息前税前盈余 | 200 000 | 200 000 | 200 000 |
| 债务利息 | 0 | 40 000 | 80 000 |
| 税前盈余 | 200 000 | 160 000 | 120 000 |
| 所得税(税率 33%) | 66 000 | 52 800 | 39 600 |

续表

| 项目/公司 | A | B | C |
|---|---|---|---|
| 税后盈余 | 134 000 | 107 200 | 80 400 |
| 财务杠杆系数 | 1 | 1.25 | 1.67 |
| 每股普通股收益 | 6.7 | 7.15 | 8.04 |
| 息前税前盈余增加 | 200 000 | 200 000 | 200 000 |
| 债务利息 | 0 | 40 000 | 80 000 |
| 税前盈余 | 400 000 | 360 000 | 320 000 |
| 所得税(税率 33%) | 132 000 | 118 800 | 105 600 |
| 税后盈余 | 268 000 | 241 200 | 214 400 |
| 每股普通股收益 | 13.4 | 16.08 | 21.44 |

上述表格说明：

第一，财务杠杆系数表明的是息税前盈余增长所引起的每股收益的增长幅度。比如，A公司的息税前盈余增长1倍时，其每股收益也增长1倍(13.4/6.7—1)；B公司的息前盈余增长1倍时，每股收益增长1.25倍(16.08/7.15—1)；C公司的息税前盈余增长1倍时，其每股收益增长1.67倍(21.44/8.04—1)。

第二，在资本总额、息前税前盈余相同的情况下，负债比率越高，财务杠杆系数越高。财务风险越大，但预期每股收益(投资者收益)也越高。比如B公司比起A公司来，负债比率高(B公司资本负债率为500 000/2 000 000×100%=25%，A公司资本负债率为0)，财务杠杆系数高(B公司为1.25，A公司为1)，财务风险大，但每股收益也高(B公司为7.15元，A公司为6.7元)；C公司比起B公司来负债比率高(C公司资本负债率为1 000 000/2 000 000×100%=50%)，财务杠杆系数高(C公司为1.67)，财务风险大，但每股收益也高(C公司为8.04元)。

因为负债比率是可以控制的，所以企业可以通过合理安排资本结构，适度负债，使财务杠杆利益抵消风险增大所带来的不利影响。

4. 经营杠杆、财务杠杆、联合杠杆的关系

企业存在固定成本和固定财务费用，就存在杠杆效应。联合杠杆是经营杠杆、财务杠杆的综合反映，它直接反映经营杠杆、财务杠杆对企业的共同影响。一般企业总是存在固定成本的，故经营杠杆分析是研究联合杠杆的前提。要运用好联合杠杆就必须分析经营杠杆和财务杠杆。当经营杠杆的风险增加，财务杠杆的风险也必然增加；当财务杠杆的风险增加，经营杠杆的风险必然受到影响。两个杠杆是相辅相成的，相互影响的，存在互逆关系，故筹资和投资时，应相互配合使用，综合考虑它们对企业承担风险能力的影响。

### 8.3.3 各种筹资方式分析

1. 企业筹资方式

企业对各种渠道来源的资金，可以采用不同的方式加以筹集。目前，企业筹集资金的方式主要由财政拨款、金融机构贷款、内部积累、发行股票、发行债券、租赁、联营和商业信用等多种形式。

（1）财政拨款是指财政部门代表国家对企业的投资。这种投资又分为两种情况：一种是作为企业的资本金投入。另一种是作为扶植重点企业的周转金投入。

（2）金融机构贷款，其中专业银行是国家进入市场的主体，资金雄厚，可向企业提供长期贷款和短期贷款。因此，专业银行贷款是企业负债经营时采用的主要筹资方式。

（3）内部积累是指企业通过从所得税后利润中提取盈余公积金，进而将其转增资本金的筹资方式。它既利于扩大企业生产经营规模，又可减少财务风险。

（4）股票筹资，股票不是债权债务凭证，而是财产所有权凭证，发行股票是企业向社会筹资的一种方式。

（5）债券筹资，债券是债权债务关系的证明，也是向社会筹资的方式之一。

（6）租赁是出租人以收取租金为条件，在契约合同规定的期限内，将资产租让给承租人使用的业务活动，也是企业资金来源的一种方式。

（7）联营是指各企业之间根据平等、互利的原则，通过协商一致，共同采取某种经营方式的联合经营。企业通过联营，能够集中多方面资金、扩大经营范围，以至建立规模较大的经济联合体，同时还可以进行技术、劳力、土地等多种生产要素的联合，发挥各方面优势，增加企业的活力和竞争能力。

（8）商业信用是指企业在商品交易中以延期付款或预付货款方式进行购销活动所形成的借贷关系，是企业之间相互提供的信用。

上述各种筹资方式，会使企业与投资者产生不同的经济关系（如所有权关系、债权关系等），因此，企业筹资时要权衡利弊得失。

2. 各种筹资方式利弊分析

上面已经对各种筹资方式作了比较详细的阐述。下面是对几种对于企业来说非常重要的筹资方式的优缺点进行逐一评价。

（1）普通股筹资的利弊分析。普通股是股份公司为筹集主权资金而发行的有价证券，是持股人拥有公司股份的凭证，代表了持股人在股份公司中拥有的所有权。普通股是股份公司发行的具有管理权而股利不固定的股票，是股份制企业筹集权益资金的最主要方式。普通股的特点是其股东对公司有经营管理权、盈利分享权、优先认股权、剩余财产要求权和股票转让权。通过发行普通股筹资有利也有弊。优点是没有固定的股利负担，资金可以永续使用，筹资风险小，能增强公司的信誉和经营灵活性。不足之处就是资金成本较高，随着新股东的增加可能会导致分散和削弱公司的控股权。

（2）银行借款筹资的利弊分析。银行借款是企业根据借款合同向银行或非银行金融机构借入的需要还本付息的款项。银行借款的程序是企业要先提出借款申请，银行进行审查，签订借款合同，然后企业取得借款，到期后还款。向银行借款往往附带一定的借用条件，主要有补偿性余额、借贷额度、周转信贷协议等几项。银行借款筹资同样有利有弊。优点是筹资速度快，筹资成本低，借款灵活性大。但筹资数额往往不可能很多，而且银行会提出对企业不利的限制条件。

（3）发行债券筹资的利弊分析。债券是企业依照法律程序发行的，承诺按一定利率定期支付利息，并到期偿还本金的有价证券，是持券人拥有公司债权的债权凭证。发行债券的有利之处在于债券的利息作为财务费用在税前列支，而股票的股利需由税后利润发放，利用债券筹资的资金成本较低。债券持有人无权干涉企业的经营管理，因而不会减弱原有股东对企业的控股权。债券利率在发行时就确定，如遇通货膨胀，则实际减轻了企业负担。若企业盈利情况良好，由财务杠杆作用导致原有投资者获得更大的利益。不足之处在于筹资的风险高。债券筹资有固定的到期日，要承担还本付息的义务。当企业经营不善时，会减少原有投资者的股利收入，甚至会因不能偿还债务而导致企业破产。由于限制条件多，筹资数量也就有限。

(4) 融资租赁筹资的利弊分析。租赁是承租人向出租人交付租金，出租人在契约或合同规定期限内将资产的使用权让渡给承租人的一种经济行为。融资租赁的实质是融资，当企业资金不足，举债购买设备困难时，更显示其“借鸡生蛋，以蛋还鸡”方法的优势。融资租赁的资金使用期限与设备寿命周期接近，比一般借款期限要长，使承租企业偿债压力小。在租赁期内租赁公司一般不得收回出租设备，使用有保障。融资与融物的结合，减少了承租企业直接购买设备的中间环节和费用，有助于迅速形成生产能力。缺点是资金成本高，融资租赁的租金比举债利息高，因此总的财务负担重。

(5) 杠杆收购筹资的利弊分析。杠杆收购筹资较之传统的企业筹资方式而言，具有不少自身的特点和优势：一是筹资企业只需要投入少量的资金便可以获得较大金额的银行贷款以用于收购目标企业，十分适合资金不足又急于扩大生产规模的企业进行筹资；二是以杠杆筹资方式进行企业兼并、改组，有助于促进企业的优胜劣汰，进行企业兼并、改组，是迅速淘汰经营不良、效益低下的企业的一种有效途径，同时效益好的企业通过收购、兼并其他企业能壮大自身的实力，进一步增强竞争能力；三是对于银行而言，由于有拟收购企业的资产和将来的收益能力作抵押，因而其贷款的安全性有较大的保障，银行乐意提供这种贷款；四是筹资企业利用杠杆收购筹资有时还可以得到意外的收益，这种收益主要来源于所收购企业的资产增值，因为在收购活动中，为使交易成功，被收购企业资产的出售价格一般都低于资产的实际价值；五是杠杆收购由于有企业经营管理者参股，因而可以充分调动参股者的积极性，提高投资者的收益能力。

### 8.3.4 筹资组合风险分析

企业长期资金和短期资金在企业资金总额中所占比例，称为企业筹集组合。其中包括高风险筹资组合、中和风险筹资组合和低风险筹集组合三种。

1. 高风险筹资组合及其风险收益分析

当企业用长期资金来融通部分长期性流动资产和全部固定资产，用短期资金来融通另外一部分长期流动资产和全部短期流动资产时，我们称这种筹资组合为高风险筹资组合。

高风险筹资组合具有财务风险大，筹资成本具有不确定性、资金成本较低、筹资速度快、弹性好等特点。

在实务操作中，可供选择的组合模式一般包括如下几种：

(1) 以应付未付款融通部分长期性流动资产的组合模式。

(2) 以银行短期借款融通部分长期性流动资产的组合模式。

(3) 以商业信用融通部分长期性流动资产组合模式。

(4) 以短期融资券融通部分长期性流动资产的组合模式等。

2. 低风险筹资组合及其风险收益分析

低风险筹资组合，亦称保守型融资政策，在此政策下，企业不但以长期资金来融通永久性资产，而且还以长期资金满足由于季节性或循环性波动而产生的部分或全部暂时性资产的资金需求。

(1)债权资本与权益资本的筹集组合。该组合是企业长期筹资方式的主要选择。债权性筹资不但不会分散企业控制权，而且还具有财务杠杆作用。

具体的筹资方式包括：

① 权益资本筹资组合。该组合是企业筹资风险最低的筹资策略。其特点是：主张用权益资本代替长期借款进行筹资，且最大限度地缩小资本结构中短期负债的数额；资金筹集迅速，形成后长期拥有，且无到期日，是理想的无风险筹资模式；但筹资成本高、企业收益低。

② 长期债券与股票筹资组合。该筹集组合筹集风险较小，但筹资成本较高，企业利润较少。只适用于股份制公司筹资的需求。

③ 长期债券与吸收直接投资筹资组合。非股份制企业使用此模式，该模式筹资风险小，筹资成本较高、企业收益低。

(2) 债务资本的筹资组合。指长期债券与可转换公司债筹资组合。该筹资组合模式成本高、筹资风险小，公司获利也较少。

(3) 不同到期日的长期债券投资组合。这种模式可以减轻企业债务到期无法偿还的风险，但资金成本较高，企业收益较小。另外，采用该模式必须保证投资利润率大于长期债券利率。

(4) 企业兼并筹资组合。兼并其他企业，是一个企业规模扩张最迅速、最便捷的道路。

3. 中和风险筹资组合及其风险收益分析

中和风险筹资组合的特点是：对波动性资产，用短期融资的方式来筹措资金；而对于长期性资产，均用长期融资的方式来筹措资金，以使资产和负债的到期期间能相互配合。

(1) 短期资金筹资组合。该组合寻求的是尽最大努力扩大利用短期借款来融通短期资金的数额，中和风险筹资政策为短期资产所做的筹资安排，要较低风险融资政策所付出的筹资代价小，可获更多的收益，但却会使企业承受更大的风险。

(2) 长期资金筹资组合，具体包括以下几种。

① 权益资本筹资组合。该模式主张用发行股票替代长期债务融通企业全部资产所需的资金，因而成本高、风险小，企业收益低。

② 债权资本筹资组合。该模式主张用长期借款或长期债券融通企业全部长期资产所需的资金，是中和风险筹资政策下一种高风险筹资组合模式。因而筹资成本相对较低，企业收益较多。

③ 长期债务与股票的筹资组合。该模式主张通过长期债务和股票来融通企业全部长期资产所需的资金，其中长期债务可为长期借款、长期债券或两者的组合。该模式筹资成

本相对较低，企业收益相对较大，筹资风险较大；同时，还能为企业带来财务杠杆效应。

④ 可转换公司债券筹资组合。可转换公司债券是股份制公司在一定条件下，发行的可转为普通股票的公司债券，它具有债券和股权期权的双重性质。其筹资成本较低，公司收益相对较多，筹资风险较大。

⑤ 长期债务和吸收直接投资的筹资组合。该模式主张用长期债务和吸收直接投资来融通企业全部长期资产所需的资金。因而筹资成本较低，企业收益较高，筹资风险较大。该模式下企业会丧失部分经营自主权。

⑥ 融资租赁筹资组合。该模式主张用长期债券、权益资本和融资租赁来融通企业长期资产所需的资金。利用融资租赁筹资限制条件少，能及时得到先进设备，尽快形成生产力，也是引进外资的一种重要形式。但其筹资成本较高，风险也较大。

⑦ 企业兼并筹资组合。该模式主张用权益资本和债务资本来融通企业全部资产所需的资金。因而筹资成本较高，收益较少(特别是企业实施兼并后的初期)，企业兼并所需资金来源是由长期债务解决的，所以筹资风险较大。

一般企业通常会选择成本较低的筹资组合方案，但在筹资决策中，有时其他各种因素起着相当重要的作用。确定筹资组合方案时，必须结合自身实际，经过多方面考察研究后确定。

### 8.3.5 资本结构分析

1. 资本结构的含义

资本结构是指企业各种资本的价值构成及其比例。广义的资本结构是指企业全部资本价值的构成及其比例关系。狭义的资本结构是指企业各种长期资本价值的构成及其比例关系，尤其是指长期的股权资本与债权资本的构成及其比例关系。

2. 资本结构决策的主要步骤

(1) 确定需要增加的融资数量。

(2) 根据企业现状及金融形势，确定是以负债融资，还是以主权资本融资。这是关键的一步，选择不同将直接导致不同的资本结构。

(3) 在第二步的基础上，进一步确定融资的具体方式如公司债券、优先股或普通股等。

(4) 对各种融资方案进行风险——收益评价、无差异点分析等等，了解方案一旦采纳可能会给企业带来风险、收益两方面的影响。

(5) 以加权平均资本成本最低为主要标准，确定最佳的资本结构方案。

企业资本结构决策要考虑的主要因素有：销售额及其增长预测、经营风险(营业杠杆及营业均衡点)、财务风险(财务杠杆及财务均衡点)、盈利状况(息税前盈利及每股盈利)、金融市场状况等。总的规律是：在企业发展较快、经营风险较小的情况下，增加负债有助于企业价值的提高。

3. 不同资本结构决策的优缺点分析

(1) 仅有普通股的资本结构。

优点：①因没有发行公司债和优先股，所以没有固定支付利息、股利等的义务，对企业现金流量的冲击较小。②没有负债，自然就无所谓财务风险。③没有公司债及优先股等契约的约束，因此，股利政策比较自由，董事会可视情形决定普通股股利的分派。④企业需要资金时，很容易通过其他方式筹措资金。

缺点：①普通股成本一般较高，没能充分利用财务杠杆以提高企业的价值。②一再发行普通股筹集资金，发行在外的普通股数必然增加，从而影响对公司的控制权与管理权。③仅以普通股筹资，可能会丧失掉良好的投资机会。④某些投资者可能不喜欢进行股票投资，使得企业筹集资金的市场较小。

(2) 兼有普通股、优先股的资本结构。优先股是介乎普通股与债券之间的一种筹资方式，它兼容了以上两种方式的优缺点。当公司既不利于用普通股筹资，也不利于用债券筹资时，优先股筹资可能会成为一种必然的选择。

优点：①比仅用普通股筹资扩大了筹资的范围。②优先股成本通常较普通股为低，可以节约资本成本。③一般情况下，优先股没有选举权和表决权，因此，运用优先股筹资可以不至于分散公司的控制权与管理权。④在资产负债表上，优先股属于股东权益范围，与债务相比，这种情形可显示比较良好的财务状况，提高信用地位。⑤与负债比较，优先股利既不如借款利息具有强制性，也没有还本约定，故可谓没有财务风险。

缺点：①就资本成本而盲，优先股仍较公司债为高，没有充分运用“便宜”资金。②优先股股利属于公司税后净利的分配，不像负债利息可作费用支出，从而节约纳税负担。③优先股契约中多有限制普通股股利分派的规定，使得公司股利政策的灵活性受到影响。

(3) 兼有普通股、优先股与公司债的资本结构。

优点：①公司债的资本成本较低，有助于提高企业价值。②公司债利率固定，举债经营可得财务杠杆之利。③公司债利息为费用支出，可以节省所得税的支付。④公司债债权人不能参与公司决策，以此方式筹集资金不会影响公司的控制权与管理权。⑤公司债债权人能够获得稳定的利息收入，因此，发行范围比较广泛。

缺点：①公司债为公司的负债，有定时还本付息的义务。如果由于现金流量不理想以至于不能履约，将使企业陷入财务危机以至倒闭。②公司债契约为了保障债权人的利益，规定的条款往往会对企业的经营尤其是理财产生诸多约束，从而影响经营效率。③公司债最具财务杠杆作用，但是如果销售不利、利润下降乃至亏损，则会产生财务杠杆的副作用，直接影响到企业资本的稳固。④负债规模过大，将不利于公司信用等级的评定。

### 8.3.6 筹资风险的综合分析

1. 概率分析法

概率分析法是一种常用的衡量风险的方法。其基本思路是根据预先测定的各种可能出现情况的概率和各种可能出现的息税前利润率(资金利润率)、计算期望值、方差和标准差乃至变异系数，据以判断风险程度。

2. 财务杠杆系数法

财务杠杆系数可以衡量筹资风险的大小。一般说来，财务杠杆系数越大，企业偿债压力越大，筹资风险也越大。相反，财务杠杆系数越小，筹资风险也越小。

3. 综合成本法

该方法是从筹资成本的代价方面谋求筹资风险降到最低限度。财务学原理认为，在企业预期收益相同的情况下，筹资组合总成本($K_W$)最低的方案是有利的。换言之，不同态势下企业总成本最低的筹资组合才是最佳组合。计算公式为

$$K_W = \sum_{i=1}^{n} K_j W_j \quad (\text{其中} \sum W_j = 1)$$

## 8.4 投资风险分析

### 8.4.1 投资风险及其影响因素

企业投资风险是在企业投资活动中，相关的政治、经济、社会、文化、法律等因素在一定时间内发生难以预料的变动，致使经营环境发生变动，从而导致投资者蒙受经济和非经济损失的可能性。

投资风险是由未来的不确定性因素引起的，这些因素通常包括：政治经济形势的变化、产品销路和投入品市场的变化、财政、信贷、投资政策的变化和经营状况的变化等。

### 8.4.2 项目投资风险分析

1. 项目投资的相关概念

(1) 项目投资的含义。项目投资是一种以特定项目为对象，直接与新建项目或更新改造项目有关的长期投资行为。

(2) 项目投资的现金流量。项目投资的现金流量包括：现金流出量、现金流入量、现金净流量。

(3) 投资项目评价的一般方法。投资项目评价的一般方法有贴现的分析评价方法和非贴现的分析评价方法。

贴现的分析评价方法包括：

① 净现值法。该方法使用净现值作为评价方案优势的指标。计算公式为

$$\text{净现值} = \sum_{K=1}^{n} \frac{I_K}{(1+i)^K} - \sum_{K=1}^{n} \frac{O_K}{(1+i)^K}$$

式中：$n$——投资设计的年限；

$I_K$——第 $K$ 年的现金流入量；

$O_K$——第 $K$ 年的现金流出量；

$i$——预定的贴现率。

② 现值指数法。该方法使用现值指数作为评价方案的指标。所谓现值指数，是未来

现金流入的现值与未来现金流出现值的比率，亦称现值比率、获利指数等。计算公式为

$$现值指数=\sum_{K=1}^{n}\frac{I_K}{(1+i)^K}\Big/\sum_{K=1}^{n}\frac{O_K}{(1+i)^K}$$

若现值指数大于1，说明投资报酬率超过预定的贴现率；若等于1，说明投资报酬率等于预定贴现率；若小于1，说明投资报酬率小于预定贴现率。

③ 内含报酬率法。该法系根据方案本身的内含报酬率评价方案优劣的一种方法。所谓内含报酬率是指能够使未来现金流入量等于未来现金流出量现值的贴现率，即可使投资方案净现值为零的贴现率。内含报酬率是根据方案的现金流量计算的，是方案本身的投资报酬率。测算出方案内含报酬率后，可与企业的资金成本或企业要求的最低报酬率进行对比，对方案作出取舍决策。

非贴现的分析评价方法包括：

① 回收期法。回收期是指投资引起的现金流入量累积到与投资额相等所需要的时间。它代表回收投资所需要的年限。回收年限越短，方案越有利。

② 会计收益率法。该方法在计算时使用会计报表上的数据，以及普通会计的收益和成本观念。

$$会计收益率=\frac{年平均净收益}{原始投资额}$$

2. 项目投资风险的分析

常用方法是风险调整贴现率法和肯定当量法。

(1) 风险调整贴现率法。该方法的基本思想是针对投资项目风险的不同，选用不同的贴现率计算其净现值。该法的关键是如何根据风险的大小来确定风险因素的贴现率即调整贴现率。风险和期望投资报酬率之间的关系为：

期望投资报酬率＝无风险报酬率＋风险报酬率

公式表示如下：

$$K=i+bQ$$

式中：$K$——无风险调整贴现率；

$i$——无风险报酬斜率；

$b$——风险报酬斜率；

$Q$——风险程度。

若$i$已知，为了确定$K$，需先确定$Q$和$b$。

$$Q=\frac{综合标准差}{现金流入预期现值}=\frac{P}{EPV}$$

$b$值为经验数据，可根据历史资料用高低点法或直线回归法求得。

风险调整贴现率法比较符合逻辑。但是，把时间和风险价值混在一起，并据此对现金流量进行贴现，意味着风险随时间的推移而加大，有时与事实不符。

(2) 肯定当量法。肯定当量法就是先用肯定当量系数将有风险的现金流量调整为无风险的现金流量，然后用无风险的贴现率去计算净值。肯定当量系数与现金流量的不确定性程度相关，表明现金流量不确定性程度的变异系数与肯定当量系数有如下经验关系，见表8-4。

表 8-4 变异系数与肯定当量系数

| 变异系数 | 肯定当量系数 |
|---|---|
| 0.00～0.07 | 1 |
| 0.08～0.15 | 0.9 |
| 0.16～0.23 | 0.8 |
| 0.24～0.32 | 0.7 |
| 0.33～0.42 | 0.6 |
| 0.43～0.54 | 0.5 |
| 0.55～0.70 | 0.4 |

### 8.4.3 证券投资风险的计量分析

1. 证券投资风险

证券投资风险主要来源于以下几个方面：

(1) 违约风险。证券发行人无法按期支付利息或偿还本金的风险。

(2) 利息率风险。由于利息率的变动而引起证券价格波动，投资人遭受损失的风险。

(3) 购买力风险。由于通货膨胀而使证券到期或出售时所获得的资金的购买力降低的风险。

(4) 流动性风险。在投资人想出售有价证券获取现金时，证券不能立即出售的风险。

(5) 期限性风险。由于证券期限长而给投资人带来的风险。

2. 证券投资的风险分析

在证券投资中，普通股票投资的潜在报酬率要比其他投资高，但也是风险最大的证券投资。对付风险的最普遍的方法是投资的分散法建立证券组合。对证券组合的研究可分为定性分析和定量分析两部分。

(1) 证券组合的定性分析。该方法系从投资者对证券投资的目标出发，研究如何进行证券组合，方能实现投资者的目标。首先要确定投资目标，其次要选择证券，最后要进行监视和调整。

(2) 证券组合的定量分析。证券组合定量分析的主要依据是"证券组合理论"，其主要内容有：

① 风险分散理论。该理论认为，若干种股票组成的投资组合，其收益是这些股票收益的加权平均数，但其风险不是这些股票风险的加权平均风险，故投资者组合能降低风险。若组合包括全部股票，则只承担市场风险，而不承担公司特有风险。

② 贝他系数($\beta$)分析。计量个别股票随市场移动趋势的指标是"贝他系数"，它可以衡量个别股票的市场风险，而不是公司特有风险。贝他系数可用回归方程 $Y=\alpha+\beta X+\varepsilon$ 求得，其中：$Y$ 代表证券收益率；$X$ 代表市场平均收益率；$\alpha$ 代表与 $Y$ 轴的交点；$\beta$ 代表回归线的斜率；$\varepsilon$ 代表随机因素产生的剩余收益。

③ 资本资产定价模型(CAPM)。资本资产定价定价模型为：

$$R_i = R_F + \beta_i (R_M - R_F)$$

式中：$R_i$——第 $i$ 种股票的预期收益率；

$R_F$——无风险收益率；

$R_M$——平均风险股票的必要收益率；

$\beta_i$——第 $i$ 种股票的贝他系数。

## 8.5 财务信用分析

### 8.5.1 信用分析的含义

信用分析是对债务人的道德品格、资本实力、还款能力、担保及环境条件等进行系统分析，以确定是否给与贷款及相应的贷款条件。

### 8.5.2 信用分析方法

1. 古典信用分析方法

(1) 专家制度法。专家制度是一种最古老的信用风险分析方法，其最大特征就是：银行信贷的决策权是由该机构那些经过长期训练、具有丰富经验的信贷管理人员所掌握，并由他们做出是否贷款的决定。因此，在信贷决策过程中，信贷管理人员的专业知识、主观判断以及某些要考虑的关键要素权重均为最重要的决定因素。

在专家制度法下，绝大多数银行都将重点集中在借款人的“5C”上，即品德与声望(character)、资格与能力(capacity)、资金实力(capital or cash)、担保(collateral)、经营条件或商业周期(condition)。也有些银行将信用分析的内容归纳为“5W”或“5P”。“5W”系指借款人(who)、借款用途(why)、还款期限(when)、担保物(what)、如何还款(how)；“5P”系指个人因素(personal)、目的因素(purpose)、偿还因素(payment)、保障因素(protection)、前景因素(perspective)。这种方法的缺陷是主观性太强，只能作为一种辅助性信用分析工具。

(2) 特征分析法。特征分析模型是目前在国外信用管理模型中应用较为普遍的一种新的信用分析工具，本质上它也属于传统的信用分析和评价方法。该模型的主要用途就是对客户的资信状况做出综合性的评价，并以定量化的方式，对客户的授信做出评定。它是从客户的种种特征中选择出对信用分析意义最大、直接与客户信用状况相联系的若干因素，将其编为几组，分别对这些因素评分并综合分析，最后得到一个较为全面的分析结果。目前，特征分析方法主要由信用调查机构和企业内部信用管理部门使用。

2. 贷款评级分类模型

贷款评级分类模型是金融机构在美国货币监理署(OCC)最早开发的评级系统基础上拓展而来，OCC 对贷款组合分为正常、关注、次级、可疑、损失等 5 类，并要求对不同的贷款提取不同比例的损失准备金以弥补贷款损失。

在我国，1998年以前各商业银行贷款分类的方法一直沿用财政部《金融保险企业财务制度》的规定，把贷款分为正常、逾期、呆滞、呆账四类，后三类合称不良贷款，简称"一逾两呆法"。这一方法低估了不良贷款，因为它没包括仍支付利息尚未展期的高风险贷款。1998年我国开始借鉴国际监管经验，对贷款分类进行改革，按照风险程度将贷款划分为正常、关注、次级、可疑、损失五类，即五级分类方法。2003年12月中国银监会发布文件决定自2004年1月1日起，我国所有经营信贷业务的金融机构正式实施贷款五级分类制度。

3. 信用评分方法

信用评分方法是对反映借款人经济状况或影响借款人信用状况的若干指标赋予一定权重，通过某些特定方法得到信用综合分值或违约概率值，并将其与基准值相比来决定是否给予贷款以及贷款定价，其代表为Z计分模型。

Z计分模型是Altman 1968年提出的以财务比率为基础的多变量模型。该模型运用多元判别分析法，通过分析一组变量，使其在组内差异最小化的同时实现组间差异最大化，在此过程中要根据统计标准选入或舍去备选变量，从而得出Z判别函数。根据Z值的大小同衡量标准相比，从而区分破产公司和非破产公司。1995年，对于非上市公司，Altman对Z模型进行了修改，得到Z′计分模型。Altman、Haldeman和Narayannan在1977年对原始的Z计分模型进行扩展，建立了第二代的zeta信用风险模型。该模型在公司破产前5年即可有效划分出将要破产的公司，其中，破产前1年准确度大于90%，破产前5年的准确度大于70%。新模型不仅适用于制造业，而且其有效性同样适用于零售业。上述两种模型中，zeta分类准确度比Z计分模型高，特别是破产前较长时间的预测准确度相对较高。由于方法简便、成本低、效果佳，上述方法应用十分广泛。

值得注意的是该类模型构建中的数理方法，综合起来，主要有以下几种：

1）判别分析法(discriminant analysis)

判别分析法(discriminant analysis)是根据观察到的一些统计数字特征，对客观事物进行分类，以确定事物的类别的方法。它的特点是已经掌握了历史上每个类别的若干样本，总结出分类的规律性，建立判别公式。当遇到新的事物时，只要根据总结出来的判别公式，就能判别事物所属的类别。

判别分析法的关键在于建立判别函数。目前，统计学建立判别函数的常用方法有：一是未知总体分布情况下，根据个体到各个总体的距离进行判别的距离判别函数；二是已知总体分布的前提下求得平均误判概率最小的分类判别函数，也称距离判别函数，通常称为贝叶斯(Bayes)判别函数；三是未知总体分布或未知总体分布函数前提下的根据费舍尔(Fisher)准则得到的最优线性判别函数。

2）多元判别分析法(multivariate discriminant analysis，MDA)

多元判别分析法是除美国外的其他国家使用最多的统计方法。多元线性判别分析法，可以具体为一般判别分析(不考虑变量筛选)和定量资料的逐步判别分析(考虑变量筛选)。但应用多元判别分析(MDA)有三个主要假设：变量数据是正态分布的；各组的协方差是相同的；每组的均值向量、协方差矩阵、先验概率和误判代价是已知的。

该种方法的不足之处是必须建立在大量的、可靠的历史统计数据的基础之上，这在发展中国家如中国是难以具备的前提条件。

3) Logit 分析判别方法

Logit 分析与判别分析法的本质差异在于前者不要求满足正态分布或等方差，从而消除了 MDA 模型的正态分布假定的局限性。其模型主要采用 logistic 函数。

Logit 模型应用广泛，主要是因为其概率表达式的显性特点，模型的求解速度快，应用方便。当模型选择集没有发生变化，而仅仅是当各变量的水平发生变化时(如出行时间发生变化)，可以方便地求解各选择枝在新环境下的各选择枝的被选概率。根据 Logit 模型的 IIA 特性，选择枝的减少或者增加不影响其他各选择之间被选概率比值的大小，因此，可以直接将需要去掉的选择枝从模型中去掉，也可将新加入的选择枝添加到模型中直接用于预测。

4) 神经网络分析法(artificial neural network，ANN)。

神经网络分析法是从神经心理学和认知科学研究成果出发，应用数学方法发展起来的一种具有高度并行计算能力、自学能力和容错能力的处理方法。它能有效地解决非正态分布、非线性的信用评估问题，其结果介于 0 与 1 之间，在信用风险的衡量下，即为违约概率。神经网络分析方法应用于信用风险评估的优点在于其无严格的假设限制且具有处理非线性问题的能力。Altman、Marco 和 Varetto(1994)在对意大利公司财务危机预测中应用了神经网络分析法；Coats 及 Fant Trippi(1993)采用神经网络分析法分别对美国公司和银行财务危机进行预测，取得较好的效果。然而，要得到一个较好的神经网络结构，需要人为随机调试，需要耗费大量的人力和时间，加之该方法结论没有统计理论基础，解释性不强，所以应用受到很大限制。

5) 聚类分析法(cluster analysis)

聚类分析(cluster analysis)属于非参数统计方法。信用风险分析中它根据由借款人的指标计算出的在样本空间的距离，将其分类。这种方法的一个主要优点是不要求总体的具体分布；可对变量采用名义尺度、次序尺度，因此该方法可用于定量研究，也可对现实中的无法用数值精确表述的属性进行分析。这很适用于信用风险分析中按照定量指标(盈利比、速动比等)和定性指标(管理水平、信用等级等)对并不服从一定分布特性的数据信息分类的要求。例如，Lundy 运用该方法对消费贷款申请者的典型信用申请数据及年龄、职业、婚否、居住条件进行处理分成 6 类并对每类回归评分，它不仅将借款人进行有效的分类而且帮助商业银行确定贷款方式策略。

6) K 近邻判别法(k nearest neighbor，KNN)

K 近邻判别法在一定距离概念下按照若干定量变量从样本中选取与确定向量距离最短 K 个样本为一组，适用于初始分布和数据采集范围限制较少时，减小了以函数形式表达内容的要求。另外，KNN 通过将变量在样本整体范围内分为任意多决策区间，而近似样本分布。Tametal 将之用于信用风险分析，取马氏距离，从流动性、盈利性、资本质量角度选出的 19 个变量指标，对样本分类，经比较其分类结果的准确性不如 lda、lg 以及神经网络。原因在于在同样的样本容量下，若对具体问题的确存在特定的参数模型并可能找出时，非参数方法不及参数模型效率高。

7) 层次分析法(AHP)

该方法强调人的思维判断在决策过程中的作用，通过一定模式使决策思维过程规范化，它适用于定性与定量因素相结合、特别是定性因素起主导作用的问题，企业信用等级综合评价就是这种定性因素起主导作用的问题。AHP 法的基本步骤是：建立递阶层次结构，构造判断矩阵，求此矩阵的最大特征根及其对应的特征向量，确定权重，并进行一致性检验。

8）其他方法

此外还存在着其他众多的方法：probit 法、因子——logistic 法、模糊数学方法、混沌法及突变级数法、灰关联熵、主成分分析综合打分法、主成分分析与理想点的结合方法、原蚁群算法、数据包络判别法等等。

### 8.5.3 现代信用分析方法

20 世纪 80 年代以来，受债务危机的影响，各国银行普遍重视对信用风险的管理和防范，工程化的思维和技术逐渐被运用于信用风险管理的领域，产生了一系列成功的信用风险量化管理模型。现代信用风险的计量模型按其计量的风险层次分为三种类型：一是单个交易对手或发行人的计量模型，二是资产组合层次的计量模型，三是衍生工具的计量模型。

1. 第一类：交易对手或发行人层次的计量模型

1）基于期权定价技术的风险计量模型

Merton 发现银行以折现方式发放一笔面值为 $d$ 的贷款所得到的支付和卖出一份执行价格 $d$ 的看跌期权所得到的支付相等。因此有风险贷款的价值就相当于一个面值为 $d$ 的无违约风险贷款的价值加上一个空头卖权。贷款的卖权价值取决于 5 个变量，即企业资产的市场价值、企业资产的市场价值的波动性、贴现贷款的面值、贷款的剩余期限以及无风险利率。

基于企业的市场价值和其波动性的不可观测性，1995 年美国 KMV 公司开发了 KMV 模型，该模型又称为预期违约概率模型(expected default frequency，EDF)，该模型使用企业股权的市场价值和资产的市场价值之间的结构性关系来计算企业资产的市场价值；使用企业资产的波动性和企业股权的波动性之间的结构关系来计算企业资产的波动性，同时统计在一定标准差水平上的公司在一年内破产的比例，以此来衡量具有同样标准差的公司的违约概率。

该模型是实际中应用最为广泛的信用风险模型之一。该模型理论依据在很多方面与 Black Scholes (1973)、Merton(1974)以及 Hull&White(1995)的期权定价方法相似。其基本思想是，当公司的价值下降至一定水平时，企业就会对其债务违约。根据有关分析，KMV 发现违约最频繁的分界点在公司价值等于流动负债±长期负债的 50%时。有了公司在未来时刻的预期价值及此时的违约点，就可以确定公司价值下降百分之多少时即达到违约点。要达到违约点资产价值须下降的百分比对资产价值标准差的倍数称为违约距离。违约距离=(资产的预期价值－违约点)/资产的预期价值×资产值的波动性。该方法具有比较充分的理论基础，特别适用于上市公司信用风险。

KMV 模型的优点在于其将违约与公司特征而不是公司的初始信用等级联系在一起，使其对债务人质量的变化更加敏感；同时，它通过股票价格来测算上市公司的预期违约概率，因而市场信息也能被反映在模型当中，使其具有一定的前瞻性，模型的预测能力较强；并且，由于该模型使用的变量都是市场驱动的，表现出更大的时变性，因此持有期的选择比信用度量术模型更加灵活。

2）基于风险价值 VAR 的信用度量模型

VAR 是指在正常的市场条件和给定的置信水平上，用于评估和计量金融资产在一定时期内可能遭受的最大价值损失。在计算金融工具的市场风险的 VAR 时，关键的输入变量是金融资产目前的市场价格和波动性。由于贷款缺乏流动性，因此贷款的市场价值和波动性不能观测。

JP Morgan(1997)银行开发了信用度量制(credit metrics tm)系统，该系统解决了诸如贷款和私募等非交易性资产的估值和风险计算。该方法基于借款人的信用评级、信用转移矩阵、违约贷款的回收率、债券市场上的信用风险价差计算出贷款的市场价值及其波动性，推断个别贷款或组合的 VAR，从而对贷款和非交易资产进行估价和信用风险评价。

信用度量制模型的优点在于其第一次将信用等级转移、违约率、违约回收率、违约相关性纳入了一个统一的框架来度量信用风险。该模型适用于商业信用、债券、贷款、贷款承诺、信用证以及市场工具(互换、远期等)等信贷资产组合的风险计量。但该模型在应用中存在以下问题：违约率直接取自历史数据平均值，但实证研究表明，违约率与宏观经济状况有直接关系，并非固定不变，假定资产收益服从正态分布，但实证研究表明实际分布多呈现厚尾特征；关于企业资产收益之间的相关度等于公司证券收益之间的相关度的假设有待验证，方法计算结果对于这一假定的敏感性很高。

3）基于保险精算的 credit risk ＋系统

Credit Suisse First Boston(CSFB，1997)银行开发的信用风险附加(credit risk ＋)系统的主导思想源于保险精算学，即损失决定于灾害发生的频率和灾害发生时造成的损失或破坏程度，它不分析违约的原因，而且该模型也只针对违约风险而不涉及转移风险，特别适于对含有大量中小规模贷款的贷款组合的信用风险分析。

该方法基于这样一些假设：贷款组合中任何单项贷款发生违约与否是随机的；每项贷款发生违约的可能性是独立的，因而这个方法假设贷款组合中单项贷款的违约概率分布服从 Possion 分布。信用风险附加模型的优点在于，它只要求有限的输入数据，基本上只有贷款组合中各组的贷款违约率、违约率波动率和风险暴露，因此贷款损失很容易计算。

4）以宏观模拟为基础建立的 credit portfolio view 系统

该信用组合观点系统由麦肯锡公司开发(Wilson，1997)，它是一个违约风险的宏观经济模拟系统。由于商业周期因素影响违约的概率，麦肯锡公司将周期性的因素纳入计量模型中，该系统在 credit metrics 的基础上，对周期性因素进行了处理，将评级转移矩阵与经济增长率、失业率、利率、汇率、政府支出等宏观经济变量之间的关系方法化，并通过 Monte Carlo 法模拟周期性因素的“冲击”来测定评级转移概率的变化，分析宏观经济形势变化与信用违约概率及转移概率的关系，进而分析不同行业或部门不同信用级别的借款人的信用风险程度。

该模型的优点在于其将各种影响违约概率和信用等级变化的宏观因素纳入了自己的体系之中，并且给出了具体的损失分布，能够刻画回收率的不确定性和因国家风险带来的损失；对所有的风险暴露都采用盯市法，更适用于对单个债务人和一组债务人进行信用风险度量。其主要适用于对那些对宏观经济因素变化敏感的投机级债务人的信用风险度量。

2. 第二类：资产组合层次的计量模型

现代资产组合理论(MPT)表明适当地利用资产之间的相关关系可以有效地降低风险并改善资产组合的风险——收益状况。然而流动性很差的贷款和债券组合存在着收益的非正态性、收益和相关系数的不可观测性等问题，这使得资产组合理论不能简单地运用到这些组合中去。收益的非正态性使得基于两矩(均值和方差)，而构建的资产组合理论只有增加偏度和峰度两矩才能较好地进行描述。历史价格和交易数据的缺乏造成了使用历史的时间序列数据计算收益率、方差以及收益之间的协方差和相关系数变得极为困难。资产组合层次的信用风险计量模型正是通过克服这些问题而发展起来的。这类模型大体上可以分为两大类：①是寻求计算证券组合的全部风险——收益的交替关系，如 KMV 的资产组合管理模型；②是集中风险维度和组合的 VAR 计算，如 credit metrics 资产组合模型。

3. 第三类：衍生工具的信用风险计量模型

衍生工具可以分为利率衍生工具和信用衍生工具。前者按其风险—收益特性可以分为对称性衍生工具，主要是指远期、期货和互换，而期权属于非对称性衍生工具，其风险—收益特征表现出典型的非线性。而后者主要通过采用分解和组合技术改变资产的整体风险特征，如信用互换、信用期权以及信用远期等。

衍生工具的信用风险与表内业务存在许多区别。首先，合约的无违约价值对交易对手而言必须为负值；其次，交易对手一定处于财务困境之中；再次，在任一违约概率水平上，衍生工具结算一般采取轧差方式，其违约遭受的损失往往低于同等金额的贷款违约的损失；最后，银行和其他金融机构都是用其他许多机制来降低违约的概率和损失。鉴于此，研究者相继提出许多计量模型，但主要集中在互换和期权两类衍生工具上。

信用衍生产品的定价是信用风险管理研究领域的难点问题。目前，学术界和实务界主要有三类定价信用衍生产品的方法：基于保险理论的定价、基于复制技术的定价和基于随机模型的定价。在基于保险理论的定价方法中，保险公司承担了投保人的信用风险，因而必须得到一定的保险费作为补偿。这种定价方法是一种基于保险公司历史违约数据库的统计方法，应用范围很窄，只能对存在历史违约数据的信用衍生产品提供保险。而基于复制技术的定价需要逐一确定投资组合中所有头寸的价值，对于结构复杂的信用衍生产品来说，这种技术很难实现。基于随机模型的定价是现在的主流方向，其中强度模型和混合模型的应用十分广泛。

### 8.5.4 商业信用政策变动分析

所谓商业信用政策，是公司基于对客户资信情况的认定，而对客户给予先交货后收货款的结算优惠，其实质是公司提供给客户的一种短期融资。

商业信用政策通常包含四个因素：赊销期限(公司提供信用的时间期限)、现金折扣(公司给予客户的优惠让利条件)、信用标准(公司对客户提供信用的依据)、收账政策(到期后企业采取的收账行动)。

信用政策变动分析的一般步骤是：①估计信用政策改变后的销货额、平均收账期以及坏账损失等。②根据销货额的增减，利用不同方程式求得应收账款投资成本的变化。③计算信用政策改变对利润的影响。④根据投资成本的变化和利润的变化，决定是否改变现行信用政策。

假定各个符号的含义如下：

$S_0$和$S_N$分别为目前销售额和预期销售额；

$V$表示变动成本率；

$ACP_0$和$ACP_N$分别表示目前和政策改变后的平均收账期；

$K$表示应收账款机会成本；

$B_0$和$B_N$分别表示目前及政策改变后坏账占销售的百分比；

$P_0$和$P_N$分别表示政策改变前后取得折扣的顾客百分比；

$D_0$和$D_N$分别表示政策改变前后的折扣百分比。

销售增加时应收账款投资成本$\Delta_I$的变化：

$$\begin{aligned}\Delta_I &= \text{原销货增加的应收账款成本}+\text{新增销货增加的应收账款成本}\\ &=(ACP_N-ACP_0)\times\frac{S_0}{360}+V\times ACP_N\times\frac{S_N-S_0}{360}\end{aligned}$$

销售减少时应收账款投资成本$\Delta_I$的变化：

$$\begin{aligned}\Delta_I &= \text{目前仍购货顾客所减少的应收账款成本}+\text{顾客减少而减少的应收账款成本}\\ &=(ACP_N-ACP_0)\times\frac{S_N}{360}+V\times ACP_0\times\frac{S_N-S_0}{360}\end{aligned}$$

利润的变化$\Delta_P$：

$$\begin{aligned}\Delta_P &= \text{毛利的变动}-\text{应收账款持有成本的变动}-\text{坏账损失的变动}-\text{折扣成本的变动}\\ &=(S_N-S_0)(1-V)-K\times\Delta_I-(B_NS_N-B_0S_0)-(D_NS_NP_N-D_0S_0P_0)\end{aligned}$$

### 8.5.5 债券信用评级的概述

债券信用评级是以企业或经济主体发行的以有价债券为对象进行的信用评级。债券信用评级大多是企业债券信用评级，是对具有独立法人资格企业所发行的某一特定债券，按期还本付息的可靠程度进行评估，并标示其信用程度的等级。这种信用评级，是为投资者购买债券和证券市场债券的流通转让活动提供信息服务。国家财政发行的国库券和国家银行发行的金融债券，由于有政府的保证，因此不参加债券信用评级。地方政府或非国家银行金融机构发行的某些有价证券，则有必要进行评级。

#### 1. 进行债券信用评级的原因

进行债券信用评级最主要的原因是方便投资者进行债券投资决策。投资者购买债券是要承担一定风险的。如果发行者到期不能偿还本息，投资者就会蒙受损失，这种风险称为信用风险。债券的信用风险因发行后偿还能力不同而有所差异，对广大投资者尤其是中小投资者来说，事先了解债券的信用等级是非常重要的。由于受到时间、知识和信息的限制，无法对众多债券进行分析和选择，因此需要专业机构对准备发行的债券还本付息的可靠程度，进行客观、公正和权威的评定，也就是进行债券信用评级，以方便投资者决策。

债券信用评级的另一个重要原因，是减少信誉高的发行人的筹资成本。一般来说，资信等级越高的债券，越容易得到投资者的信任，能够以较低的利率出售；而资信等级低的债券，风险较大，只能以较高的利率发行。

2. 债券的信用评级机构

目前国际上公认的最具权威性的信用评级机构，主要有美国标准普尔公司和穆迪投资服务公司。上述两家公司负责评级的债券很广泛，包括地方政府债券、公司债券、外国债券等，由于它们占有详尽的资料，采用先进科学的分析技术，又有丰富的实践经验和大量的专门人才，因此它们所做出的信用评级具有很高的权威性。标准普尔公司信用等级标准从高到低可划分为：AAA 级、AA 级、A 级、BBB 级、BB 级、B 级、CCC 级、CC 级、C 级和 D 级。穆迪投资服务公司信用等级标准从高到低可划分为：Aaa 级、Aa 级、A 级、Baa 级、Ba 级、B 级、Caa 级、Ca 级、C 级和 D 级。两家机构信用等级划分大同小异。前四个级别债券信誉高，风险小，是“投资级债券”；第五级开始的债券信誉低，是“投机级债券”。

标准普尔公司和穆迪投资服务公司都是独立的私人企业，不受政府的控制，也独立于证券交易所和证券公司。它们所做出的信用评级不具有向投资者推荐这些债券的含义，只是供投资者决策时参考，因此，它们对投资者负有道义上的义务，但并不承担任何法律上的责任。

3. 债券信用等级标准

(1) A 级债券，是最高级别的债券，其特点是：①本金和收益的安全性最大；②它们受经济形势影响的程度较小；③它们的收益水平较低，筹资成本也低。

对于 A 级债券来说，利率的变化比经济状况的变化更为重要。因此，一般人们把 A 级债券称为信誉良好的“金边债券”，对特别注重利息收入的投资者或保值者是较好的选择。

(2) B 级债券，对那些熟练的证券投资者来说特别有吸引力，因为这些投资者不情愿只购买收益较低的 A 级债券，而甘愿冒一定风险购买收益较高的 B 级债券。B 级债券的特点是：①债券的安全性、稳定性以及利息收益会受到经济中不稳定因素的影响；②经济形势的变化对这类债券的价值影响很大；③投资者冒一定风险，但收益水平较高，筹资成本与费用也较高。

因此，对 B 级债券的投资，投资者必须具有选择与管理证券的良好能力。对愿意承担一定风险，又想取得较高收益的投资者，投资 B 级债券是较好的选择。

(3) C 级和 D 级，是投机性或赌博性的债券。从正常投资角度来看，没有多大的经济意义但对于敢于承担风险，试图从差价变动中取得巨大收益的投资者，C 级和 D 级债券也是一种可供选择的投资对象。

4. 债券信用评级的内容

由于债券筹资的筹资数额巨大，所以对发行单位的资信评级是必不可少的一个环节。评级的主要内容包括：①分析债券发行单位的偿债能力；②考察发行单位能否按期付息；③评价发行单位的费用；④考察投资人承担的风险程度。

5. 我国开展债券信用评级的必要性

(1) 市场经济发展的需要。债券评级源于20世纪初的美国，经过一个世纪的发展，在美国已形成了一套完整的制度，并在保持金融制度的稳定中成为不可缺少的环节。从整个历史的发展来看，债券评级是市场经济的必然产物，市场经济中存在大量的信用形式，或者说市场经济的基础是信用经济。信用的基本特征是偿还性，它的运动过程是借债和还债的统一。如果受信人的偿还能力出了问题，就会影响到信用关系，如果整个社会的信用恶化，就会阻碍市场经济的发展。正因为如此，债券评级对债券偿还履约可能性进行信用风险评估，可以推动信用关系的良好发展。

(2) 发展债券市场的需要。中国的债券市场起步比股票市场要早，但是由于种种原因，债券市场的发展严重滞后。由于政策上的原因，我国目前是“重股市，轻债市”，而在西方国家恰恰相反，它们的证券市场结构逐渐向债券市场倾斜。作为证券市场的一个组成部分，中国的债券市场亟待发展，而其前提就是需要一些权威的评级机构对企业债券作出评级，以推动债券市场健康发展。对于投资者来讲，债券评级可帮助他们选择投资对象，以降低信息成本；对于企业来讲，债券评级则可以提高其知名度。

6. 我国债券评级体系现存的问题

(1) 我国债券信用评级的法律法规不健全，政策出自多个部门，有关管理规定比较零散，缺乏必要的系统化、规范化和清晰化。这可以从我国近几年来有关债券信用评级政策规定的出台情况得到证实。2003年，保监会发布《保险公司投资企业债券管理暂行办法》，相继认可了5家评级公司，规定保险公司可以买卖经该5家评级机构评级在AA级以上的企业债券；证券业协会发出通知，要求信用评级机构员工必须通过证券业从业人员资格考试，颁布了《证券公司债券管理暂行办法》；国家发改委要求企业债券必须经过2000年以来承担过国务院特批企业债券评级业务的信用评级机构评估。2004年，中国人民银行和银监会联合发布《商业银行次级债券发行管理办法》；保监会发布《保险公司次级定期债务管理暂行办法》；中国人民银行发布《证券公司短期融资券管理办法》。2005年，中国人民银行、财政部、国家发展和改革委、证监会联合发布第5号公告；中国人民银行、银监会联合发布第7号公告；人民银行发布《全国银行间债券市场金融债券发行管理办法》、《短期融资券管理办法》以及《短期融资券承销规程》、《短期融资券信息披露规程》两个配套文件。政出多门，不利于规范管理，也难以避免不协调、不一致情况的发生。

(2) 债券信用评级机构独立性得不到足够的保证，机构数量比较多，存在较大程度恶性竞争。评级机构的首要原则应是客观、独立、公正，根据其业务特点和工作性质应该有高度的中立性。但是，我国不少评级机构还未完全改制，仍没有与原主管部门脱离关系，在人员、资金、管理以及业务来源等方面缺乏独立性，不利于体现债券信用评级应有的公信力和权威性。在发达国家，一个国家只有少数几家评级机构。例如，美国有穆迪、标准普尔和惠誉3家，日本有日本公社债研究所、日本投资家服务公司和日本评级研究所3家，加拿大有自治区债券评级公司和加拿大债券评级公司2家，英国有国际银行信用分析公司1家。我国债券市场规模与发达国家相距甚远，但债券信用评级机构居然有9家。评级机构数量过多，势必造成企业债券评级领域过度竞争，使得评级机构受制于发债企业的压力不得不给出较高的信用等级，从而造成评级结果的失真。

(3) 债券评级技术不很成熟。资信评级在我国属于一个比较新的行业，债券信用评级专业人才队伍还很不成熟。从业人员的专业知识、综合分析能力、道德素质参差不齐，在相当程度上影响到债券评级的技术水平。当前我国信用评级仍然以经济体报表财务比率分析为主，在学习借鉴国外经验时，基本上属于照搬照抄发达国家做法，在评级方法和指标体系上存在不少问题：

① 我国债券信用级别的评定方法是：首先，根据各指标的重要性给出各指标的权重；其次，将发债企业的实际情况与各指标对照得出实际分；最后，根据实际分的高低，确定信用级别。这里就有一个问题：指标的权重是固定的，显示不出不同类型债券在不同时期评级的相对重要性。比如对于同一企业发行的期限不同的债券，考核指标的侧重点应有所不同，如果对长短期限不同的债券按同一标准评级，会影响评级结果的科学性。

② 从国外的成熟经验来看，评级方法应以定量分析为主，定性分析为辅。评级的可靠程度，更多得依赖于经验丰富、信息充分的分析人员的综合平衡意见。在我国，债券评级机构的评委只能依据事先确定的指标计算的实际值给出分数，而无法作出自己的综合判断，这样就不能对企业债券信用作出全面的评价。而且对于高级计量法的实施，国内也缺乏优良的人才储备；即便在外国，优秀的建模分析师也是一将难求。

③ 评级指标体系的设置不够全面。在《债券信用评级办法》中，按产业和债券的性质不同，分别设计了《工业企业(技改项目)债券信用评级计分标准》、《商业企业(技改项目)债券信用评级计分标准》等，但缺乏房地产开发、城市公用交通事业、农村乡镇企业等信用评级标准。

7. 信用评级程序

(1) 评级准备。评级准备阶段应按以下步骤进行：

① 接受评级委托方申请后，信用评级机构进行初步调查，判断本机构是否能够独立、客观、公正地对评级对象进行评级，且具备相应的评级能力。

② 接受评级委托方委托后，评级对象(发行人)与评级机构当事双方签订“评级合同”，支付评估费，评级机构根据评级项目特点成立专门的评级小组并指定评级小组的负责人。

③ 评级对象(发行人)按评级小组要求提供材料，并对所提供材料的真实性负责。评级小组对评级对象(发行人)提交的材料及机构已有的信息做初步审核，确定材料中遗漏、缺失、错误的信息并通知评级对象(发行人)进行补充，以保证评级材料的完整性、真实性。

④ 按照评级需要，制定合理完善的评级计划。

(2) 实地调查。依据对收集资料的初步审查结果，评级机构确定详尽的评级对象(发行人)实地调查内容。实地调查包括与评级对象(发行人)的高层管理人员及有关人员访谈、查看评级对象(发行人)现场、对评级对象(发行人)关联的机构进行调查与访谈等方面的工作。

评级小组在实地考察和访谈之后，应根据实际情况随时修改或补充相关资料，并建立完备的实地调查工作底稿。

(3) 初评阶段。评级小组在完成实地调查后，开始进入初评阶段。评级机构应视评级对象的实际情况安排初评工作进度。从初评工作开始日到信用评级报告初稿完成日，单个主体评级或债券评级不应少于 15 个工作日，集团企业评级或债券评级不应少于 45 个工作日。

在此阶段，评级小组应遵循以下要求：

① 完成资料收集整理后，评级小组应当根据与评级对象相适应的评级指标体系和评级方法，对评级材料深入分析。评估人员应当对评级对象(发行人)的经营环境、经营能力及状况、财务、评级对象(发行人)风险因素及抗风险能力等方面进行评价；对特殊行业的评级对象还应当分析影响评级对象(发行人)的特殊因素；对债券及债券类的评级，还应当深入分析发行人募集资金投向、到期偿付能力等与债券资金流向及收益相关的因素，如存在担保或抵押，还应评估担保或抵押情况。

② 评级小组在对收集资料进行定性与定量相结合、静态和动态相结合的综合分析基础上，初步确定评级对象的信用等级，初步拟定信用评级报告。

③ 评级小组撰写的信用评级报告和工作底稿须依程序经过评级小组负责人初审、部门负责人再审和评级总监三审的三级审核，并在报告及底稿上签署审核人姓名及意见。如在审核中发现问题，应当及时修正，并重新审核。

(4) 评定等级。信用等级的评定流程如下：

① 评级小组向信用评级机构的内部信用评审委员会提交三级审核后的信用评级报告及工作底稿。

② 内部信用评审委员会应召开评审会。评审会听取评估人员情况介绍，并对信用评级报告及工作底稿进行讨论、质疑、审核，提出信用评级报告的修改意见；信用评审委员会应当根据信用等级评定办法及级别限制条件，决定评级对象的信用等级。

③ 评级小组根据信用评审委员会决定的信用等级及评定意见，修改信用评级报告。

评级结果须经 2/3 以上的与会评审委员同意方为有效。

(5) 结果反馈与复评。信用评级机构在评级结果确定后，将信用评级报告及意见反馈表送交评级委托方，委托方应当在规定期限内反馈意见。如委托方和评级对象(发行人)不为同一单位的，则还应将信用评级报告及意见反馈表送交评级对象(发行人)。如果评级委托方或评级对象(发行人)对评级结果没有异议，则评级结果为首次评级的最终信用级别。如果评级委托方或评级对象(发行人)对评级结果有异议，并在规定的时限内向评级机构提出复评申请并提供补充材料，由评级小组向信用评级机构的信用评审委员会申请复评。如果评级委托方或评级对象(发行人)对评级结果有异议，但不能在规定的时限内提供充分、有效地补充材料，信用评级机构可不受理复评请求。信用评审委员会受理复评后，评级小组根据补充的材料，按照标准重新评级。复评结果为首次评级的最终信用级别，且复评仅限一次。

(6) 文件存档。评级小组对评级对象(发行人)的原始资料、评价过程中的文字资料进行分类整理，作为工作底稿存档；评级委托方或评级对象(发行人)提供的全套资料按照保密级别归档，对评级委托方或评级对象(发行人)特别要求保密的文件，应作为机密文件单独存档。

(7) 跟踪评级。信用评级机构应按以下要求进行跟踪评级：

① 评级机构应在信用等级时效限定期内按照跟踪评级安排继续进行评级服务。

② 跟踪评级包括定期和不定期跟踪评级。

③ 信用评级机构应密切关注评级对象(发行人)的信息，保证信用评级资料的及时更新。

④ 跟踪评级报告应当与前次评级报告保持连贯。

⑤ 跟踪评级结果按照国家的规定发布。跟踪评级结果与以前公告结果不一致的，由信用评级机构及时通知委托方或评级对象(发行人)。变更后的债券信用等级应在指定媒体向社会发布并在评级业务主管部门备案。

(8) 信用评级结果及其发布。信用评级的重要结果是评级对象的信用等级，它以简单的符号表示。

信用评级报告也是信用评级的重要结果，它是对评级对象信用状况及相关要素的具体分析。

### 8.5.6 信用分析模型及其应用

1. 信用分析模型的概述

信用分析模型是准确评估对象的信用等级和风险级别的关键技术，企业所在行业不同和客户群的差异决定了信用分析模型设计的相对独特性。企业需要开发和应用专业的信用分析模型。在企业开展信用分析工作时，仅靠管理人员的经验和传统方法，往往达不到准确识别和评估风险的要求。

2. 信用分析模型的类别

信用分析模型可以分为两类，预测模型和管理模型。预测模型用于预测客户前景，衡量客户破产的可能性。Z计分模型和巴萨利模型即属于此类，两者都以预测客户破产的可能性为目标，不同之处在于所考察的比率和公式略有不同。管理模型不具有预测性，它偏重于均衡地解释客户信息，从而衡量客户实力。营运资产分析模型和特征分析模型属于此类。营运资产分析模型旨在通过资产负债表衡量客户的实力与规模，特征分析模型则偏重于利用各类财务、非财务信息评价客户风险大小。管理模型不像预测模型那样目标专一，同时具有很大的灵活性，通过适当的调整可以用于各种场合。

(1) Z计分模型。Z计分模型通过关键的财务比率来预测公司破产的可能性。比较典型的是理查德·托夫勒(Richard Taffler)Z计分模型。1977年理查德·托夫勒对46家性质相同、规模大小一样的破产公司和有偿债能力的公司进行了对比，并依据其调查结果和利用多样差别分析法的基础上得出如下一些比率：

(税前利润/平均流动负债)×权数　①

(流动资产/负债总数)×权数　②

(流动负债/总资产)×权数　③

现金交易间隔期×权数　④

其中：式①衡量公司业绩；式②和式③衡量公司的债股比率；式④衡量公司在无收入

状态下可维持业务的时间长短。

Z计分值便是式①、式②、式③、式④四个比率的总和；如计分值为负值，则表示公司不景气。

经实践证明，这四种比率配上适当的权数，预测公司破产率的准确性高达97%以上。其中还发现了一个重要规律，即公司破产一般发生在该公司第一次Z计分出现负值后的第三年里。可见，Z计分模型是帮助企业确定客户破产风险的有力工具。Z计分模型适用于大的集团公司。

(2) 巴萨利模型。该模型由亚历山大·巴萨利(Alexander Bathory)发明。其比率如下：

(税前利润＋折旧＋递延税)/流动负债(银行借款、应付税金、租赁费用) ①

税前利润/营运资本 ②

股东利益/流动负债 ③

有形资产净值/负债总额 ④

营运资本/总资产 ⑤

其中：式①衡量公司业绩；式②衡量营运资本回报率；式③衡量股东权益对流动负债的保障程度；式④衡量扣除无形资产后的净资产对债务的保障程度；式⑤衡量流动性。

式①～式⑤总和便是该模型的最终指数，低指数或负数均表明公司前景不妙。

巴萨利模型是Z计分法更普遍的应用。据调查，巴萨利模型的准确率可达到95%；其最大优点在于易于计算，同时，它还能衡量公司实力大小，广泛适用于各种行业。

(3) 营运资产分析模型。该模型自1981年起在国外开始应用，在计算客户的信用限额方面具有非常实用的价值。该模型的计算分两个步骤：营运资产计算和资产负债表比率计算。

①营运资产计算。该模型首先提出考察的指标是营运资产，因此作为衡量客户规模的尺度，这一指标与销售营业额无关，只同客户的净流动资产和账面价值有关。

营运资产的计算公式是：

$$营运资产=\frac{营运资本+净资产}{2}$$

其中：营运资本＝流动资产－流动负债；

净资产即为企业自有资本或股东权益。

该模型公式在营运资产的计算上，不仅考虑了客户当前的偿债能力，而且还考虑客户的净资产实力。用这两个方面的综合平均值来衡量客户风险具有很大的功效。因为从信用管理的角度看，仅考虑客户的流动资本和流动负债情况，还不足以反映客户的真正资本实力，净资产是保障客户信用的另一个重要指标。

② 资产负债表比率计算。营运资产模型考虑如下比率：

流动比率＝流动资产/流动负债 ①

速动比率＝(流动资产－存货)/流动负债 ②

短期债务净资产比率＝流动负债/净资产 ③

债务净资产比率＝负债总额/净资产 ④

评估值=①+②-③-④

比率①和②衡量公司的资产流动性；比率③和④衡量公司的资本结构。评估值综合考虑了资产流动性和负债水平两个最能反映公司偿债能力的因素。评估值越大，表示公司的财务状况越好，风险越小。

信用额度的计算见表 8-5。

表 8-5 营运资产百分比等级

| 评估值 | 风险程度 | 营运资产比例(%) |
|---|---|---|
| ≤-4.6 | 高 | 0 |
| -4.59～-3.9 | 高 | 2.5 |
| -3.89～-3.2 | 高 | 5.0 |
| -3.19～-2.5 | 高 | 7.5 |
| -2.49～-1.8 | 高 | 10.0 |
| -1.79～-1.1 | 有限 | 12.5 |
| -1.09～-0.4 | 有限 | 15.0 |
| -0.39～0.3 | 有限 | 17.5 |
| 0.31～1.0 | 有限 | 20.0 |
| >1.0 | 低 | 25.0 |

可以看出，对评估值越小(即信用风险越大)的公司，营运资产分析模型给予其越小的营运资产比例作为计算赊销额度的依据。

(4) 特征分析模型。特征分析模型采用特征分析技术对客户所有财务和非财务因素进行归纳分析；从客户的种种特征中选择出对信用分析意义最大、最直接与客户信用状况相联系的若干特征，把它们编为几组，分别对这些因素评分并综合分析，最后得到一个较为全面的分析结果。

特征分析技术将客户信用信息分为三大类特征，18 个项目。

客户特征包括：①表面印象；②组织管理：客户的股东结构及股东的背景、客户的内部管理组织结构及附属机构、主要负责人背景；③产品与行业；④市场竞争性；⑤状况：生产状况及经营范围、购销区域、结算方式和特点、主要供应商和经销商或代理商的状况、经营业绩(包括销售额、业绩增长情况，尤其应注意客户主营业务的增长情况)；⑥发展前景。

优先特征包括：①交易利润率；②交易条件；③对市场吸引力的影响；④对市场竞争力的影响；⑤担保条件；⑥可替代性。

信用及财务特征包括：①付款记录；②银行信用：银行对该客户的信用评级、该客户在银行的存贷款情况、信用额度是否有拖欠、是否能获得银行的资信证明书和保函；③获利能力；④资产负债表评估；⑤偿债能力；⑥资本总额。

对每一个项目，公司制定一个衡量标准，分为好、中、差三个层次，每个层次对应不同的分值。例如，对应："产品质量"一项，衡量标准层次为：好：产品质量好，富有特色；中：质量中等，属大众消费商品；差：质量很差，属劣等品。对其他项也都相应确定不同衡量标准层次下的语言描述。

不同层次对应的分值为：好——对应分值为 8～10 分；中——对应分值为 4～7 分；差——对应分值为 1～3 分；在未得到某项的任何情况时，赋值 0。

另外，根据公司的销售政策和信用政策对每一项都赋予一个权数，18 个项权数之和为 100。接下来，可以按照以下三个步骤计算：首先，对每一项进行打分。某项特征越好，分值越高。其次，用权数乘以 10(每一项可能得到的最高分值)，得出最大可能评分值。最后，用每一项权数乘以实得分数并加总得出加权平均分，并以此与加总的最大可能评分值相比，得出百分率。

对于特征分析模型的最终百分率可以作出如下归类，见表 8－6。

**表 8－6　特征分析模型最终百分率分类**

| 最终百分率(%) | 类　别 |
|---|---|
| 0～20 | 收集的信用特征不完全，信用风险不明朗，或存在严重的信用风险，因此，不应该进行赊销交易 |
| 21～45 | 交易的风险较高，交易的吸引力低；建议尽量不与之进行赊销交易，即使进行，也不要突破信用额度，并时刻监控 |
| 46～65 | 风险不明显，具有交易价值，并且可能发展为未来的长期客户，可适当超出原有额度进行交易 |
| 66 以上 | 交易风险小，为很有吸引力的大客户，具有良好的长期交易前景，可给予较大信用额度 |

特征分析有以下几个用途：

① 调整赊销额度。与营运资产模型相比，特征分析模型更全面。可以将特征分析模型与营运资产分析模型结合起来确定赊销额度。方法为：根据特征分析模型得出的最终百分率对在营运资产分析模型基础上得出的赊销额度进行调整。见表 8－7。

**表 8－7　根据特征分析模型调整赊销额度**

| 根据特征分析模型得出的最终百分率(%) | 可超出赊销额度(根据营运资产分析模型确定)的数量 |
|---|---|
| 0～20 | 0 |
| 21～45 | 赊销额度×21%至赊销额度×45% |
| 46～65 | 赊销额度×(46%＋0.5)至赊销额度×(65%＋0.5) |
| 66 以上 | 赊销额度×(66%＋1.0)以上 |

比如：A 公司的最终百分比为 46%，根据营运资产分析模型得出对其赊销额度为 10 000元，则根据特征分析模型调整后的赊销额度为：10 000×(46%＋0.5)＋10 000＝19 600。

② 与其他分析模型的结果互相印证。

③ 对客户进行分级。可以按照表 8-8 所示对客户分级。

**表 8-8 根据特征分析模型对客户分级**

| 评 估 值(%) | 客户信用等级 |
| --- | --- |
| 0～20 | D |
| 21～45 | C |
| 46～65 | B |
| 66 以上 | A |

在采用特征分析模型时涉及权数的选择问题。权数的重心倾向实质反映了公司的政策取向。不管权数是偏重于销售或偏重于财务，有一些项目因为其重要性总是具有较高的权数，包括付款担保、付款历史记录、资本结构比率、管理能力、产品竞争力等。一笔交易的信用风险不仅取决于客户的付款能力，还取决于它的付款意愿。Z 计分模型、巴萨利模型和营运资产分析模型主要以财务分析为主，而特征分析模型既考虑了财务因素，又考虑了非财务因素；既考虑了付款能力，又考虑了付款意愿。另外，企业从多渠道获得客户信息(如销售人员获得客户信息)也可以在特征分析模型中加以利用。因此，特征分析模型是值得企业广泛采用的一种有效方法。

特征分析模型是目前在国外企业信用管理工作中应用较为普遍的一种新的信用分析工具，本质上它也属于传统的信用分析和评价方法。该模型的主要用途就是对客户的资信状况作出综合性的评价，并以定量化的方式，对客户的授信作出评定。该模型简单明了，操作比较容易规范。

简单来说，该模型就是从客户的种种特征中选择出对信用分析意义最大、直接与客户信用状况相联系的若干因素，把它们编为几组，分别对这些因素评分并综合分析，最后得到一个较为全面的分析结果。该模型一共使用三组指标，共 18 项。

第一组为客户自身特征。这一类因素主要反映那些有关客户表面、外在的、客观的特点。包括六项指标：表面印象、组织管理、产品与市场、市场竞争性、经营状况、发展前景。

第二组为客户优先性特征。这类因素主要是指企业在挑选客户时需要优先考虑的因素，体现与该客户交易的价值。这类因素具有较强的主观性。共包括六项指标：交易利润率、对产品的要求(交易条件)，对市场吸引力的影响、对市场竞争力的影响、担保条件、可替代性。

第三组为信用及财务特征。这类因素主要是指能够直接反映客户信用状况和财务状况的因素。共包括六项指标：付款记录、银行信用、获利能力、资产负债表评估、偿债能力、资本总额。

由上面这三组指标可以看出，特征分析技术涵盖了反映客户经营实力和发展潜力的一切重要指标。特别是“优先性特征”的设置使分析工作更接近实际情况，有助于企业的销售工作。特征分析方法主要由信用调查机构和企业内部信用管理部门使用。

专家法必须根据经济环境和风险因素的变化不断调整自己分析和调查的重点，才能做出准确的决策。传统的信用评价方法虽然有成熟的经验可资借鉴，一般也要制定自己的分析和评价体系。但我们每次实际进行一家企业信用调查与评价工作时，它都是一个全新的工作；同时，企业信用调查与评价工作必须通过自己的实践来积累经验。银行家应该是判断和处理信用风险的专家，对信用风险的准确判断，是银行家的本质。一般认为，传统法存在一些问题，如专家的培养需要较长时间，同时要确保信用专家能真正考虑所有的相关方面，专家法的成本比较高等。

## 本章小结

本章介绍了财务风险分析及财务信用分析的方法。本章通过对各种筹资方式自身所包含的风险状况的分析，介绍如何分析筹资风险。投资风险分析可以分为项目投资风险分析和证券投资风险分析。

在财务信用分析部分，主要介绍了信用分析的基本原理和方法，包括商业信用及其政策分析、债券信用评级与分析及信用分析模型的应用等。通过对商业信用的分析，可选择更适合企业需求的信用政策；通过对客户信用状况的科学评价，可以使得信用管理和决策更加客观和规范，从而进一步提升信用分析的有效性。

## 关键术语

风险　期望值　标准差　标准离差率　经营杠杆　财务杠杆　风险调整贴现率法
肯定当量法　系统风险　非系统风险　商业信用　资本资产定价模型　债券评级　管理模型

## 思考与练习

一、 单项选择题

1. (　　)是现代信用风险管理的基础和关键环节。

A. 信用风险识别　　B. 信用风险计量

C. 信用风险监控　　D. 信用风险报告

2. 某公司经营风险较大，准备采取系列措施降低经营杠杆程度，下列措施中，无法达到这一目的的是(　　)

A. 降低利息费用　　B. 降低固定成本水平

C. 降低变动成本水平　　D. 提高产品售价

3. 客户信用评级的发展过程是(　　)。

A. 违约概率模型→专家判断法→信用评分法

B. 信用风险模型→专家判断法→违约概率模型

C. 专家判断法→信用评分法→违约概率模型

D. 专家判断法→违约概率模型→信用评分法

4. 下列关于信用评分模型的说法，不正确的是(　　)。

A. 信用评分模型是建立在对历史数据模拟的基础上的

B. 信用评分模型可以给出客户信用风险水平的分数

C. 信用评分模型可以提供客户违约概率的准确数值

D. 由于历史数据更新速度较慢，信用评分模型使用的回归方程中各特征变量的权重在一定时间内保持不变，从而无法及时反映企业信用状况的变化

5. 当财务杠杆系数为1时，下列表述正确的是(　　)。

A. 息税前利润增长率为零

B. 息税前利润为零

C. 利息与优先股股息为零

D. 固定成本为零

6. 某企业本期财务杠杆系数为1.5，本期息税前利润为450万元，则本期实际利息费用为(　　)。

A. 100万元　　B. 675万元

C. 300万元　　D. 150万元

二、多项选择题

1. 商业银行在对单一法人客户进行信用风险识别和分析的时候，需要关注和了解的内容包括(　　)。

A. 客户的类型　　B. 企业基本经营情况

C. 企业员工的数量　　D. 法人的信用状况

E. 企业的资产规模

2. 对中长期客户授信，需要了解的情况有(　　)。

A. 客户预计资金来源以及使用情况

B. 预计的资产负债情况

C. 损益情况

D. 项目建设情况

E. 运营计划

3. 商业银行对客户的财务分析主要包括(　　)。

A. 企业经营成果

B. 财务状况

C. 主管财务的工作人员能否胜任

D. 现金流量情况

E. 公司治理结构是否完善

4. 关于财务杠杆系数的表述，正确的是(　　)。

A. 在其他条件不变的情况下，债务比率越高，财务杠杆系数越大

B. 财务杠杆系数越大，财务风险也就越大

C. 财务杠杆系数与资金结构无关

D. 财务杠杆系数可以反映息税前盈余随每股盈余的变动而变动的幅度

5. 债务比例(　　)，财务杠杆系数(　　)，财务风险(　　)。

A. 越高、越大、越高　　B. 越低、越小、越低

C. 越高、越小、越高　　D. 越低、越大、越低

6. 经营风险指企业未使用债务时经营的内在风险，影响经营风险的主要因素包括(　　)。

A. 产品需求　　B. 产品售价

C. 产品成本　　D. 调整价格的能力

E. 固定成本的比重

7. 产生财务杠杆是由于企业存在(　　)。

A. 财务费用　　B. 优先股股利

C. 普通股股利　　D. 债务利息

E. 股票股利

8. 以下各项中，会使财务风险增大的情况有(　　)。

A. 借入资本增多　　B. 增发优先股

C. 发行债券　　D. 发行普通股

E. 融资租赁

9. 企业要想降低经营风险，可以采取的措施有(　　)。

A. 增加产销量　　B. 增加自有资本

C. 提高产品售价　　D. 增加固定成本比例

E. 降低变动成本

10. 以下各项中，反映综合杠杆作用的有(　　)。

A. 说明普通股每股收益的变动幅度

B. 预测普通股每股收益

C. 衡量企业的总体风险

D. 说明企业财务状况

三、 判断题

1. 企业负债比例越高，财务风险越大，所以负债对企业总是不利的。(　　)

2. 在其他因素不变的情况下，固定成本越小，经营杠杆系数也就越小，而经营风险则越大。(　　)

3. 财务风险是由通货膨胀而引起的风险。(　　)

4. 经营杠杆能够扩大市场和生产等不确定性因素对利润变动的影响。(　　)

5. 当产品成本变动时，若企业具有较强的调整价格的能力，经营风险就小；反之，经营风险则大。(　　)

6. 当债务资本比率较高时，经营风险较大。(　　)

7. 企业一般可以通过增加销售额、增加产品单位变动成本、降低固定成本比重等措施降低经营风险。(　　)。

四、 问答题

1. 什么是风险？财务分析中关于风险的分类有哪几类？

2. 如何进行财务风险分析？

3. 如何进行经营风险分析？

4. 债券评级的程序包括哪些？

5. 经营杠杆、财务杠杆分别侧重于哪方面的分析？

6. 资本结构分析的内容主要包括哪些？

五、 计算题

1. 某企业本期财务杠杆系数为2，本期息税前利润为500万元，则该企业本期实际利息率为多少？

2. 某公司本年销售收入为100万元，税后净利12万，变动营业成本30万元，固定营业成本24万元，所得税税率40%。要求：计算该公司的经营杠杆系数及财务杠杆系数。

# 实际操作训练

## 德隆事件

货币资金运动是经济发展的第一推动力和持续推动力。通过金融市场的融资功能，把资金从所有者手中转向需求者手中，实现资金的重新配置和优化组合，充分发挥资金的流动性和效益性，将社会资源由低效率部门向高效率部门转移，从而推动商品市场的发展。

随着资源的配置，金融市场上的风险也在发生新的配置，金融市场主体追求高收益的同时，也承受着巨大的风险。

1. 德隆的原始积累

1986 年，“德隆”创始人唐氏兄弟从国有单位下海，开始他们的创业生涯。他们经过商，开过小型彩色照片冲印店，20 世纪 90 年代来到了北京，开了一家当时在北京很有名的迪厅，到 1993 年单是迪厅已给他们带来了 3 000 万元以上的利润。中国的社会变革时代给了他们最美好的希望，他们的才华得到充分施展，事业上的起步使他们完成了走向顶峰的第一笔原始积累，也使他们踌躇满志。

2. 德隆的惊险跳跃

20 世纪 90 年代初，中国开始在上海和深圳试点原来只属于“资本主义”的股票市场。唐氏兄弟以他们敏锐的洞察力和商场摸爬滚打多年的嗅觉，感到这个时代将再一次为他们提供一个大舞台。他们开始用原始积累的数千万资金投入新兴的中国股票市场。通过买股票认购证、原始股和参与深沪大盘的炒作，他们的资金规模有了跳跃式的发展，但他们并不满足，寻求能够帮助其更快速致富的目标。经过仔细分析，他们发现流通盘 5 000 万股的“湘火炬”由于地处湖南，不属于上海本地等投资投机热点，历史成本很低，每股价格在 2.3 元附近，于是，唐氏兄弟联合几位熟悉的大户开始了在“湘火炬”上建仓。到 1996 年的 7 月份，唐氏兄弟和他们的朋友已经持有“湘火炬”70%的流通股，该股也从 2.3 元上涨 60%到 4 元附近。但是这个时候，四川长虹、深发展等有大比例送股的龙头股却有 400%的涨幅，这一点既让唐氏兄弟感到股票市场巨大的利润空间，又让他们意识到光持有流通股无法获得公司决策权，就不能通过大比例送股来大幅度拉升股价。

经过深入的研究，1997 年，唐氏兄弟做出了一个重大决定，在新疆注册成立德隆投资公司，要通过资金和这些年在上层建立的社会关系进入“湘火炬”的决策层。这一重大决定很快得以实施，“湘火炬”的上级部门考虑到当时的汽车零配件行业不太景气，该公司效益也很一般，加上德隆开出的优厚条件，决定向德隆投资公司出让其控股权。此后，德隆通过拆借资金很快完成了收购，进入“湘火炬”公司决策层。并在 1997 年和 1998 年年报分别推出 10 送 2 股和 10 送 9 股的优厚方案，“湘火炬”的股票价格也很快于 1997 年涨到 10 元，1998 年超过 20 元，唐氏兄弟此时已获得了 10 亿以上的账面利润。

这一模式的成功，对唐氏兄弟和他们的追随者来说是极大的兴奋，他们仿佛找到了在中国股票市场稳赚不赔的法宝。基于这一理念，1998 年以后，德隆投资公司通过贷款、从已控制的公司拆借资金、联合更多投资者等方式入主了“新疆屯河”和“合金股份”，“德隆系”也正式形成。通过控制流通股和大比例的送配，这三家公司的股票价格涨幅最少都超过 20 倍，到最高峰时期，“德隆系”控制的股票市价已经超过 200 亿元人民币。由唐万里和唐万新领军的德隆集团，因为擅长资本运作而在中国股市名声赫赫。甚至出现过一旦听说德隆看上了哪只股票，这只股票的价格立即扶摇直上的“逢德必涨”现象。在胡润发布的“2003 资本控制力 50 强”排行榜上，德隆集团以对 5 家上市公司、217 亿流通市值的控制力名列榜单首位。作为德隆集团多年打造的股市形象工程，即使在 2003 年股市跌得面目全非之际，“德隆三剑客”的股价依然逆市上涨，尽显强庄的风范。

3. 德隆王朝的覆灭

在德隆资本膨胀过程中，其关键词是“产业整合”。其核心思想是以资本运作为纽带，通过企业购并、整合传统产业，为传统产业引进新技术、新产品，增强其核心竞争力。为此，德隆缔造了一个两翼并举的庞大金融产业王朝：产业一翼，德隆斥巨资收购了数百家公司，所属行业含番茄酱、水泥、汽车零配件、电动工具、重型卡车、种子、矿业等；金融一翼，德隆将金新信托、厦门联合信托、德恒证券、新疆金融租赁、新世纪金融租赁等纳入麾下。

也正是凭借着这一精心构建但实质粗糙的产业链，德隆在中国资本市场上南征北战，东奔西突，不断地制造着一个又一个产业并购的故事。其不计成本的扩张，不论好坏的通吃，不仅使德隆帝国的版图迅速扩大，也使这一帝国显得庞杂而可怕。在这粗糙收购加上不计成本的扩张背后，决定其最后整合的结果是难以产生正的现金流，长期陷于资金饥渴症。其旗下公司的债务不断攀升，使支撑德隆庞大产业帝国的资金链脆弱不堪。特别是2001年，德隆旗下上市公司无法融资之后，德隆帝国也就岌岌可危了。

2001年7月，对中国股票市场是个灾难的时期，经历了5年的大牛市后，终于出现了“股灾”。很多股票出现了比上涨还疯狂的下跌，股价的整数被去掉，只剩下零头。但德隆并没有提前意识到灾难的发生，过了很长一段时间，他们才真正明白中国股票市场畸高的市盈率确实是不健康的，这样的市场肯定有崩溃的一天；“德隆系”三只老股确实价格太高了，要变现账面利润几乎是不可能的，而且还有那么多的贷款和拆借资金需要及时归还。为兑现账面利润，唐氏最后找到的解决之道是，利用德隆的影响和这些年形成的社会关系大规模地介入优质产业，再将利润较高的产业注入上市公司，以降低上市公司股票市盈率，形成合理的投资价值，然后出货。

为了尽快形成实业领域的优势，德隆以能带来资金流的金融企业作为进入的重点，相继控制了170余家企业，包括天山股份、ST中燕、重庆实业、沱牌曲酒等新的上市公司，以及德恒证券、恒信证券、东方人寿、南昌商业银行等数十家金融企业。以这类公司为载体，德隆加大了资金借贷，并从控股公司套取大量资金，进入了更多实业领域。

德隆采取的措施，在上市公司有一定的成效，“湘火炬”进入了行业景气度较高的重型汽车领域，“合金投资”收购了在美国有一定影响、效益较好的电动工具公司，“新疆屯河”也加大了新兴的食品产业的投资力度，产业初具规模。但是，在上市公司基本面改善的同时，德隆在其他非上市产业中形成了很大的坏账(包括资金利息)。德隆系甚至越来越感觉到自己陷入一种莫名其妙的恶性循环，产业规模越来越大，债务越来越重，看得见的利润还是只有上市公司股价上的差额，而扣除这些无法兑现的价差后公司几乎是资不抵债。

2003年以后，证券市场的监督并没有因熊市的来临而放松，国务院、证监会以及一些地方政府已经开始意识到德隆系高企股价后面的巨大金融风险，并有意识地采取一些措施限制德隆进入某些产业，同时加大了限制违规资金进入证券市场的力度。这个时候的唐氏兄弟开始认识到问题的严重程度，原来一直很神秘的德隆开始站出来树立公众形象，希望通过社会和政府的谅解来渡过这一难关。但是，这一措施太迟了，德隆的摊子已经大到政府几乎都无法收拾的地步。2004年春天，唐氏兄弟和他们的“德隆系”进入中国证券市场已经超过10年了，他们第一次感觉到失望的冬天是那么冰冷。原来合作很好的银行、民间金融资金不但不再借钱给他们，还加大对资产抵押贷款的追缴力度，而再次大规模的扩张又受到政府的限制。真是前无去路，后有追兵。为了减轻债务压力，缓解政府对它的限制，德隆只有选择股价跳水来套现这一条路。

2004年4月14日，对德隆王朝而言，是个黑色的日子。德隆的噩梦从这一天正式开始了。德隆系旗下的三驾马车——湘火炬、新疆屯河和合金投资第一次集体跌停。尽管在此之前，德隆系所有的股票都有不同程度的下跌，但是三驾马车整体跌停在德隆的历史上是前所未有的。这不仅反映了市场对德隆的信心丧失正在加速，也增加了市场流传的德隆资金链断裂的真实性。

事实上，早在2003年的12月16日，当德隆将所持有的湘火炬10 020万股法人股质押后，这一数量庞大的质押就引起了市场的普遍怀疑。紧接着，德隆又用一连串的密集股票质押强化了市场的怀疑预期，湘火炬、新疆屯河、合金投资的部分股权陆续被质押，更加重了市场的怀疑，而其股价的飞流直下也似乎在无言地讲述着什么。尽管德隆一再出面强调其资金链的安全，甚至搬出了国际投资者。然而，随着旗下股票价格的全面崩盘，唐万里终于低下了高昂的头，承认德隆遇到了阶段性的困难。于是德隆开始了有限变现子公司资产的行程，于是 ST 中燕转手易人了。

如果仅仅是股票价格暴跌所造成的打击，德隆应该是可以承受的。但接下来的德隆王朝中子系统或关联系统与德隆之间裂痕的出现、矛盾的接连暴露，使德隆着力打造的产业链彻底开始瓦解了。特别是德隆左臂右膀的三驾马车的反戈一击，各人自扫门前雪，积极寻求脱离德隆的控制，更使德隆王朝最神秘的资金面纱被一层层揭开。德隆被空前的孤独包围着，德隆被无尽的烦恼纠缠着。德隆已到了无法自我解脱的危情之中。

迫不得已，华融资产管理公司(以下称华融公司)受中央银行之命拯救德隆，先是整体托管，再寻求重组途径，主要工作是审核德隆的财务账目，设计重组方案，以市场化方式全面参与德隆系资产重组，在重组工作结束后帮助德隆寻找潜在的买家。新疆德隆、德隆国际、屯河集团与华融公司签订的《资产托管协议》规定，新疆德隆、德隆国际、屯河集团仍享有委托华融公司管理和处置资产的所有权和相应的收益权。华融公司在处置托管资产时，新疆德隆、德隆国际、屯河集团可以推荐合格投资者参与竞价并享有其他投资者的同等权利。而华融公司则受托拥有对托管资产以华融公司名义进行管理和处置的全部权利，有权以诉讼、转让、租赁、重组、破产等法律法规许可的任何方式，独立管理和处置托管资产。同时，华融公司还享有托管资产中股权资产对应的股东权利，包括但不限于选举和更换董事及监事、参加股东大会、表决权等权利。华融公司有权决定这三家公司的重要经营活动，包括但不限于重大投资、重大经营决策、重大合同、大额货币资金支付、贷款和资金拆借、对外担保、对外转让资产和股权等须由董事会或者股东会决定的重大事项。华融公司还有权对新疆德隆、德隆国际、屯河集团对控股子公司派出的股东代表和董事、监事的经营行为进行监督。可见，在华融整体托管德隆的模式中，华融公司被赋予了相当大的权利。

要求：分析德隆公司的筹资风险。

# 第9章 综合分析与评价

## 教学目标

通过本章的学习要求学生学会用财务指标对企业进行综合分析和评价。

## 教学要求

| 知识要点 | 能力要求 | 相关知识 |
| --- | --- | --- |
| 综合分析的目的与内容 | 了解财务综合分析的含义和特点<br>理解财务综合分析的目的和内容 | 财务综合分析的含义、特点<br>财务综合分析的目的、内容 |
| 综合分析法 | 理解沃尔评分法和杜邦分析法思路<br>掌握沃尔评分法和杜邦分析法的应用 | 沃尔评分法<br>杜邦分析法 |

导入案例

## 莲花味精十余亿去向何处

截至2007年年末，莲花味精(600186)的银行借款大量逾期，资金链出现严重的问题。2007年年末，公司短期借款6.095亿元，其中6.027亿元已逾期，此外公司一年内到期的非流动负债2.939亿元也已全部逾期。

令人不解的是，虽然莲花味精的资金面极其紧张，但截至2007年年末，公司的应收账款、其他应收款和预付账款合计高达16.98亿元之巨。

应收账款虚假?

截至2007年年末，莲花味精应收账款总额高达8.097亿元，其中账龄超过1年的款项高达5.576亿元，占应收账款总金额的近70%，账龄1至2年的2.388亿元；账龄2至3年的1.839亿元；账龄3年以上的1.349亿元。

虽然莲花味精的应收账款绝大多数账龄都较长，但公司却采取了极低的坏账计提比例。计提方法为账龄在1年以内的计提5%；1至2年的计提7%；2至3年的计提10%；3年以上的计提15%。

正常情况下，上市公司对账龄2至3年的应收账款计提的坏账准备比例在20%～50%，账龄3年以上的应收账款计提坏账准备的比例通常为50%～100%。若按2至3年计提20%；3年以上计提50%计算，莲花味精至少还应分别多计提坏账准备1 839.06万元和4 719.88万元，合计6 558.94万元。

这一数字是莲花味精2007年净利润的2.36倍左右，同时也比莲花味精近4年净利润总和还高出近1 300万元。换句话说，若非通过少计提的方式虚增利润，莲花味精可能早已连续亏损。

莲花味精应收账款的问题并非仅仅只是计提坏账比例偏低。通过对2001年至2007年主营业务收入及应收账款的情况进行对比发现，虽然近年来莲花味精的主营业务收入波幅较大，但公司应收账款金额却异常稳定，7年之中几乎没有发生大的变化。

正常情况下，不同年份应收账款的金额会随着产品的销售情况及主营业务收入的变化而变化。

实际上，近3年来，无论是季报、半年报还是年报，莲花味精的应收账款都一直没有较大的波动。这种有悖常理的情况令人对其真实性生疑。

这就存在着两种可能：其一，其实际账龄远远超过目前公司披露的账龄，目前极有可能存在巨额账龄在3年以上的应收账款；其二，莲花味精虚构应收账款，从而虚增收入及资产。

收入也现异常?

2007年，莲花味精的味精产品营业收入为16.27亿元，营业成本13.31亿元，毛利率为18.22%。但2007年半年报显示，2007年1～6月该产品营业收入为13.42亿元，营业成本12.25亿元，毛利率为8.74%。按此计算，2007年7～12月，该产品的营业收入虽然仅为2.85亿元，但毛利率高达62.87%。

味精的销售并不具有季节性，出现这种毛利率及收入情况上、下半年存在巨大差异的情况令人诧异。

实际上，莲花味精的味精产品以往的收入数据也并未显示出此规律。虽然2004年上半年，该产品收入为2.707亿元，毛利率约5.38%，下半年收入为3.042亿元，毛利率高达约35.67%；但2005年上半年，其收入3.532亿元，毛利率22.32%；下半年收入为6.024亿元，毛利率约17.56%；2006年上半年，其收入为5.306亿元，毛利率14.25%；下半年收入高达12.652亿元，毛利率约8.23%。

莲花味精这种不同时点营业收入及毛利率变化巨大，而应收账款却长期保持平稳，几呈直线的状态，与常理不符。

近17亿元款项真实去向存疑。

截至2006年6月30日，莲花味精其他应收款曾一度高达13.51亿元，其中公司大股东莲花集团欠款高达10.84亿元。2006年下半年，莲花集团因无力以现金偿还占用上市公司的资金，以其拥有的房屋、设备、长期投资等资产抵偿占用上市公司的资金5.876亿元。

此外，莲花集团还以获得转增的股权和原有的部分存量股权共计为2.64亿股，抵偿上市公司欠款4.065亿元，并以其他方式抵偿上市公司资金约0.88亿元，合计偿还占用上市公司的资金10.572亿元。

但截至2006年年底，莲花味精其他应收款仍高达5.430亿元，仅比年初时的13.193亿元减少了7.763亿元，但并未在2006年年报中说明原因。

截至2007年年末，莲花味精其他应收款仍高达5.086亿元，欠款前五名分别为河南莲花英糖药业有限公司、河南莲花环保产业有限公司、河南莲花生物工程有限公司、河南莲花味精进出口有限公司和河南莲花味精集团公司。

令人奇怪的是，除莲花集团外，上述其余4家公司均是莲花集团2006年以长期投资名义抵偿给上市公司的资产。如今抵债资产为何变成了占用上市公司资金的大户，其中缘由令人不解。

除应收账款和其他应收款外，截至2007年12月31日，莲花味精预付账款高达3.80亿元，账龄超过1年的预付账款高达2.15亿元(账龄2～3年的账款为1.42亿元)。对于账龄较长的预付款项，莲花味精仅仅解释称“主要原因是双方正在结算中”。莲花味精的原材料主要为小麦等，根本无需提前支付巨额的资金去采购。数亿元预付账款从何而来，又是何人所欠，均不见公司说明。

截至2007年年末，莲花味精的应收账款、其他应收款和预付账款合计高达16.98亿元之巨，真实性及真实流向均令人质疑。

## 9.1 综合分析的目的与内容

单独分析任何一项财务指标，都不足以全面的评价企业的财务状况和经营效果，而只有对各种财务指标进行系统的综合分析，才能对企业的财务状况做出全面的、合理的评价。因此，必须对企业进行综合的财务分析。

**阅读案例9-1**

### 小王的财务分析为什么挨批

东风公司的董事长在一次中层干部办公会议上讲话时说：“我们这个行业竞争激烈，我们大家要树立危机感，加强管理，提高我们的竞争力。”会议后，董事长对财务总监说：“去把我们公司的财务实力和发展态势分析一下，我要了解一下情况。”财务总监就让小王把公司最近几年的会计报表数据作了一些对比，并计算出公司近几年的发展趋势，然后总结：“公司近五年规模增加了12倍，是公司增长较快的时期，财务实力在增加。但是公司2005年资产规模比2004年有所下降。从公司各类资产变动趋势来看，各类资产增长趋势基本相同，但增长变化幅度有所差异。总体看，长期资产增长幅度大于流动资产增长幅度。如果公司流动资产能保证生产经营需要，而不存在长期资产闲置，这种变动趋势对提高资源利用率是有益的。利润方面，基本趋势是从2000年开始增长，2002年是利润增长高峰；2003年利润有较大幅度下降，2004年略有好转，但总体情况仍不佳，而2005年又有了进一步的下降。收入的变动趋势与利润基本相同，但程度不同。”小王把报告呈给了董事长，董事长说：“这种趋势分析有一定的意义，但是报告中还应该提出我们为什么增加或者为什么减少，并应该提出建议。”小王低下头，不好意思地说：“这还需要和平时的经营管理以及其他财务指标结合起来进行综合分析，使整个分析动态化，这样才能全面客观地反映公司的实际情况。”

### 9.1.1 财务综合分析的含义及特点

1. 财务综合分析的含义

财务分析的最终目的在于全方位地了解企业经营理财的状况，并借以对企业经济效益的优劣做出系统的、合理的评价。单独分析任何一项财务指标，都难以全面评价企业的财务状况和经营成果，要想对企业财务状况和经营成果有一个总的评价，就必须进行相互关联的分析，采用适当的标准进行综合性的评价。所谓财务综合分析就是将营运能力、偿债能力和盈利能力等诸多方面的分析纳入一个有机的整体之中，全面地对企业的经营状况、财务状况进行解剖和分析，从而对企业经济效益的优劣做出准确的评价与判断。

2. 财务综合分析的特点

财务综合分析的特点，体现在其财务指标体系的要求上。一个健全有效的综合财务指标体系必须具备三个基本要素。

(1) 指标要素齐全适当。这是指所设置的评价指标必须能够涵盖企业营运能力、偿债能力和盈利能力等诸方面总体考核的要求。

(2) 主辅指标功能匹配。这里要强调两个方面：①在确立营运能力、支付能力和盈利能力等诸方面评价的主要指标与辅助指标的同时，进一步明晰总体结构中各项指标的主辅地位；②不同范畴的主要考核指标所反映的企业经营状况、财务状况的不同侧面与不同层次的信息有机统一，应当能够全面而翔实地揭示出企业经营理财的实绩。

(3) 满足多方信息的需要。这里要求评价指标体系必须能够提供多层次、多角度的信息资料，既能满足企业内部管理当局实施决策的需要，又能满足外部投资者和政府经济管理机构凭以决策和实施宏观调控的要求。

### 9.1.2 综合分析的目的

综合分析是财务分析的一种主要方法。财务分析受财务主体和财务分析服务对象的制约，不同的财务分析主体进行财务分析的目的是不同的，不同的财务分析服务对象所关心的问题也是不同的。因此，综合分析也同样受到财务主体和财务分析服务对象的制约。但不论是分析主体，还是服务对象，均包括投资者、经营者、债权人等，所以研究综合分析的目的可从以下几个方面进行。

1. 从企业投资者角度看综合分析的目的

企业的投资者包括企业的所有者和潜在的投资者，他们进行财务分析的最根本目的是看企业的盈利状况，因为盈利能力是投资者资本保值和增值的关键。但是投资者仅关心企业的盈利能力还是不够的，为了确保资本的保值和增值，他们还必须综合研究企业的权益结构、偿债能力和运营状况等。只有投资者认为企业各方面都运转较好，有着良好的发展前景，企业的所有者才会保持或增加投资，潜在的投资者才能把资金投入该企业。

2. 从企业经营者角度看综合分析的目的

企业的经营者主要是指企业的经理以及各分厂、部门、车间等的管理人员，他们是进行综合分析的最主要的主体。从对企业所有者负责的角度，他们首先也关心盈利能力，但这只是他们的总体目标。因为他们关心的不仅仅是盈利的结果如何，更主要关心的是盈利的原因及过程。因此，他们必须对如资产结构、运营状况、经营风险、财务风险、支付能力、偿债能力等涉及企业日常运转的方方面面进行综合分析。通过这种分析，全面了解企业的整体情况，使企业不仅利用现有资源盈利更多，而且使企业盈利能力保持持续增长。

3. 从企业债权者角度看财务分析的目的

企业债权者包括企业借款的银行及一些金融机构，以及购买企业债券的单位与个人等。债权者进行分析的目的与经营者和投资者不同，银行等债权人一方面从各自经营或收益目的出发愿意将资金贷给某企业，另一方面又要非常小心地观察和分析该企业有无违约和清算破产的可能性。一般地说，由于银行、金融机构及其他债权人不仅要求本金的及时收回，而且要得到相应的报酬或收益，而这个收益的大小又与其承担的风险程度相适应，通常偿还期越长，风险越大。因此，从债权人的角度进行分析的主要目的是看其对企业的借款或其他债权是否能及时、足额地收回，即研究企业的偿债能力大小。但是，仅仅研究偿债能力是不够的，还需要看债权者的收益状况与风险程度是否相适应，为此，还应将偿债能力与盈利能力相结合进行综合分析。

### 9.1.3 综合分析的内容

综合分析法中主要包括两个方法：沃尔评分法和杜邦分析法。

(1) 沃尔评分法是综合利用企业进行偿债能力分析、财务营运能力分析和盈利能力分析的所有财务比率，是对企业进行总体评价的一种方法。

(2) 杜邦分析体系是利用各种财务指标的内在联系，对企业综合经营理财及经济效益进行系统分析评价的一种方法。

## 9.2 沃尔评分法

### 9.2.1 沃尔评分法的概念及原理

1. 沃尔评分法的概念

1928 年，亚历山大·沃尔出版的《信用晴雨表研究》和《财务报表比率分析》中提出了信用能力指数的概念，他选择了 7 个财务比率即流动比率、产权比率、固定资产比率、存货周转率、应收账款周转率、固定资产周转率和自有资金周转率，分别给定各指标的比重，然后确定标准比率(以行业平均数为基础)，将实际比率与标准比率相比，得出相对比率，将此相对比率与各指标比重相乘，得出总评分。提出了综合比率评价体系，把若干个财务比率用线性关系结合起来，以此来评价企业的财务状况。

沃尔评分法就是将选定的财务比率用线性关系结合起来，并分别给定各自的分数比重，然后通过与标准比率进行比较，确定各指标的得分及总体指标的累计分数，从而对企业的信用水平进行评价的方法。

2. 沃尔评分法的优点

与传统的财务比率分析方法相比，沃尔评分法具有以下几个优点。

(1) 简明扼要，便于操作。各财务指标权重，根据定性分析及过去的评价经验主观给出，并通过几项财务评价指标的先行组合，确定财务综合评价结果，这给财务评级工作带来了很大的方便。

(2) 评价指标体系比较完整，基本上能够反映企业的财务状况，能够较好地反映企业的获利能力、偿债能力和营运能力。

(3) 便于分析，揭示原因。通过财务指标实际值与标准值的对比分析，找出影响企业财务状况的主要因素，以明确改善企业财务状况的方向。

3. 沃尔评分法的原理

(1) 沃尔评分法把若干个财务比率用线性关系结合起来。

(2) 对选中的财务比率给定其在总评价中的比重(比重和为100)，然后确定标准比率，并与实际比率相比较，给出每项指标的得分，最后得出总评分。

### 9.2.2 沃尔评分法的步骤

运用沃尔评分法进行企业财务状况综合分析，一般要遵循如下步骤：

(1) 选定评价企业财务状况的财务比率。在选择指标时，一要具有全面性，要求反映企业的偿债能力、盈利能力和发展能力的三大类财务比率都应当包括在内。二要具有代表性，即要选择能够说明企业财务状况问题的财务比率指标。三要具有变化方向的一致性，即当财务比率增大时，表示财务状况的改善；反之，当财务比率减小时，表示财务状况的恶化。一般认为，企业财务评价的内容主要是盈利能力，其次是偿债能力，此外还有发展能力。盈利能力的主要指标是总资产净利率、销售净利率和净资产报酬率。偿债能力有四个常用指标，分别是自有资本比率、流动比率、应收账款周转率和存货周转率。发展能力有三个常用指标，分别是销售增长率、净利增长率和资产增长率。

(2) 确定各项比率指标的标准值，即各该指标在企业现时条件下的最优值。

(3) 计算企业在一定时期各项比率指标的实际值。

$$\text{总资产净利率}=\frac{\text{净利润}}{\text{资产总额}}\times 100\%$$

$$\text{销售净利率}=\frac{\text{净利润}}{\text{销售收入}}\times 100\%$$

$$\text{净值报酬率}=\frac{\text{净利润}}{\text{净资产}}\times 100\%$$

$$\text{自有资本比率}=\frac{\text{净资产}}{\text{资产总额}}$$

$$\text{流动比率}=\frac{\text{流动资产}}{\text{流动负债}}$$

$$\text{应收账款周转率}=\frac{\text{赊销净额}}{\text{平均应收账款余额}}$$

$$存货周转率=\frac{产品销售成本}{平均存货成本}$$

$$销售增长率=\frac{销售增长额}{基期销售额}\times 100\%$$

$$净利增长率=\frac{净利增加额}{基期净利}\times 100\%$$

$$资产增长率=\frac{资产增加额}{基期资产总额}\times 100\%$$

(4) 计算关系比率。各项指标实际值与标准值的比率，称为关系比率或相对比率。计算关系比率的公式为

$$关系比率=\frac{实际值}{标准值}$$

(5) 计算各项比率指标的综合指数及合计数。各项比率指标的综合指数是关系比率和评分值的乘积，其合计数可作为评价企业财务状况的依据。一般而言，综合评分合计数如果为 100 或接近 100，表明其财务状况基本符合要求，否则表明企业财务状况偏离标准要求。

### 9.2.3 沃尔评分法的公式

沃尔评分法的公式为

$$实际分数=\frac{实际值}{标准值}\times 权重$$

当实际值大于标准值为理想状态时，此公式正确；但当实际值小于标准值为理想状态时，实际值越小得分应越高，用此公式计算的结果却恰恰相反。

另外，当某一单项指标的实际值畸高时，会导致最后总分大幅度增加，掩盖情况不良的指标，从而给管理者造成一种假象。

### 9.2.4 沃尔评分法的实践应用

沃尔的评分法从理论上讲有一个明显的问题，就是未能证明为什么要选择这 7 个指标，而不是更多或更少的指标，或者选择别的财务比率，以及未能证明每个指标所占比重的合理性。这个问题至今仍然没有从理论上得到解决。

沃尔评分法从技术上讲也有一个问题，就是某一个指标严重异常时，会对总评分产生不合逻辑的重大影响。这个毛病是由财务比率与其比重相“乘”引起的。财务比率提高一倍，评分增加 100%；而缩小一倍，其评分只减少 50%。

尽管沃尔的方法在理论上还有待证明，在技术上也不完善，但它还是被应用在实践中。耐人寻味的是很多理论上相当完善的经济计量模型在实践中往往很难应用，而企业实际使用并行之有效的模型却又在理论上无法证明。这可能是人类对经济变量之间数量关系的认识还相当肤浅造成的。

### 9.2.5 沃尔评分法的改进

沃尔评分法的问题：某一指标严重异常时，会对总评分产生不合逻辑的重大影响。财

务比率提高一倍，评分增加 100%；缩小一倍，评分减少 50%。原因在于综合得分=评分值×关系比率。

将财务比率的标准值由企业最优值调整为本行业平均值；设定评分值的上限(正常值的 1.5 倍)和下限(正常值的一半)。

$$综合得分=评分值+调整分$$

$$调整分=\frac{实际比率-标准比率}{每分比率}$$

$$每分比率=\frac{行业最高比率-标准比率}{最高评分-评分值}$$

标准比率应以本行业平均数为基础，适当地进行理论修正。在给每个指标评分时，应规定上限和下限，以减少个别指标异常对总分造成不合理的影响。上限可定为正常评分值的 1.5 倍，下限定为正常评分值的 0.5 倍。此外，给分时不采用“乘”的关系，而是采用“加”或“减”的关系来处理，以此克服沃尔评分法的缺点。例如，净值报酬率的标准值为 16%，标准评分为 10 分；行业最高比率为 20%，最高评分为 15 分，则每分的财务比率差为 0.8%。净值报酬率每提高 0.8%，就多给 1 分，但该项总得分不得超过 15 分。

## 9.3 杜邦分析法

### 9.3.1 杜邦分析法的概念

杜邦分析法(dupont analysis)是利用几种主要的财务比率之间的关系来综合地分析企业的财务状况。具体来说，它是用来评价公司赢利能力和股东权益回报水平、从财务角度评价企业绩效的一种经典方法。其基本思想是将企业净资产收益率逐级分解为多项财务比率乘积，这样有助于深入分析比较企业经营业绩。由于这种分析方法最早由美国杜邦公司使用，故命名为杜邦分析法。

### 9.3.2 杜邦分析法的特点

杜邦分析法最显著的特点就是将若干个用于评价企业经营效率和财务状况的比率按其内在联系有机地结合起来，形成一个完整的指标体系，并通过最终权益收益率来综合反映。采用这一方法，可使财务比率分析的层次更加清晰、条理更加突出，为报表使用者全面仔细地了解企业的经营和盈利状况提供方便。

杜邦分析法有助于企业管理层更加清晰地看到权益资本收益率的决定因素，以及销售净利率与总资产周转率、债务比率之间的相互关联关系，给管理者提供了一张明晰的考察公司资产管理效率以及股东投资回报是否最大化的路线图。

### 9.3.3 杜邦分析法的基本思路

(1) 净资产收益率，也称股东权益报酬率，是一个综合性最强的财务分析指标，是杜邦分析系统的核心。

(2) 资产净利率是影响净资产收益率的最重要的指标，具有很强的综合性，而资产净利率又取决于销售净利率和总资产周转率的高低。总资产周转率是反映总资产的周转速度。对资产周转率的分析，需要对影响资产周转的各因素进行分析，以判明影响公司资产周转的主要问题在哪里。销售净利率反映销售收入的收益水平。扩大销售收入，降低成本费用是提高企业销售利润率的根本途径，而扩大销售，同时也是提高资产周转率的必要条件和途径。

(3) 权益乘数表示企业的负债程度，反映了公司利用财务杠杆进行经营活动的程度。资产负债率高，权益乘数就大，这说明公司负债程度高，公司会有较多的杠杆利益，但风险也高；反之，资产负债率低，权益乘数就小，这说明公司负债程度低，公司会有较少的杠杆利益，但相应所承担的风险也低。

### 9.3.4 杜邦分析法的财务指标关系

杜邦分析法中的几种主要的财务指标关系为：

净资产收益率＝资产净利率(净收入/总资产)×权益乘数 (总资产/净资产)

而：资产净利率(净收入/总资产) ＝销售净利率(净收入/总收益)×资产周转率(总收益/总资产)

即：净资产收益率＝销售净利率(NPM)×资产周转率(AU)×权益乘数(EM)

在杜邦体系中，包括以下几种主要的指标关系(图 9.1)：

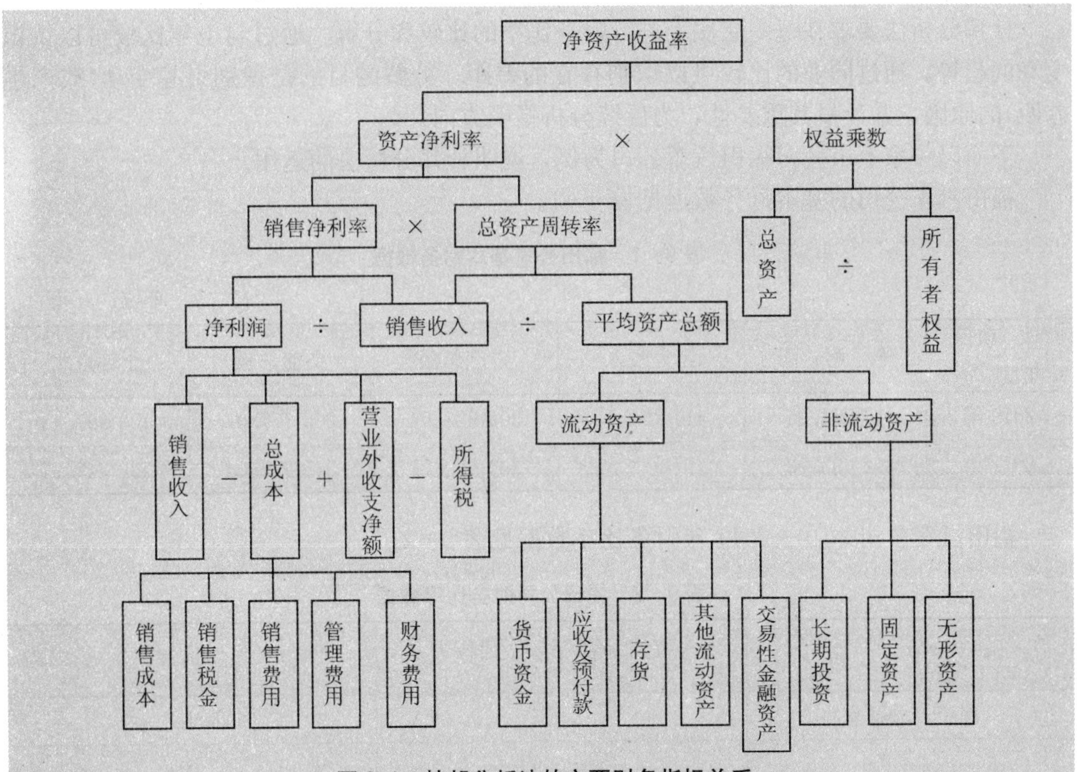


**图 9.1　杜邦分析法的主要财务指标关系**

(1) 净资产收益率是整个分析系统的起点和核心。该指标的高低反映了投资者的净资产获利能力的大小。净资产收益率是由销售报酬率、总资产周转率和权益乘数决定的。

(2) 权益系数表明了企业的负债程度。该指标越大，企业的负债程度越高，它是资产权益率的倒数。

（3）总资产收益率是销售利润率和总资产周转率的乘积，是企业销售成果和资产运营的综合反映，要提高总资产收益率，必须增加销售收入，降低资金占用额。

（4）总资产周转率反映企业资产实现销售收入的综合能力。分析时，必须综合销售收入分析企业资产结构是否合理，即流动资产和长期资产的结构比率关系。同时还要分析流动资产周转率、存货周转率、应收账款周转率等有关资产使用效率指标，找出总资产周转率高低变化的确切原因。

图 9.1 中的权益乘数，表示企业的负债程度，权益乘数越大，企业的负债程度越高。通常的财务比率都是除数，除数的倒数叫乘数。权益除以资产是资产权益率，权益乘数是其倒数即资产除以权益。其计算公式为

$$权益乘数=\frac{1}{1-资产负债率}$$

上式中的资产负债率是指全年平均资产负债率，它是企业全年平均负债总额与全年平均资产总额的百分比。

### 9.3.5 杜邦分析法中指标的比较和分解

杜邦分析法要求在每一层次上进行财务比率的比较和分解。通过与上年比较可以认识变动的趋势，通过同业的比较可以识别存在的差距。分解的目的是识别引起变动(或产生差距)的原因，并计量其重要性，为后续分析指明方向。

下面以一家上市公司福田汽车公司为例，说明杜邦分析法的运用。

福田汽车公司的基本财务数据见表 9－1。

**表 9－1 福田公司基本财务数据**

单位：万元

| 项目<br>年度 | 净 利 润 | 销售收入 | 资产总额 | 负债总额 | 全部成本 |
|---|---|---|---|---|---|
| 2010 年 | 10 284.04 | 411 224.01 | 306 222.94 | 205 677.07 | 403 967.43 |
| 2011 年 | 12 653.92 | 757 613.81 | 330 580.21 | 215 659.54 | 736 747.24 |

福田汽车公司 2010—2011 年财务比率数据见表 9－2。

**表 9－2 福田公司财务比率数据**

| 年 度<br>年 度 | 2010 年 | 2011 年 |
|---|---|---|
| 净资产收益率 | 0.097 | 0.112 |
| 权益乘数 | 3.049 | 2.874 |
| 资产负债率 | 0.672 | 0.652 |
| 资产净利率 | 0.032 | 0.039 |
| 销售净利率 | 0.025 | 0.017 |
| 总资产周转率 | 1.34 | 2.29 |

1. 对净资产收益率的分析

净资产收益率指标是衡量企业利用资产获取利润能力的指标。净资产收益率充分考虑了筹资方式对企业获利能力的影响，因此它所反映的获利能力是企业经营能力、财务决策和筹资方式等多种因素综合作用的结果。

该公司的净资产收益率在2010—2011年出现了一定程度的好转，分别从2010年的0.097增加至2011年的0.112。企业的投资者在很大程度上依据这个指标来判断是否投资或是否转让股份，考察经营者业绩和决定股利分配政策。这些指标对公司的管理者也至关重要。

公司经理们为改善财务决策而进行财务分析，他们可以将净资产收益率分解为权益乘数和资产净利率，以找到问题产生的原因。

福田汽车公司净资产收益率分析如下：

净资产收益率＝权益乘数×资产净利率

2010年　　0.097 ＝ 3.049 × 0.032

2011年　　0.112 ＝ 2.874 × 0.039

通过分解可以明显地看出，该公司净资产收益率的变动在于资本结构(权益乘数)变动和资产利用效果(资产净利率)变动两方面共同作用的结果。而该公司的资产净利率太低，显示出很差的资产利用效果。

2. 分解分析过程

净资产收益率＝资产净利率×权益乘数

2010年　　0.097＝0.032×3.049

2011年　　0.112＝0.039×2.874

经过分解表明，净资产收益率的改变是由于资本结构的改变(权益乘数下降)，同时资产利用和成本控制出现变动(资产净利率也有改变)。那么，我们继续对资产净利率进行分解：

资产净利率＝销售净利率×总资产周转率

2010年　　0.032＝0.025×1.34

2011年　　0.039＝0.017×2.29

通过分解可以看出2011年的总资产周转率有所提高，说明资产的利用得到了比较好的控制，显示出比前一年较好的效果，表明该公司利用其总资产产生销售收入的效率在增加。总资产周转率提高的同时销售净利率的减少阻碍了资产净利率的增加，我们接着对销售净利率进行分解：

$$销售净利率=\frac{净利润}{销售收入}$$

2010年　　0.025＝10 284.04÷411 224.01

2011年　　0.017＝12 653.92÷757 613.81

该公司2002年大幅度提高了销售收入，但是净利润的提高幅度却很小，分析其原因是成本费用增多，从表9-1可知：全部成本从2010年403 967.43万元增加到2011年

736 747.24万元，与销售收入的增加幅度大致相当。下面是对全部成本进行的分解：

全部成本＝制造成本＋销售费用＋管理费用＋财务费用

2010 年，403 967.43＝373 534.53＋10 203.05＋18 667.77＋1 562.08

2011 年，736 747.24＝684 559.91＋21 740.962＋25 718.20＋5 026.17

通过分解可以看出杜邦分析法有效地解释了指标变动的原因和趋势，为采取应对措施指明了方向。

在本例中，导致权益利润率小的主要原因是全部成本过大。也正是因为全部成本的大幅度提高导致了净利润提高幅度不大，而销售收入大幅度增加，就引起了销售净利率的减少，显示出该公司销售盈利能力的降低。资产净利率的提高当归功于总资产周转率的提高，销售净利率的减少却起到了阻碍的作用。

由上述分析可知，福田汽车下降的权益乘数，说明他们的资本结构在 2010 至 2011 年发生了变动，2011 年的权益乘数较 2010 年有所减小。权益乘数越小，企业负债程度越低，偿还债务能力越强，财务风险程度越低。这个指标同时也反映了财务杠杆对利润水平的影响。财务杠杆具有正反两方面的作用。在收益较好的年度，它可以使股东获得的潜在报酬增加，但股东要承担因负债增加而引起的风险；在收益不好的年度，则可能使股东潜在的报酬下降。该公司的权益乘数一直处于 2～5，也即负债率为 50％～80％，属于激进战略型企业。管理者应该准确把握公司所处的环境，准确预测利润，合理控制负债带来的风险。

因此，对于福田汽车公司，当前最为重要的就是要努力减少各项成本，在控制成本上下力气。同时要保持自己高的总资产周转率。这样，可以使销售利润率得到提高，进而使资产净利率有大的提高。

### 9.3.6 杜邦分析法的局限性

(1) 计算总资产利润率的“总资产”和“净利润”不匹配。首先被质疑的是资产利润率的计算公式。总资产是全部资产提供者享有的权利，而净资产是专门属于股东的，两者不匹配。由于总资产净利率的“投入与产出”不匹配，该指标不能反映实际的回报率。为了改善该比率的配比，要重新调整其分子和分母。

为公司提供资产的人包括股东和债权人。需要计量股东和债权人投入的资本，并计算这些资本产生的收益，两者相除才是合乎逻辑的资产报酬率，才能准确反映企业的基础盈利能力。

(2) 没有区分经营活动损益和金融活动损益。杜邦分析体系中没有区分经营活动和金融活动。对大多数企业来讲金融活动是净筹资，它们主要是从金融市场上筹资，而不是投资。筹资活动不产生利润，而是支出费用。这种筹资费用是否属于经营活动的费用，即使在会计规范的制定中也存在争议，各国的会计规范对此的处理也不尽相同。从财务管理的角度来说，企业的金融资产是投资活动的剩余，是尚未投入实际经营活动的资产，应将其从经营资产中剔除。与此相适应，金融费用也应从经营收益中剔除，才能使经营资产和经营收益匹配。因此，正确计量基础盈利能力的前提是区分经营资产和金融资产，区分经营收益和金融收益。

(3) 从企业绩效评价的角度来看，杜邦分析法只包括财务方面的信息，不能全部反映企业的实力，有很大的局限性，在实际运用中需要加以注意，必须结合企业的其他信息加以分析。主要表现在：

① 对短期财务结果过分重视，有可能助长公司管理层的短期行为，忽略企业长期的价值创造。

② 财务指标反应的是企业过去的经营业绩，衡量工业时代的企业能够满足要求，但在目前的信息时代，顾客、供应商、雇员、技术创新等因素对企业经营业绩的影响越来越大，而杜邦分析法在这些方面是无能为力。

③ 在目前的市场环境中，企业的无形资产对提高企业长期竞争力至关重要，而杜邦分析法却不能解决无形资产的估值问题。

## 本章小结

单独分析任何一项财务指标，都不足以全面评价企业的财务状况和经营效果，而只有对各种财务指标进行系统的综合分析，才能对企业的财务状况做出全面的、合理的评价。

所谓财务综合分析就是将营运能力、偿债能力和盈利能力等诸多方面的分析纳入一个有机的整体之中，全面地对企业的经营状况、财务状况进行解剖和分析，从而对企业经济效益的优劣做出准确的评价与判断。

综合分析是财务分析的一种主要方法。财务分析受财务主体和财务分析服务对象的制约，不同的财务分析主体进行财务分析的目的是不同的，不同的财务分析服务对象所关心的问题也是不同的。因此，综合分析也同样受到财务主体和财务分析服务对象的制约。

综合分析法中主要包括两个方法：沃尔评分法和杜邦分析法。

沃尔评分法就是将选定的财务比率用线性关系结合起来，并分别给定各自的分数比重，然后通过与标准比率进行比较，确定各指标的得分及总体指标的累计分数，从而对企业的信用水平进行评价的方法。

杜邦分析法是利用几种主要的财务比率之间的关系来综合地分析企业的财务状况。具体来说，它是一种用来评价公司赢利能力和股东权益回报水平，从财务角度评价企业绩效的一种经典方法。其基本思想是将企业净资产收益率逐级分解为多项财务比率乘积，这样有助于深入分析比较企业经营业绩。与其他财务分析方法一样，杜邦分析法的关键不在于指标的计算，而在于对指标的理解和运用。

## 关键术语

财务综合分析　沃尔评分法　线性关系　指标标准值　指标实际值　杜邦分析法
净资产收益率　权益乘数

## 思考与练习

一、 单项选择题

1. 权益乘数的计算公式是(　　)。

A. $\frac{总资产}{净资产}$　　B. $\frac{净资产}{总资产}$　　C. 1－资产负债率　　D. $\frac{1}{资产负债率}$

2. 最能体现企业经营目标的财务指标是(　　)。

A. 资产净利率　　B. 净资产收益率　　C. 销售利润率　　D. 成本利润率

3. 总资产报酬率的计算公式是(　　)。

A. $\dfrac{\text{销售利润}+\text{利息支出}}{\text{平均资产总额}}$　　B. $\dfrac{\text{净利润}+\text{利息支出}}{\text{平均资产总额}}$

C. $\dfrac{\text{营业利润}+\text{利息支出}}{\text{平均资产总额}}$　　D. $\dfrac{\text{利润总额}+\text{利息支出}}{\text{平均资产总额}}$

4. 杜邦财务分析体系的核心指标是(　　)。

A. 资产净利率　　B. 销售利润率　　C. 净资产收益率　　D. 可持续增长比率

5. 企业绩效评价的四类指标中，最重要的一类是(　　)。

A. 资产质量　　B. 经营增长　　C. 债务风险　　D. 盈利能力

二、 多项选择题

1. 综合分析评价的目的是(　　)。

A. 明确企业财务活动与经营活动的相互关系

B. 评价企业财务状况及经营业绩

C. 为投资决策提供参考

D. 为完善企业管理提供依据

E. 为进行职工奖励打基础

2. 根据杜邦财务分析体系，影响净资产收益率的因素有(　　)。

A. 权益乘数　　B. 速动比率　　C. 销售(营业)利润率

D. 成本利润率　　E. 总资产周转率

3. 经营业绩评价综合指数法所选择的经济效益指标包括(　　)。

A. 盈利能力指标　　B. 资本保值增值指标　C. 偿债能力指标

D. 资产负债水平指标　　E. 对国家贡献水平指标

4. 经营业绩评价综合评分法所选择的业绩评价指标包括(　　)。

A. 盈利能力状况指标　　B. 资产质量状况指标　C. 债务风险状况指标

D. 经营增长状况指标　　E. 社会贡献状况指标

5. 提高净资产收益率的途径有(　　)。

A. 提高资产营运效率　　B. 增加销售收入　　C. 降低成本费用

D. 降低负债比率　　E. 提高负债比率

三、 判断题

1. 最能体现企业经营目标的财务指标是净资产收益率。　(　　)

2. 权益乘数越大，财务杠杆作用就越大。　(　　)

3. 股利支付率越高，可持续增长比率就越高。　(　　)

4. 综合经济指数按不封顶计算时，如果等于或超过100%，说明各项指标均达到或超过标准值。

(　　)

5. 只要期末股东权益大于期初股东权益，就说明通过企业经营使资本增值。　(　　)

6. 在运用综合经济指数法进行经营业绩综合评价时，选择的各项经济指标在评价标准上应尽量保持方向的一致性。　(　　)

7. 业绩评价指标标准值需要根据分析的目的和要求确定，可用某企业某年的实际数，也可用同类企业、同行业或部门平均数，还可用国际标准数。　(　　)

四、简答题

1. 什么是财务综合分析？其特点是什么？
2. 沃尔评分法的概念及原理是什么？
3. 简述沃尔评分法的基本步骤。
4. 杜邦分析体系的指标包括哪些？如何理解？
5. 简述杜邦分析法的局限性。

## 实际操作训练

1. 海峰公司近三年的主要财务数据和财务比率见表9-3。

表9-3　海峰公司近三年的主要财务数据和财务比率

| 财务比率 | 本年实际值 | 行业平均值 |
|---|---|---|
| 应收账款回收期（天） | 40 | 36 |
| 存货周转率 | 3.2 | 3 |
| 固定资产周转率 | 2.1 | 1.5 |
| 总资产周转率 | 1.25 | 1.3 |
| 资产负债率 | 60% | 68% |
| 销售毛利率 | 40% | 36% |
| 销售净利率 | 8% | 7.2% |
| 已获利息倍数 | 4 | 2.8 |

要求：

(1) 运用杜邦分析法比较本公司与同行业平均的净资产收益率；

(2) 总结定性分析公司与同行业平均净资产收益率间差异的原因。

2. 岩峰公司有关财务信息见表9-4。

表9-4　资产负债表

2011年12月31日　　　　单位：万元

| 资产 | 年初 | 年末 | 负债及所有者权益 | 年初 | 年末 |
|---|---|---|---|---|---|
| 流动资产： | | | 短期借款 | 100 | 130 |
| 货币资金 | 120 | 110 | 应付票据 | 60 | 100 |
| 应收账款 | 100 | 160 | 其他流动负债 | 70 | 80 |
| 存货 | 204 | 288 | 长期负债 | 490 | 400 |
| 其他流动资产 | 46 | 72 | 负债合计 | 720 | 710 |
| 流动资产合计 | 470 | 630 | 实收资本 | 710 | 700 |
| 固定资产 | 960 | 780 | 所有者权益合计 | 710 | 700 |
| 总计 | 1 430 | 1 410 | 总计 | 1 430 | 1 410 |

岩峰公司2011年销售收入为710万元，净利润为142万元。

要求：

(1) 计算2011年年末流动比率、速动比率、资产负债率和权益乘数；

(2) 计算2011年总资产周转率、销售净利率和净资产收益率。

# 第10章 财务趋势分析

## 教学目标

通过本章的学习需要了解财务趋势分析的目的和内容，掌握财务趋势分析的方法，会利用生命周期对企业发展状况进行分析。

## 教学要求

| 知识要点 | 能力要求 | 相关知识 |
|---|---|---|
| 财务趋势分析的目的与内容 | 了解财务趋势分析的目的和内容 | 财务趋势分析的目的和内容 |
| 历史财务趋势分析 | 理解和掌握财务报表的比较分析，通过报表掌握企业财务状况与经营成果的变动趋势 | 横向分析<br>纵向分析<br>趋势分析 |
| 周期分析 | 了解产品和企业生命周期的含义<br>理解和掌握产品和企业生命周期的分析和判断方法<br>理解财务分析与周期分析之间的关系 | 产品和企业生命周期的含义<br>产品和企业生命周期的分析和判断方法<br>财务分析与周期分析之间的关系 |

## 导入案例

### 快速发展的海螺水泥

海螺水泥2006—2009年营业收入结构分析下表10-1。

**表10-1 海螺水泥2006—2009年营业收入结构分析表**

| 分类 | | 2006年 | 2007年 | 2008年 | 2009年 |
|---|---|---|---|---|---|
| 营业收入 | | 16 096 056 704 | 18 776 097 957 | 24 228 268 074 | 24 998 006 724 |
| 水泥 | 收入(元) | 11 733 000 000 | 14 235 898 000 | 18 868 807 000 | 20 807 035 000 |
| | 占比(%) | 72.89 | 75.82 | 77.88 | 82.23 |
| | 同比增长(%) | 50.77 | 21.33 | 32.54 | 10.27 |
| 熟料 | 收入(元) | 3 513 000 000 | 4 275 318 000 | 5 058 184 000 | 3 876 603 000 |
| | 占比(%) | 21.93 | 22.77 | 20.88 | 15.51 |
| | 同比增长(%) | 15.41 | 21.70 | 18.31 | −23.36 |
| 国内 | 收入(元) | 12 783 608 392 | 15 853 136 431 | 21 531 459 787 | 23 542 602 724 |
| | 占比(%) | 79.42 | 84.43 | 88.87 | 94.18 |
| | 同比增长(%) | 42.35 | 24.01 | 35.86 | 9.34 |
| 出口 | 收入(元) | 3 312 448 312 | 2 922 961 526 | 2 696 808 287 | 1 455 404 000 |
| | 占比(%) | 20.58 | 15.57 | 11.13 | 5.82 |
| | 同比增长(%) | 79.44 | −11.76 | −7.74 | −46.03 |

资料来源：海螺水泥2006—2009年年度财务报告

2009年海螺水泥的主营业务收入为246.84亿元，较上年同期增长3.16%，毛利率由上年的25%提高到29%；实现净利润36.6亿元。

2009年海螺水泥的净利润增长率明显高于营业收入增长率，主要原因有以下几点：

收到政府补助，其中作为非经常性损益项目的金额有18 242万元，占2009年营业收入的0.73%；

2009年的营业成本为178.65亿元，同比下降1.79%；

2009年三项费用(经营费用、财务费用、管理费用)同比下降7%，其中，2009年财务费用同比下降52.55%，而管理费用和经营费用同比分别增加16.04%、3.89%。财务费用大量减少的原因是海螺水泥归还了部分到期贷款，同时，开具银行承兑汇票21.48亿元、商业承兑汇票6.6亿元，有效降低了资金成本，财务费用同比下降1.69个百分点。

截至2009年年底，海螺水泥的熟料产能达10 206万吨，水泥产能达10 550万吨。2009年全年实现水泥和熟料合计净销量为11 838万吨，同比增长15.99%；销售金额同比增长3.16%，销售金额增幅低于销量增幅主要是销售价格回落所致。

2009年，海螺水泥通过推行90项节能技术改造，优化了工艺流程，提高了生产线运行效率，降低了生产成本。全年共生产熟料9 503万吨，同比增长16.34%；生产水泥9 680万吨，同比增长25.53%。

截至2009年年末，海螺水泥共有30套余热发电机组，装机容量达493兆瓦。2009年，余热发电量达32.1亿千瓦时，按照火力发电同口径计算，相当于节约标准煤130万吨，减少二氧化碳排放260万吨，不仅有效降低了电力成本，而且产生了较好的社会效益。

表 10-2 为海螺水泥 2008—2009 年营业收入的地区分布表。

表 10-2　海螺水泥 2008—2009 年营业收入的地区分布表

| 地区 | 2008 年 | | 2009 年 | |
|---|---|---|---|---|
| | 营业收入(万元) | 占比(%) | 营业收入(万元) | 占比(%) |
| 东部区域 | 1 009 980 | 40.40 | 1 040 640 | 42.95 |
| 中部区域 | 598 737 | 24.71 | 716 633 | 28.67 |
| 南部区域 | 471 610 | 19.47 | 556 790 | 22.27 |
| 西部区域 | 12 031 | 0.50 | 39 420 | 1.58 |
| 出口 | 269 681 | 11.13 | 145 540 | 5.82 |
| 营业收入 | 2 422 827 | 100.00 | 2 499 801 | 100.00 |

海螺水泥 2006—2009 年偿债能力主要指标见表 10-3。

表 10-3　海螺水泥 2006—2009 年偿债能力主要指标表(%)

| 项目 | 2006 年 | 2007 年 | 2008 年 | 2009 年 |
|---|---|---|---|---|
| 资产负债率 | 61.33 | 62.80 | 40.59 | 37.85 |
| 股东权益比率 | 32.13 | 35.69 | 58.30 | 61.00 |
| 流动比率 | 61.85 | 72.77 | 121.11 | 83.63 |
| 速动比率 | 43.22 | 56.50 | 104.37 | 65.63 |
| 现金流量比率 | 44.68 | 27.80 | 47.13 | 58.22 |

海螺水泥 2006—2009 年重要财务指标见表 10-4。

表 10-4　海螺水泥 2006—2009 年重要财务指标表(%)

| 项目 | 2006 年 | 2007 年 | 2008 年 | 2009 年 |
|---|---|---|---|---|
| 存货周转率 | 10.29 | 9.12 | 10.60 | 8.84 |
| 应收账款周转率 | 53.66 | 60.36 | 71.68 | 56.24 |
| 总资产周转率 | 0.76 | 0.70 | 0.66 | 0.56 |
| 主营业务收入增长率 | 48.68 | 16.65 | 29.04 | 3.18 |
| 营业利润增长率 | 184.43 | 37.63 | −5.79 | 42.62 |
| 税后利润增长率 | 273.25 | 64.23 | 64.23 | 35.96 |
| 净资产增长率 | 29.04 | 50.33 | 123.80 | 15.98 |
| 总资产增长率 | 19.20 | 35.34 | 37.02 | 10.85 |

由于金融危机的影响，2009 年海螺水泥的出口收入同比下降 46.03%。但是，海螺水泥来自西部地区的销售收入明显增加，同比增长了近 1.5 倍。

海螺水泥的资产负债率逐年下降，股东权益比率逐年上升，这说明海螺水泥的长期偿债能力逐年加强；与此同时，2009年的流动比率、速动比率同比有较大幅度的下降，这说明海螺公司的短期偿债能力下降。海螺水泥2009年的存货周转率、应收账款周转率、总资产周转率都有一定程度的下降，主营业务收入增长率同比下降较为明显，营业利润增长利润同比大幅度提高，税后利润增长率下降较为明显，净资产增长率、总资产增长率均为下降趋势，特别是2009年净资产增长率仅为2008年净资产增长率的12.9%。

## 10.1 财务趋势分析的目的和内容

财务趋势分析又叫比较分析法，就是通过对财务报表中各类相关数字进行分析比较，尤其是将一个时期的财务报表和另一个或几个时期的财务报表相比较，对该分析期间内财务报表上曾发生重大变动的某些项目的数据进行重点研究的一种分析方法。

**阅读案例 10－1**

### 中国水泥行业分析

2009年，虽然中国经济收到了国际金融危机的严重冲击，但是中国政府通过实施积极的财政政策和适度宽松的货币政策，全面实施并不断完善应对国际金融危机的一揽子计划，充分落实两年新增4万亿元的投资计划，促进投资快速增长，取得了显著成效，确保了中国经济较快的增长，实现了全年GDP同比增长8.7%，全年固定资产投资同比增长30.1%。受益于国家经济的总体回升向好和固定资产投资的有效拉动，呈现旺盛的态势。

受益于中央政府多年来的有效调控，中国水泥行业结构得到明显优化，产业不断升级，集中度逐步提高。到2009年底，全国新型干法水泥熟料产能为9.61亿吨，约占总产能的69.3%。

2009年下半年，国务院出台了38号文件，要求加大对水泥等行业的落后产能的淘汰力度，该文件的出台对淘汰落后产能起到了积极的作用，2009年全国共淘汰落后的水泥产能7 416万吨，预计未来几年的淘汰力度会进一步加大，水泥行业发展前景更为乐观，尤其是大型水泥企业将受益良多。

2009年1～11月，水泥行业利润总额达到366.2亿元，同比增长40.1%，其中，销售利润率逐季提高，全年达到7.3%。

2010年，国家4万亿投资计划中的一大批高速铁路、机场、核电站及大型水利设施等基础设施项目将相继进入建设高峰期，同时，受益于国家推进保障性住房工程、棚户区改造工程、扩大农村危房改造试点范围，以及“建材下乡”等一系列政策和措施的实施，国内水泥需求也将更加旺盛。随着全球经济企稳向好，建筑市场回暖，国际市场的水泥需求也将会增加。

此外，国务院出台的38号文件，将大幅提高水泥行业的准入门槛，有效遏制水泥行业的非理性投资，控制产能过快增长，促进水泥行业的健康发展；同时，国家发改委计划2010年淘汰5 000万吨落后水泥产能，使水泥行业结构进一步优化，行业集中程度稳步提高，供求关系持续改善。上述政策的落实都将为水泥行业的大企业创造良好的发展环境。

### 10.1.1 财务趋势分析的目的

财务分析的最终目标是为财务报表使用者做出相关决策提供可靠的依据。财务趋势分析是一种动态分析方法，利用趋势分析可以确定引起公司财务状况和经营成果变动的主要原因，可以确定公司财务状况和经营成果的发展趋势对投资者是否有利，可以预测公司未来发展的趋势。

### 10.1.2 财务趋势分析的内容

财务趋势分析与静态分析方法的不同之处在于趋势分析法的历史数据为主要分析依据，对企业整个经营过程或最近几年的财务状况与经营业绩全方位的考察，全面地把握企业财务状况与经营业绩的变动情况，有效地克服静态分析法在分析范围上的不足。趋势分析法在财务分析中的应用非常广泛。它既可以针对财务报表的重点项目的变动趋势进行直接分析，也可以对财务比率的变动趋势进行分析，还可以对会计报表构成的变动趋势进行分析，既要对企业偿债能力、企业资产营运能力或企业获利能力等单项进行分析，也可以对企业综合财务状况的变动趋势进行分析。

## 10.2 历史财务趋势的分析

财务状况的趋势分析，主要是通过对企业连续几期的财务指标、财务比率和财务报告的比较来了解企业财务状况的变动趋势，它包括变动的方向、数额和程度，从而据以预测企业未来财务活动的发展前景。

### 10.2.1 比较财务报表

单期的财务报表数据只能表明本期企业的财务状况与经营业绩，如果没有比较分析，很难对企业的财务状况和经营业绩做出判断。比如某企业财务报表披露当年实现净利润1 000万元，没有比较资料，就很难判断该企业的盈利水平是高还是低，是上升了还是下降了。如果将这一数字同历史同期的金额并列起来，就可以通过比较其中相同项目增减变动的金额及幅度，把握企业财务状况与经营成果的变动趋势，具体方法有以下两种。

1. 用项目金额进行比较分析

一般通过编制比较资产负债表和比较利润表将两期或两期以上的报表项目金额进行比较，得出各项目增减变化的金额和变动幅度，以说明报表上同一项目在不同时期的增减变化情况，现以表10－5和表10－6为例加以说明。

表10－5 A公司比较资产负债表

| 项　目 | 2009年年末 | 2010年年末 | 增或减 |
|---|---|---|---|
| 资产 | | | |
| 流动资产： | | | |
| 货币资金 | 1 406 300 | 595 558.25 | －810 741.75 |
| 交易性金融资产 | 15 000 | | －15 000 |
| 应收票据 | 246 000 | 46 000 | －200 000 |
| 应收账款 | 299 100 | 598 200 | 299 100 |
| 预付款项 | 100 000 | 100 000 | 0 |
| 应收利息 | | | |
| 应收股利 | | | |

续表

| 项　　目 | 2009年年末 | 2010年年末 | 增或减 |
| --- | --- | --- | --- |
| 其他应收款 | 5 000 | 5 000 | 0 |
| 存货 | 2 680 000 | 2 574 700 | —105 300 |
| 一年内到期的非流动资产 | | | |
| 其他流动资产 | | | |
| 流动资产合计 | 4 751 400 | 3 919 458.25 | —831 941.75 |
| 非流动资产： | | | |
| 长期股权投资 | 250 000 | 250 000 | 0 |
| 固定资产 | 1 100 000 | 2 231 000 | 1 131 000 |
| 在建工程 | 1 500 000 | 728 000 | —772 000 |
| 无形资产 | 600 000 | 540 000 | —60 000 |
| 递延所得税资产 | 200 000 | 200 000 | 0 |
| 非流动资产合计 | 3 650 000 | 3 949 000 | 299 000 |
| 资产总计 | 8 401 400 | 7 868 458.25 | —532 941.75 |
| 负债和所有者权益 | | | |
| 流动负债： | | | |
| 短期借款 | 300 000 | 50 000 | —250 000 |
| 应付票据 | 200 000 | 100 000 | —100 000 |
| 应付账款 | 953 800 | 953 800 | 0 |
| 预收款项 | 50 000 | 50 000 | 0 |
| 应付职工薪酬 | 110 000 | 180 000 | 70 000 |
| 应交税费 | 30 000 | 100 000 | 70 000 |
| 应付利息 | 6 600 | | —6 600 |
| 其他应付款 | 1 000 | | —1 000 |
| 一年内到期的非流动负债 | 1 000 000 | | —1 000 000 |
| 流动负债合计 | 2 651 400 | 1 433 800 | —1 217 600 |
| 非流动负债： | | | |
| 应付债券 | 600 000 | 1 160 000 | 560 000 |
| 非流动负债合计 | 600 000 | 1 160 000 | 560 000 |
| 负债合计 | 3 251 400 | 2 593 800 | —657 600 |
| 所有者权益： | | | |
| 实收资本 | 500 000 | 5 000 000 | 0 |
| 资本公积 | 150 000 | 1 666 211 | 16 621.1 |
| 未分配利润 | | 108 037.15 | 108 037.15 |
| 所有者权益合计 | 5 150 000 | 5 274 658.25 | 124 658.25 |
| 负债和所有者权益总计 | 8 401 400 | 7 868 458.25 | —532 941.75 |

**表10-6　A公司比较利润表**

| 项　　目 | 2009年年末 | 2010年年末 | 增或减 |
| --- | --- | --- | --- |
| 一、营业收入 | 980 000 | 1 250 000 | 270 000 |
| 减：营业成本 | 680 000 | 750 000 | 70 000 |
| 营业税金及附加 | 72 000 | 109 000 | 37 000 |

续表

| 项目 | 2009年年末 | 2010年年末 | 增或减 |
| --- | --- | --- | --- |
| 销售费用 | 15 000 | 20 000 | 5 000 |
| 管理费用 | 143 000 | 158 000 | 15 000 |
| 财务费用 | 31 500 | 41 500 | 10 000 |
| 二、营业利润 | 38 500 | 171 500 | 133 000 |
| 加：营业外收入 | 60 500 | 81 500 | 21 000 |
| 减：营业外支出 | 4 800 | 19 700 | 14 900 |
| 三、利润总额 | 94 200 | 233 300 | 139 100 |
| 减：所得税费用 | 28 000 | 70 000 | 52 000 |
| 四、净利润 | 66 200 | 163 300 | 97 100 |

从比较利润表可看出，该公司净利润增长了97 100元，盈利情况有较大的改善。这一改善主要来源于产品销售利润，投资收益虽也有所增长，但幅度较小。

从上面的分析可以看出，比较财务报表作为一种动态分析的手段有助于把握企业财务状况与经营成果的变动趋势，弥补了静态分析的不足。

2. 用百分比进行比较分析

用百分比分析的比较财务报表，是把各年的财务报表用百分比表示，然后再加以比较，这样有助于揭示比较财务报表中各项目的比例关系。用百分比分析可以进行横向分析和纵向分析。

横向分析是将连续数期的财务报表上的同一项目，依横向的百分比计算分析，也可选用某一年为基数(以基期数代表100%)，计算连续各年的趋势百分比，以揭示趋势变动程度。

纵向分析是将同期报表上某一关键项目的金额作为100%，再分别计算出各有关项目在其中所占的百分比，从而观察结构上的变化情况。例如，根据表10-6提供的资料，把营业收入作为100%，编制A公司比较百分比利润表，见表10-7和10-8所示。

表10-7　A公司比较利润表(横向百分比式)

| 项目 | 2009年年末 | 2010年年末 | 增或减 | |
| --- | --- | --- | --- | --- |
| | | | 金额 | 百分比 |
| 一、营业收入 | 980 000 | 1 250 000 | 270 000 | 27.55 |
| 减：营业成本 | 680 000 | 750 000 | 70 000 | 10.29 |
| 营业税金及附加 | 72 000 | 109 000 | 37 000 | 51.39 |
| 销售费用 | 15 000 | 20 000 | 5 000 | 33.33 |
| 管理费用 | 143 000 | 158 000 | 15 000 | 10.49 |
| 财务费用 | 31 500 | 415 000 | 10 000 | 31.75 |
| 二、营业利润 | 38 500 | 171 500 | 133 000 | 345.46 |
| 加：营业外收入 | 60 500 | 81 500 | 21 000 | 34.71 |
| 减：营业外支出 | 4 800 | 19 700 | 14 900 | 310.42 |
| 三、利润总额 | 94 200 | 233 300 | 139 100 | 147.67 |
| 减：所得税费用 | 28 000 | 70 000 | 42 000 | 150 |
| 四、净利润 | 66 200 | 163 300 | 97 100 | 145.16 |

表 10-8 A公司比较利润表(纵向百分比式)

| 项目 | 2009年年末 | | 2010年年末 | |
|---|---|---|---|---|
| | 金额 | 比重% | 金额 | 比重% |
| 一、营业收入 | 980 000 | 100.00 | 1 250 000 | 100.00 |
| 减：营业成本 | 680 000 | 69.39 | 750 000 | 60.00 |
| 营业税金及附加 | 72 000 | 7.35 | 109 000 | 8.2 |
| 销售费用 | 15 000 | 1.53 | 20 000 | 1.6 |
| 管理费用 | 143 000 | 14.59 | 158 000 | 12.64 |
| 财务费用 | 31 500 | 3.1 | 41 500 | 3.2 |
| 二、营业利润 | 38 500 | 3.3 | 171 500 | 13.2 |
| 营业利润 | 38 500 | 40.87 | 171 500 | 73.51 |
| 营业外收支净额 | 55 700 | 59.13 | 61 800 | 26.49 |
| 利润总额 | 94 200 | 100.00 | 233 300 | 100.00 |

从表 10-8 可以看出，2010 年度与 2009 年度相比，不仅获利总水平有了较大提高，而且获利的结构也有较大改善。在利润结构中，营业利润的稳定性最好，非营业性利润部分的稳定性最差。稳定性的利润部分，2009 年度仅占 40.78%，2010 年度占 73.51%，说明 2009 年度企业盈利结构不稳定性较强，2010 年度利润的稳定性较好。

### 10.2.2 财务比率的趋势分析

在阅读与分析财务报表时，观察和分析各项财务比率在各期间的变化趋势也是十分重要的。因为，单期财务比率的静态性质无法满足动态分析的需要，在将这些比率与同行业的平均财务比率或相似企业的财务进行比较的同时，还应当将企业各年的财务比率按时间先后进行比较，在一定程度上掌握企业财务状况与经营成果的变动趋势。

现将 A 公司 2008—2010 年各种主要财务比率列举见表 10-9。

表 10-9 A公司 2008—2010 年各种主要财务比率

| 财务比率 | 2008年年末 | 2009年年末 | 2010年年末 |
|---|---|---|---|
| 债务比率 | 43.7% | 34.7% | 41.4% |
| 流动比率 | 141.4% | 182.1% | 182.3% |
| 速动比率 | 89.0% | 83.7% | 99.3% |
| 资产构成 | | | |
| 其中：流动资产 | 53.6% | 46.1% | 48.7% |
| 非流动资产 | 46.4% | 43.9% | 51.3% |
| 资本构成 | | | |
| 其中：负债 | 30.4% | 25.8% | 29.3% |
| 所有者权益 | 69.6% | 74.2% | 70.7% |
| 收入构成 | | | |
| 其中：营业收入 | 78.2% | 72% | 72.4% |
| 营业外收入 | 21.8% | 28% | 27.6% |
| 支出构成 | 92.5% | 93.1% | 82.6% |

续表

| 财务比率 | 2008 年年末 | 2009 年年末 | 2010 年年末 |
|---|---|---|---|
| 其中：营业成本 | 7.5% | 6.9% | 17.4% |
| 营业费用 | 5.2 | 4.9 | 4.5 |
| 应收账款周转率 | 3.5 | 3.7 | 3.6 |
| 存货周转率 | 0.97 | 0.81 | 0.91 |
| 总资产周转率 | 55.2% | 70.7% | 84.5% |
| 资本利润率 | 11.5% | 8.3% | 6.8% |
| 销售利润率 | 10.2% | 7.5% | 6.2% |
| 总资产利润率 | 13.0% | 9.3% | 7.5% |
| 成本费用利润率 | | | |

从表 10－9 中可以看出，该公司资产利润率和销售利润率等盈利指标逐年降低，总资产利润率在 2010 年虽有所提高，但销售利润率继续回落。流动比率、周转率和负债率等在 2009 年有所恶化，虽在 2010 年好转，但负债率还未达到 2008 年的水平。

### 10.2.3 趋势分析图的应用

用图表来观察趋势十分方便，常用的趋势分析图有以下两种。

1. 普通图

普通图是以绝对数金额表示的分析图，其纵轴和横纵都有相等的分隔。现以 A 公司 2006—2010 年的资产与资本为例，其普通图趋势分析如图 10.1 所示。

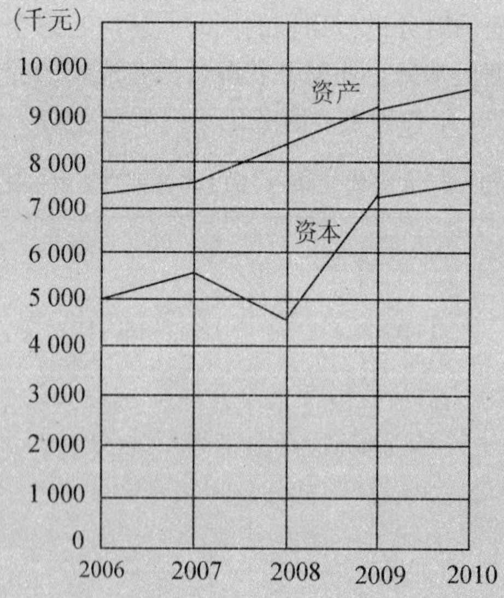


图 10.1 普通图

2. 直方图

A 公司的直方图如图 10.2 所示。

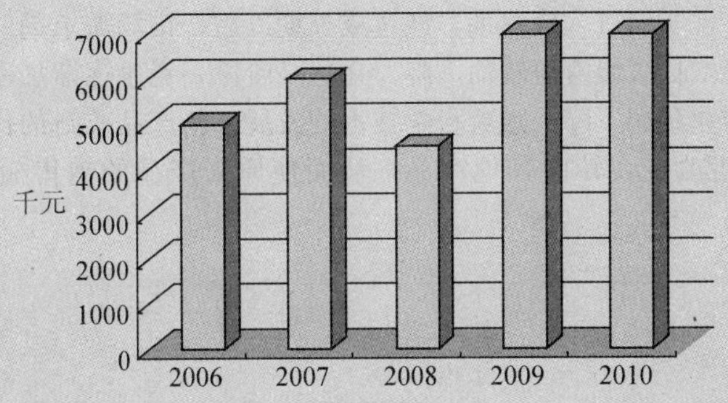


图 10.2 直方图

## 10.3 周期分析

每个生物体都会经历一个从新生、成长到老化、死亡的生命历程，这种现象被称为“生命周期”。生物体的行为模式是可以随着生命周期的变动而预知的，生命体在其生命周期的各个阶段会表现出不同的特征，而且会形成不同的行为法则，这种生命周期现象同样适用于企业。企业所处的运营环境虽然总是处于变化之中，但从某些方面看，企业的经营活动同生命体的周期很相似，不断经历着成长与老化，许多似乎独立的现象相互作用，引起相似的趋势和周期。就企业面临的周期现象来说，主要存在产品生命周期、产业生命周期、企业生命周期和经济周期。

### 10.3.1 不同类型同期的判断与分析

1. 产品生命周期

1）概述

产品在市场上的销售情况及获利能力随着时间的推移而变化。这种变化的规律正像人和其他生物的生命一样，从诞生、成长到成熟，最终走向衰亡，这个过程指产品从进入市场开始，直到最终退出市场为止逐渐经历的全部时间。产品生命周期指的是产品的市场寿命，而不是使用寿命。产品只有经过研究开发、试销，然后进入市场，它的市场生命周期才算开始。产品退出市场，标志着生命周期的结束。

典型的产品生命周期一般可分为四个阶段，即引入期、成长期、成熟期和衰退期，如图 10.3 所示。

在引入期，当新产品投入时顾客购买可能性小，销售量很低。为了扩展销路，需要大量的促销费用，对产品进行宣传。在这一阶段，出于技术方面的原因，产品不能大批量生产，因而成本高，销售额增长缓慢，企业不但得不到利润，反而可能亏损。当产品在引入期的销售取得成功以后，使进入成长期，这时顾客对产品已经熟悉，大量的新顾客开始购买，市场逐步扩大。产品已具备大批量生产的条件，生产成本相对降低，企业的销售额迅速上升，利润也迅速增长。在这一阶段，竞争者看到有利可图，将纷纷进入市场参与竞争，使同类产品供给继续增加，价格随之下降，企业利润增长速度逐步减慢，最后达到生命周期利润的最高点，说明已进入成熟期。经过成长期以后，市场需求趋向饱和，潜在的顾客已经很少，销售额增长缓慢直至转而下降。在这一阶段，竞争逐渐加剧，产品售价降低，促销费用增加，企业利润下降。随着科学技术的发展，新产品或新的代用品出现，将使顾客的消费习惯发生改变，转向其他产品，从而使原来产品的销售额和利润额迅速下降。

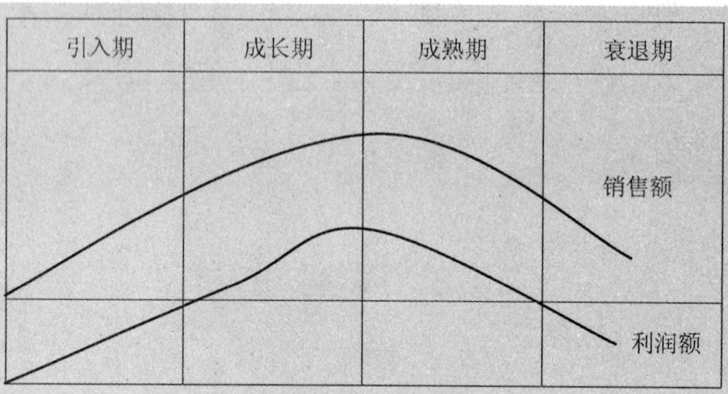


**图 10.3　产品生命周期**

产品生命周期各阶段的划分是相对的。一般来说，各阶段的分界根据是产品的销售量和利润额的变化情况。在引入期内，产品销售量增长缓慢，利润增长也比较缓慢，一般利润为负。一旦销售量开始迅速增长，利润由负变正，则说明引入期已经结束，进入成长期。当销售量的增长减慢，利润增长值接近于零时，说明已进入成熟期。在成熟期，产品的销售量从缓慢增加到缓慢递减，同时利润领开始下滑。当销售量加速递减，利润也比较快地下降时，说明产品已进入了市场衰退期。

实际上，各种产品生命周期的曲线形状是有差异的。有的产品一进入市场就快速成长，迅速跳过引入期。有的产品则可能越过成长期而直接进入成熟期。还有的产品可能经历成熟期以后，进入了第二个快速成长期。

**阅读案例** 10－2

## 张家界旅游产品生命周期不同阶段的特点和经营策略

张家界风景秀丽，除了已经开发开放的核心景区张家界国家森林公园、天子山自然保护区、索溪峪自然保护区外，周边开放景区还有天门山国家森林公园、茅岩河漂流景区、国家级自然保护区八大公山、世界溶洞探险基地九天洞以及道教名山五雷山、湘鄂川黔革命根据地纪念馆、贺龙元帅故居洪家关等。为了把张家界建设成为国内外知名的旅游胜地，张家界就产品生命周期不同阶段制定了相关经营战略。

一、引入期

特点：由于产品刚刚进入市场，还未被消费者熟悉，要进行广告宣传，促销费用很大、销售数量少，企业在此阶段不仅可能无利，甚至还会亏损。

策略：缓慢渗透策略。张家界旅游市场作为一个旅游产品，虽然前期开发投入较多，但市场发展潜力大，同时拥有一定的市场知名度，以低价格、低宣传既可节约成本也可扩大市场知名度，前期投入的成本会在日后的营业中收回，重要的是旅游景点的后期投入较少，可以说是一次投入多次甚至无限次重复使用。

二、成长期

特点：产品被市场迅速接受，销量上升，成本下降，利润大量增加。由于这种产品开始畅销，有利润，有关企业纷纷仿效，市场上开始出现竞争趋势。

策略：改善产品品质，改变广告宣传重点。张家界森林旅游企业应努力提高产品质量，增加产品特色，提高知名度，同时明确真正的目标市场，努力扩大市场占有率，挖掘潜在森林旅游市场，如可以在自然的森林风光之外，增加一些人文景观，如普渡寺、吊索等景观。

三、成熟期

特点：产品已被大多数的潜在购买者所接受，市场需求量渐趋饱和，销售量基本稳定，竞争剧烈，利润开始下降。

策略：市场调整。张家界森林旅游企业在此期间应集中提高服务水平，并根据市场需求设计和生产能够满足旅游者需求的新景点，开创新市场，在价格方面应实行优惠，运用多种定价技巧以保持原有市场和吸引新的细分市场。总之，森林旅游企业在景点成熟期的经营重点应改在保护市场面和开拓新市场上，用产品和价格的差异来吸引顾客。

四、衰退期

特点：由于森林旅游新产品进入市场，正在逐渐代替老产品，市场销售量日益下降，利润迅速减少，甚至出现亏损。

策略：收缩和创新策略。张家界森林旅游企业一方面应把促销的重点放在有利润的产品上，价格上或保持原价、或降价以争取游客，阻止销售量的大幅度下降，并精减人员，大力降低销售费用；另一方面，积极发展新产品，有步骤地撤退老景点，使新老景点顺利接替，最大限度地减少企业的损失，使企业处于良性循环之中。

2）产品生命周期的分析与判断

常用的产品生命周期分析与判断方法有以下几种：

（1）直接参考法。这是直接参考国外或其他地区同类产品的生命周期来确定本企业产品生命周期所处阶段的一种方法。这种方法建立在个别产品生命周期与产品生命周期具有一致性的假设基础之上。优点是比较简单，分析成本较低；缺陷在于外部数据很难获得，分析的准确性也较低。

（2）指标分析法。它是通过计算与产品生命周期密切相关的几个经营指标来推断产品生命周期的一种方法。例如，可根据销售增长的情况来判断。据统计，市场销售增长率与产品生命周期的对应关系是：市场销售增长率大于10％时处于成长期，在1％～10％处于成熟期，小于0则认为已进入衰退期。也可以通过估计产品的使用用户数来判断：估计用户数在0.1％～5％为开发期，6％～50％为成长期，51％～75％为成熟期，76％～90％为饱和期。

（3）直观判断法。这是根据与产品生命周期密切相关的情况和指标直接判断产品所处周期阶段的一种方法。例如，根据销售状况判断，销售递增通常为成长期，产品畅销、销量波动不大通常为成熟期，销售量递减为衰退期。

2. 企业生命周期

1）概述

企业如同一个生命体一样，要经过新生、成长、成熟到衰老的过程，这一过程便称为企业生命周期。它将经营周期理论与企业管理理论结合起来，对企业内部管理环境发展规律进行总结和归纳，以从战略长远的角度把握企业内部环境的发展与变革，为战略管理的实施提供依据。一般将企业生命周期划分为初创期、成长期、成熟期和衰退期四个阶段。

2）企业生命周期的分析与判断

企业生命周期与产品生命周期有很紧密的联系。但两者对企业的影响方式却截然不同，产品生命周期对企业的影响是局部的，这决定了产品生命周期的分析与判断方法与企业生命周期分析判断方法的不同，企业生命周期是对企业管理、文化、财务等综合环境变化规律的总结，在大量的企业周期研究文献中，学者们对企业生命周期各个阶段的特征进行了总结，将企业的实际状况与这些特征进行比较，对企业所处周期做出判断，表10－10是著名企业生命周期专家伊查克·爱迪思对分别处于成长阶段与老化阶段的企业特征的比较。

**表10－10　企业成长阶段与老化阶段比较**

| 成长阶段 | 老化阶段 |
|---|---|
| 1. 个人的成功源于承担了风险 | 1. 个人的成功源于避免了风险 |
| 2. 期望大于成果 | 2. 成功大于期望 |
| 3. 资金缺乏 | 3. 资金充裕 |
| 4. 强调功能重于形式 | 4. 强调形式重于功能 |
| 5. 从重视工作的原因和工作的内容 | 5. 到重视工作方式以及谁曾做过此事 |
| 6. 不管员工的个性，只要对企业有贡献就可以重用 | 6. 不管员工对企业的贡献有多大，得到重用是由于其个性 |
| 7. 除去明令禁止的，什么事都能做 | 7. 除去明文允许的，什么事都不能做 |
| 8. 问题被视为机会 | 8. 机会被视为问题 |
| 9. 营销和销售部门最具权威 | 9. 会计、财务及法律部门最具权威 |
| 10. 具体工作部门权利大 | 10. 公司行政职能部门权利大 |
| 11. 责任与权利不匹配 | 11. 权利与责任不匹配 |
| 12. 管理人员左右企业 | 12. 企业左右管理人员 |
| 13. 管理人员驾驭企业的冲劲 | 13. 管理人员受企业的惯性驱使 |
| 14. 领导风格的改变可导致企业行为的改变 | 14. 要想使企业行为改变，必须改变制度 |
| 15. 需要管理顾问 | 15. 需要“斗胆直言者” |
| 16. 由销售导向 | 16. 到利润第一 |
| 17. 由增值目标 | 17. 到权利游戏 |

企业所面临的周期类型除上述两种外，还有经济周期和产业生命周期。经济周期是在社会发展过程中出现的总体经济水平由波峰到波谷，再从波谷到波峰的规律性反复交替运动的过程。经营周期是个普遍现象，它从宏观上考察国民收入以及总的经营活动扩张和紧缩的交替或周期性波动，但很显然，经济周期对微观环节的企业的管理活动也具有非常显著的影响，就财务管理方面的内容来说，处于不同经济周期阶段的企业会面临不同的经济环境，相对应要采取不同的财务策略。产业生命周期是由产业内各种产品的生命周期的综

合作用形成的。产品生命周期是产业生命周期的基础。典型的产业生命周期可以分为四个阶段：①导入期。在此阶段企业的销售收入处于较低的水平，但竞争企业少，是扩大市场份额的最好时机。②增长期。在此阶段企业利润迅速增加，但也吸引了大多数企业参与，产业内竞争加剧。③成熟期。此阶段少数企业存活下来，且都拥有一定的市场份额并保持相对稳定，企业的利润增长速度较成长期低，但绝对额的增长仍比较可观。④衰退期。在此阶段，产业慢慢走向衰退，企业的数量减少，利润降低，市场逐步萎缩。

### 10.3.2 不同周期状态下企业的财务特征

以产品生命周期为例，不同周期阶段下企业的财务特征见表10－11。

**表10－11 产品生命周期的财务特征**

| | 初创期 | 成长期 | 成熟期 | 衰退期 |
|---|---|---|---|---|
| 流动资产 | | | | |
| 现金 | 急缺 | 缺乏 | 充分 | 较充足 |
| 有价证券 | 无 | 无 | 较高 | 高 |
| 应收账款 | 无 | 出售或转让 | 稳定 | 收账 |
| 存货 | 低 | 增加 | 平均 | 减少 |
| 固定资产 | 启动 | 增加 | 稳定 | 减少 |
| 无形资产 | 创建 | 稳定 | 摊销 | 摊销 |
| 流动负债 | | | | |
| 应付账款 | 高 | 延伸 | 稳定 | 下降 |
| 应交税费 | 无 | 无 | 平均 | 高 |
| 股东权益 | | | | |
| 普通股 | 低 | 公开发售 | 稳定 | 稳定或减少 |
| 留存收益 | 亏 | 再投资 | 稳定 | 支付 |
| 销售成本 | | | | |
| 直接材料 | 大量残料 | 增加 | 寻求提高效率 | 为销售收入占用 |
| 直接人工 | 单位人工成本高 | 学习曲线效果增加 | 减少 | 大量减少 |
| 间接费用 | 高 | 高 | 稳定 | 低 |
| 间接人工 | 最低 | 增加 | 稳定 | 转向 |
| 毛利 | 波动 | 确定比例 | 确定 | 不确定 |
| 费用 | | | | |
| 销售费用 | 波动 | 个人奖励 | 集体奖励 | 固定 |
| 广告费用 | 高 | 增加 | 稳定 | 无 |
| 行政和管理费用 | 分部管理 | 扩张 | 行政 | 减少 |
| 市场研究 | 非常高 | 平均 | 寻求新市场 | 接受失败 |
| 折旧 | 最小 | 增加 | 稳定 | 下降 |
| 研究与开发 | 非常高 | 生产导向 | 降低成本导向 | 开发新产品 |
| 所得税 | 零 | 增加 | 稳定 | 下降 |
| 保险费用 | 最小 | 高 | 稳定 | 没有必要 |
| 收益 | 降低 | 平均 | 最高 | 低于平均水平 |
| 每股盈余 | 最低 | 平均 | 最高 | 平均 |

续表

| | 初创期 | 成长期 | 成熟期 | 衰退期 |
|---|---|---|---|---|
| 资金来源 | | | | |
| 净收益 | 低 | 好 | 高 | 下降 |
| 长期负债 | 高 | 中 | 负债能力强但无新负债 | 无 |
| 股本筹资 | 市场迟疑 | 购买踊跃 | 寻求股利 | 出售 |
| 出售固定资产 | 无 | 无 | 重置 | 大量出售 |
| 资金运用 | | | | |
| 购置固定资产 | 主要为原型 | 高 | 重置 | 无 |
| 股利 | 无 | 很少 | 好 | 很好 |
| 偿还债务 | 无 | 无 | 高 | 剩余部分 |
| 现金变动 | 负数 | 不太差 | 无 | 正数 |

### 10.3.3 财务分析与周期分析之间的关系

财务分析与周期分析之间有紧密的联系。一方面，财务分析是周期分析的一种方法和手段，通过对不同周期阶段财务特征的认识及企业实际财务状况与各阶段特征比较来进行周期分析；另一方面，周期分析对财务分析过程中确定比较分析标准有重要的参考意义，过分追究两者的因果关系意义不大。不管是财务分析为周期分析服务，还是周期分析为财务分析服务，其中要明确的共同的东西是其表现的财务特征。

## 本章小结

财务趋势分析，又叫比较分析法，是通过对财务报表中各类相关数字进行比较，尤其是将一个时期的财务报表和另一个或几个时期的财务报表相比较，对该分析期间内财务报表发生重大变动的某些项目的数据进行重点研究的一种分析方法，以确定引起公司财务状况和经营成果变动的主要原因。财务趋势分析包括历史财务趋势分析和周期性财务趋势分析。其中历史财务趋势分析包括比较财务报表的分析、比较百分比财务报表的分析和财务比率的趋势分析；周期性财务趋势分析是通过引入生命周期的概念对企业财务环境进行科学分类，其实质是对企业财务环境进行的一种科学描述，结合企业所处的不同财务环境，进行更科学的财务分析。

## 关键术语

财务趋势分析　比较财务报表　静态分析　动态分析　横向分析　纵向分析　产品生命周期　直接参考法　指标分析法　直观判断法　企业生命周期

# 思考与练习

一、 单项选择题

1. 财务报表趋势与预测分析的核心报表是(　　)。

A. 利润表　　B. 资产负债表

C. 现金流量表　　D. 所有者权益变动表

2. 财务报表预测分析的起点是(　　)。

A. 资产负债表预测　　B. 利润表预测

C. 现金流量表预测　　D. 所有者权益变动表预测

3. 财务报表预测分析的终点是(　　)。

A. 资产负债表预测　　B. 利润表预测

C. 现金流量表预测　　D. 所有者权益变动表预测

二、 多项选择题

1. 进行趋势分析和预测分析的目的是(　　)。

A. 为防范和化解风险提供依据

B. 为作出正确的财务决策提供依据

C. 为编制财务预算提供依据

D. 为企业加强财务控制提供依据

E. 为评估企业价值奠定基础

2. 财务报表趋势分析和预测分析的内容有(　　)。

A. 利润表趋势与预测分析

B. 资产负债表趋势与预测分析

C. 现金流量表趋势与预测分析

D. 所有者权益变动表趋势与预测分析

E. 利润分配表趋势与预测分析

3. 财务报表趋势分析常用的方法有(　　)。

A. 定比分析法　　B. 定性分析法

C. 环比分析法　　D. 平滑指数法

E. 固定比例法

三、 判断题

1. 趋势分析是财务分析估价企业未来职能的延伸。　(　　)

2. 趋势分析只能评判财务报表项目在一定时期内的增减变动及其趋势，不能对各项目的未来发展进行预测。　(　　)

3. 持续经营的企业之所以有价值，关键就在于它拥有的资产能够在未来产生收益。　(　　)

4. 财务控制是财务预算的基础。　(　　)

5. 趋势分析和预测分析主要是对企业现金流量表的分析。　(　　)

6. 在防范和化解财务风险方面，趋势分析与预测分析不能发挥任何作用。　(　　)

7. 趋势分析就是将有关项目连续几期的数据放在一起，观察发现其增减变动，挖掘其发展规律。　(　　)

8. 环比是选定某一会计期间作为基期，然后将其余各期与基期进行比较而计算得到的趋势百分比。（　）

9. 在进行财务预测时，定量分析法比定性分析法的预测结果更准确，所以，应选择使用定量分析法，而不使用定性分析法。（　）

四、 简答题

1. 简述企业财务趋势分析的目的。
2. 简述企业财务状况趋势分析的含义。
3. 简述生命周期的含义。
4. 产品生命周期分析的方法有哪些?
5. 简述财务分析与周期分析之间的关系。

## 实际操作训练

NT公司2011年的实际营业额为10 000万元，实现税后净利600万元并发放现金股利240万元，公司尚有剩余生产能力，即增加收入无需添置新的固定资产。公司2011年12月31日的简要资产负债表见表10－12。预计该公司2012年的营业收入将增加10%，股利政策保持不变，按净利润的15%提取盈余公积。

**表10－12 NT公司简要资产负债表**

2011年12月31日　　单位：万元

| 资产 | 金额 | 负债及所有者权益 | 金额 |
|---|---|---|---|
| 现金 | 1 000 | 应付费用 | 1 080 |
| 应收账款 | 1 900 | 应付账款 | 1 200 |
| 存货 | 1 600 | 短期借款 | 1 500 |
| 固定资产 | 4 500 | 长期应付款 | 1 620 |
| | | 实收资本 | 1 080 |
| | | 资本公积 | 1 440 |
| | | 盈余公积 | 500 |
| | | 未分配利润 | 580 |
| 合计 | 9 000 | 合计 | 9 000 |

要求：用销售百分比法预测NT公司2012年12月31日的简要资产负债表，并计算确定该公司2012年是否需要对外融资，如果需要，应融资多少。

# 参考文献

[1] 宋常．财务分析学[M]. 北京：中国人民大学出版社，2007.

[2] 张金昌．财务分析学教程[M]. 北京：北京大学出版社，2010.

[3] 张先治．财务分析学[M]. 大连：东北财经大学出版社，2008.

[4] 王化成．财务报表分析[M]. 北京：北京大学出版社，2007.

[5] 荆新．财务报表分析[M]. 北京：经济科学出版社，2000.

[6] 樊行健．财务分析[M]. 北京：清华大学出版社，2007.

[7] 戴欣苗．财务报表分析技巧[M]. 北京：清华大学出版社，2008.

[8] 胡玉明．财务报表分析[M]. 大连：东北财经大学出版社，2008.

[9] 黄世忠．财务报表分析：理论、框架、方法与案例[M]. 北京：中国财政经济出版社，2007.

[10] 姜国华．财务报表分析与证券投资[M]. 北京：北京大学出版社，2008.

[11] 鲁爱民．财务分析[M]. 北京：机械工业出版社，2008.

[12] 陆正飞．财务报表分析[M]. 北京：中信出版社，2006.

[13] 中华人民共和国财政部·企业会计准则[M]. 北京：经济科学出版社，2006.

[14] 中华人民共和国财政部·企业会计准则——应用指南[M]. 北京：中国财政经济出版社，2006.

[15] [美] 帕梅拉·P·彼得森，弗兰克·J·法伯兹．财务报表分析[M]. 姜英兵，汪要文，译．大连：东北财经大学出版社，2010.

[16] [美] 史蒂文·M·布拉格．财务分析最佳实务[M]. 王美仙，译．北京：经济科学出版社，2006.

[17] 王化成．中国人民大学工商管理案例——公司财务与会计卷[M]. 北京：中国人民大学出版社，1999.

[18] 李晓平．对多元化经营失败的分析——以巨人集团为例[J]. 贵阳金筑大学学报，2006 年第 1 期．

[19] 秋靖，张桂升．世纪末中国股市钩沉：股市第一骗案[J]. 中国商法，2000 年第 1 期．

[20] 苗润生，陈浩．财务分析[M]. 北京：清华大学出版社，2010.

[21] 刘姝威．刘姝威教你读财报[M]. 北京：机械工业出版社，2010.

[22] 金永红．证券投资与资本运营案例[M]. 北京：中国致公出版社，2010.

[23] 许拯声．财务报表分析[M]. 北京：北京交通大学出版社，2010.

[24] 中国注册会计师协会．2010 年注册会计师全国统一考试辅导教材：会计[M]. 北京：经济科学出版社，2010.

[25] 周佩．财务分析学[M]. 成都：西南财经大学出版社，2007.

# 北京大学出版社本科财经管理类实用规划教材（已出版）

## 财务会计类

| 序号 | 书　名 | 标准书号 | 主　编 | 定价 | 序号 | 书　名 | 标准书号 | 主　编 | 定价 |
|---|---|---|---|---|---|---|---|---|---|
| 1 | 基础会计学 | 7-5038-4892-6 | 李秀莲 | 30.00 | 16 | 会计规范专题 | 7-81117-887-6 | 谢万健 | 35.00 |
| 2 | 基础会计学 | 7-301-19403-4 | 窦亚芹 | 33.00 | 17 | 企业财务会计模拟实习教程 | 7-5655-0404-4 | 董晓平 | 25.00 |
| 3 | 会计学 | 7-81117-533-2 | 马丽莹 | 44.00 | 18 | 税法与税务会计 | 7-81117-497-7 | 吕孝侠 | 45.00 |
| 4 | 会计学原理（第2版） | 7-301-18515-5 | 刘爱香 | 30.00 | 19 | 税法与税务会计实用教程 | 7-81117-598-1 | 张巧良 | 38.00 |
| 5 | 会计学原理习题与实验（第2版） | 7-301-19449-2 | 王保忠 | 30.00 | 20 | 初级财务管理 | 7-301-20019-3 | 胡淑姣 | 42.00 |
| 6 | 会计学原理与实务（第2版） | 7-301-18653-4 | 周慧滨 | 33.00 | 21 | 财务管理学 | 7-5038-4897-1 | 盛均全 | 34.00 |
| 7 | 会计学原理与实务模拟实验教程 | 7-5038-5013-4 | 周慧滨 | 20.00 | 22 | 财务管理学实用教程（第2版） | 7-301-21060-4 | 骆永菊 | 42.00 |
| 8 | 会计实务 | 7-81117-677-3 | 王远利 | 40.00 | 23 | 财务管理理论与实务 | 7-301-20042-1 | 成　兵 | 40.00 |
| 9 | 高级财务会计 | 7-81117-545-5 | 程明娥 | 46.00 | 24 | 财务管理学原理与实务 | 7-81117-544-8 | 严复海 | 40.00 |
| 10 | 高级财务会计 | 7-5655-0061-9 | 王奇杰 | 44.00 | 25 | 财务管理理论与实务（第2版） | 7-301-20407-8 | 张思强 | 42.00 |
| 11 | 成本会计学 | 7-301-19400-3 | 杨尚军 | 38.00 | 26 | 公司理财原理与实务 | 7-81117-800-5 | 廖东声 | 36.00 |
| 12 | 成本会计学 | 7-5655-0482-2 | 张红漫 | 30.00 | 27 | 审计学 | 7-81117-828-9 | 王翠琳 | 46.00 |
| 13 | 成本会计学 | 7-301-20473-3 | 刘建中 | 38.00 | 28 | 审计理论与实务 | 7-81117-955-2 | 宋传联 | 36.00 |
| 14 | 管理会计 | 7-81117-943-9 | 齐殿伟 | 27.00 | 29 | 会计综合实训模拟教程 | 7-301-20730-7 | 章洁倩 | 33.00 |
| 15 | 管理会计 | 7-301-21057-4 | 彤芳珍 | 36.00 | 30 | 财务分析学 | 7-301-20275-3 | 张献英<br>王永刚 | 30.00 |

## 工商管理、市场营销、人力资源管理、服务营销类

| 序号 | 书　名 | 标准书号 | 主　编 | 定价 | 序号 | 书　名 | 标准书号 | 主　编 | 定价 |
|---|---|---|---|---|---|---|---|---|---|
| 1 | 管理学基础 | 7-5038-4872-8 | 于干千 | 35.00 | 19 | 市场营销学 | 7-81117-676-6 | 戴秀英 | 32.00 |
| 2 | 管理学基础学习指南与习题集 | 7-5038-4891-9 | 王　珍 | 26.00 | 20 | 市场营销学（第2版） | 7-301-19855-1 | 陈　阳 | 45.00 |
| 3 | 管理学 | 7-81117-494-6 | 曾　旗 | 44.00 | 21 | 市场营销学新论 | 7-5038-4879-7 | 郑玉香 | 40.00 |
| 4 | 管理学原理 | 7-5655-0078-7 | 尹少华 | 42.00 | 22 | 国际市场营销学 | 7-5038-5021-9 | 范应仁 | 38.00 |
| 5 | 管理学原理与实务（第2版） | 7-301-18536-0 | 陈嘉莉 | 42.00 | 23 | 市场营销理论与实务（第2版） | 7-301-20628-7 | 那　薇 | 40.00 |
| 6 | 管理学实用教程 | 7-5655-0063-3 | 邵喜武 | 37.00 | 24 | 现代市场营销学 | 7-81117-599-8 | 邓德胜 | 40.00 |
| 7 | 管理学实用教程 | 7-301-21059-8 | 高爱霞 | 42.00 | 25 | 消费者行为学 | 7-81117-824-1 | 甘瑁琴 | 35.00 |
| 8 | 通用管理知识概论 | 7-5038-4997-8 | 王丽平 | 36.00 | 26 | 商务谈判（第2版） | 7-301-20048-3 | 郭秀君 | 49.00 |
| 9 | 现代企业管理理论与应用 | 7-5038-5024-0 | 邸彦彪 | 40.00 | 27 | 商务谈判实用教程 | 7-81117-597-4 | 陈建明 | 24.00 |
| 10 | 管理运筹学（第2版） | 7-301-19351-8 | 关文忠 | 39.00 | 28 | 消费者行为学 | 7-5655-0057-2 | 肖　立 | 37.00 |
| 11 | 统计学原理 | 7-301-21061-1 | 韩　宇 | 38.00 | 29 | 客户关系管理实务 | 7-301-09956-8 | 周贺来 | 44.00 |
| 12 | 统计学原理 | 7-5038-4888-9 | 刘晓利 | 28.00 | 30 | 公共关系学 | 7-5038-5022-6 | 于朝晖 | 40.00 |
| 13 | 统计学 | 7-5038-4898-8 | 曲　岩 | 42.00 | 31 | 公共关系理论与实务 | 7-5038-4889-6 | 王　玫 | 32.00 |
| 14 | 应用统计学（第2版） | 7-301-19295-5 | 王淑芬 | 48.00 | 32 | 公共关系学实用教程 | 7-81117-660-5 | 周　华 | 35.00 |
| 15 | 管理定量分析方法 | 7-301-13552-5 | 赵光华 | 28.00 | 33 | 公共关系理论与实务 | 7-5655-0155-5 | 李泓欣 | 45.00 |
| 16 | 新编市场营销学 | 7-81117-972-9 | 刘丽霞 | 30.00 | 34 | 跨国公司管理 | 7-5038-4999-2 | 冯雷鸣 | 28.00 |
| 17 | 市场营销学 | 7-5655-0064-0 | 王槐林 | 33.00 | 35 | 质量管理 | 7-5655-0069-5 | 陈国华 | 36.00 |
| 18 | 市场营销学实用教程 | 7-5655-0081-7 | 李晨耘 | 40.00 | 36 | 跨文化管理 | 7-301-20027-8 | 晏　雄 | 35.00 |

| 序号 | 书　名 | 标 准 书 号 | 主　编 | 定价 | 序号 | 书　名 | 标 准 书 号 | 主　编 | 定价 |
|---|---|---|---|---|---|---|---|---|---|
| 37 | 企业战略管理 | 7-5655-0370-2 | 代海涛 | 36.00 | 50 | 人力资源管理经济分析 | 7-301-16084-8 | 颜爱民 | 38.00 |
| 38 | 企业文化理论与实务 | 7-81117-663-6 | 王水嫩 | 30.00 | 51 | 人力资源管理原理与实务 | 7-81117-496-0 | 邹　华 | 32.00 |
| 39 | 企业战略管理 | 7-81117-801-2 | 陈英梅 | 34.00 | 52 | 人力资源管理实用教程（第 2 版） | 7-301-20281-4 | 吴宝华 | 45.00 |
| 40 | 企业战略管理实用教程 | 7-81117-853-1 | 刘松先 | 35.00 | 53 | 人力资源管理：理论、实务与艺术 | 7-5655-0193-7 | 李长江 | 48.00 |
| 41 | 产品与品牌管理 | 7-81117-492-2 | 胡　梅 | 35.00 | 54 | 员工招聘 | 7-301-20089-6 | 王　挺 | 30.00 |
| 42 | 东方哲学与企业文化 | 7-5655-0433-4 | 刘峰涛 | 34.00 | 55 | 服务营销理论与实务 | 7-81117-826-5 | 杨丽华 | 39.00 |
| 43 | 运营管理 | 7-5038-4878-0 | 冯根尧 | 35.00 | 56 | 服务企业经营管理学 | 7-5038-4890-2 | 于干千 | 36.00 |
| 44 | 生产运作管理（第 2 版） | 7-301-18934-4 | 李全喜 | 48.00 | 57 | 服务营销 | 7-301-15834-0 | 周　明 | 40.00 |
| 45 | 运作管理 | 7-5655-0472-3 | 周建亨 | 25.00 | 58 | 会展服务管理 | 7-301-16661-1 | 许传宏 | 36.00 |
| 46 | 组织行为学 | 7-5038-5014-1 | 安世民 | 33.00 | 59 | 现代服务业管理原理、方法与案例 | 7-301-17817-1 | 马　勇 | 49.00 |
| 47 | 组织行为学行为教程 | 7-301-20466-5 | 冀　鸿 | 32.00 | 60 | 服务性企业战略管理 | 7-301-20043-8 | 黄其新 | 28.00 |
| 48 | 流程型组织的构建研究 | 7-81117-519-6 | 岳　澎 | 35.00 | 61 | 服务型政府管理概论 | 7-301-20099-5 | 于干千 | 32.00 |
| 49 | 人力资源管理（第 2 版） | 7-301-19098-2 | 颜爱民 | 60.00 | 62 | 新编现代企业管理 | 7-301-21121-2 | 姚丽娜 | 48.00 |

## 经济、国贸、金融类

| 序号 | 书　名 | 标 准 书 号 | 主　编 | 定价 | 序号 | 书　名 | 标 准 书 号 | 主　编 | 定价 |
|---|---|---|---|---|---|---|---|---|---|
| 1 | 政治经济学原理与实务 | 7-81117-498-4 | 沈爱华 | 28.00 | 19 | 国际金融 | 7-5038-4893-3 | 韩博印 | 30.00 |
| 2 | 宏观经济学原理与实务（第 2 版） | 7-301-18787-6 | 崔东红 | 57.00 | 20 | 国际金融实用教程 | 7-81117-593-6 | 周　影 | 32.00 |
| 3 | 宏观经济学 | 7-5038-4882-7 | 蹇令香 | 32.00 | 21 | 国际商务 | 7-5655-0093-0 | 安占然 | 30.00 |
| 4 | 微观经济学原理与实务 | 7-81117-818-0 | 崔东红 | 48.00 | 22 | 金融市场学 | 7-81117-595-0 | 黄解宇 | 24.00 |
| 5 | 微观经济学 | 7-81117-568-4 | 梁瑞华 | 35.00 | 23 | 金融工程学理论与实务 | 7-81117-546-2 | 谭春枝 | 35.00 |
| 6 | 西方经济学实用教程 | 7-5038-4886-5 | 陈孝胜 | 40.00 | 24 | 财政学 | 7-5038-4965-7 | 盖　锐 | 34.00 |
| 7 | 西方经济学实用教程 | 7-5655-0302-3 | 杨仁发 | 49.00 | 25 | 保险学原理与实务 | 7-5038-4871-1 | 曹时军 | 37.00 |
| 8 | 西方经济学 | 7-81117-851-7 | 于丽敏 | 40.00 | 26 | 东南亚南亚商务环境概论 | 7-81117-956-9 | 韩　越 | 38.00 |
| 9 | 现代经济学基础 | 7-81117-549-3 | 张士军 | 25.00 | 27 | 证券投资学 | 7-301-19967-1 | 陈汉平 | 45.00 |
| 10 | 国际经济学 | 7-81117-594-3 | 吴红梅 | 39.00 | 28 | 金融学理论与实务 | 7-5655-0405-1 | 战玉峰 | 42.00 |
| 11 | 发展经济学 | 7-81117-674-2 | 赵邦宏 | 48.00 | 29 | 货币银行学 | 7-301-15062-7 | 杜小伟 | 38.00 |
| 12 | 管理经济学 | 7-81117-536-3 | 姜保雨 | 34.00 | 30 | 国际结算（第 2 版） | 7-301-17420-3 | 张晓芬 | 35.00 |
| 13 | 计量经济学 | 7-5038-3915-3 | 刘艳春 | 28.00 | 31 | 国际贸易规则与进出口业务操作实务（第 2 版） | 7-301-19384-6 | 李　平 | 54.00 |
| 14 | 外贸函电 | 7-5038-4884-1 | 王　妍 | 20.00 | 32 | 金融风险管理 | 7-301-20090-2 | 朱淑珍 | 38.00 |
| 15 | 国际贸易理论与实务（第 2 版） | 7-301-18798-2 | 缪东玲 | 54.00 | 33 | 国际贸易实务 | 7-301-20919-6 | 张　肃 | 28.00 |
| 16 | 国际贸易（第 2 版） | 7-301-19404-1 | 朱廷珺 | 45.00 | 34 | 国际贸易理论、政策与案例分析 | 7-301-20978-3 | 冯　跃 | 42.00 |
| 17 | 国际贸易实务（第 2 版） | 7-301-20486-3 | 夏合群 | 45.00 | 35 | 国际结算 | 7-301-21092-5 | 张　慧 | 42.00 |
| 18 | 国际贸易结算及其单证实务 | 7-5655-0268-2 | 卓乃坚 | 35.00 | | | | | |

## 法律类

| 序号 | 书　名 | 标 准 书 号 | 主　编 | 定价 | 序号 | 书　名 | 标 准 书 号 | 主　编 | 定价 |
|---|---|---|---|---|---|---|---|---|---|
| 1 | 经济法原理与实务 | 7-5038-4876-6 | 杨士富 | 32.00 | 5 | 劳动法学 | 7-81117-495-3 | 李　瑞 | 32.00 |
| 2 | 经济法实用教程 | 7-81117-547-9 | 陈亚平 | 44.00 | 6 | 金融法学理论与实务 | 7-81117-958-3 | 战玉锋 | 34.00 |
| 3 | 国际商法理论与实务 | 7-81117-852-4 | 杨士富 | 38.00 | 7 | 国际商法 | 7-301-20071-1 | 丁孟春 | 37.00 |
| 4 | 商法总论 | 7-5038-4887-2 | 任先行 | 40.00 | | | | | |

## 电子商务与信息管理类

| 序号 | 书　名 | 标 准 书 号 | 主　编 | 定价 | 序号 | 书　名 | 标 准 书 号 | 主　编 | 定价 |
|---|---|---|---|---|---|---|---|---|---|
| 1 | 网络营销 | 7-301-12349-2 | 谷宝华 | 30.00 | 4 | 网络营销 | 7-301-16556-0 | 王宏伟 | 26.00 |
| 2 | 数据库技术及应用教程（SQL Server 版） | 7-301-12351-5 | 郭建校 | 34.00 | 5 | 网络信息采集与编辑 | 7-301-16557-7 | 范生万 | 24.00 |
| 3 | 电子商务概论 | 7-301-12343-0 | 庞大连 | 35.00 | 6 | 电子商务案例分析 | 7-301-16596-6 | 曹彩杰 | 28.00 |

| 序号 | 书　名 | 标准书号 | 主　编 | 定价 | 序号 | 书　名 | 标准书号 | 主　编 | 定价 |
|---|---|---|---|---|---|---|---|---|---|
| 7 | 管理信息系统 | 7-301-12348-5 | 张彩虹 | 36.00 | 21 | 电子商务英语 | 7-301-05364-5 | 覃　正 | 30.00 |
| 8 | 电子商务概论 | 7-301-13633-1 | 李洪心 | 30.00 | 22 | 网络支付与结算 | 7-301-16911-7 | 徐　勇 | 34.00 |
| 9 | 管理信息系统实用教程 | 7-301-12323-2 | 李　松 | 35.00 | 23 | 网上支付与安全 | 7-301-17044-1 | 帅青红 | 32.00 |
| 10 | 电子商务法 | 7-301-14306-3 | 李　瑞 | 26.00 | 24 | 企业信息化实务 | 7-301-16621-5 | 张志荣 | 42.00 |
| 11 | 数据仓库与数据挖掘 | 7-301-14313-1 | 廖开际 | 28.00 | 25 | 电子化国际贸易 | 7-301-17246-9 | 李辉作 | 28.00 |
| 12 | 电子商务模拟与实验 | 7-301-12350-8 | 喻光继 | 22.00 | 26 | 商务智能与数据挖掘 | 7-301-17671-9 | 张公让 | 38.00 |
| 13 | ERP 原理与应用教程 | 7-301-14455-8 | 温雅丽 | 34.00 | 27 | 管理信息系统教程 | 7-301-19472-0 | 赵天唯 | 42.00 |
| 14 | 电子商务原理及应用 | 7-301-14080-2 | 孙　睿 | 36.00 | 28 | 电子政务 | 7-301-15163-1 | 原忠虎 | 38.00 |
| 15 | 管理信息系统理论与应用 | 7-301-15212-6 | 吴　忠 | 30.00 | 29 | 商务智能 | 7-301-19899-5 | 汪　楠 | 40.00 |
| 16 | 网络营销实务 | 7-301-15284-3 | 李蔚田 | 42.00 | 30 | 电子商务与现代企业管理 | 7-301-19978-7 | 吴菊华 | 40.00 |
| 17 | 电子商务实务 | 7-301-15474-8 | 仲　岩 | 28.00 | 31 | 电子商务物流管理 | 7-301-20098-8 | 王小宁 | 42.00 |
| 18 | 电子商务网站建设 | 7-301-15480-9 | 臧良运 | 32.00 | 32 | 管理信息系统实用教程 | 7-301-20485-6 | 周贺来 | 42.00 |
| 19 | 网络金融与电子支付 | 7-301-15694-0 | 李蔚田 | 30.00 | 33 | 电子商务概论 | 7-301-21044-4 | 苗　森 | 28.00 |
| 20 | 电子商务概论 | 7-301-16717-5 | 杨雪雁 | 32.00 | | | | | |

## 物流管理与工程类

| 序号 | 书　名 | 标准书号 | 主　编 | 定价 | 序号 | 书　名 | 标准书号 | 主　编 | 定价 |
|---|---|---|---|---|---|---|---|---|---|
| 1 | 物流工程 | 7-301-15045-0 | 林丽华 | 30.00 | 24 | 城市物流 | 7-301-18523-0 | 张　潜 | 24.00 |
| 2 | 现代物流决策技术 | 7-301-15868-5 | 王道平 | 30.00 | 25 | 营销物流管理 | 7-301-18658-9 | 李学工 | 45.00 |
| 3 | 物流管理信息系统 | 7-301-16564-5 | 杜彦华 | 33.00 | 26 | 物流信息技术概论 | 7-301-18670-1 | 张　磊 | 28.00 |
| 4 | 物流信息管理 | 7-301-16699-4 | 王汉新 | 38.00 | 27 | 物流配送中心运作管理 | 7-301-18671-8 | 陈　虎 | 40.00 |
| 5 | 现代物流学 | 7-301-16662-8 | 吴　健 | 42.00 | 28 | 物流项目管理 | 7-301-18801-9 | 周晓晔 | 35.00 |
| 6 | 物流英语 | 7-301-16807-3 | 阚功俭 | 28.00 | 29 | 物流工程与管理 | 7-301-18960-3 | 高举红 | 39.00 |
| 7 | 第三方物流 | 7-301-16663-5 | 张旭辉 | 35.00 | 30 | 交通运输工程学 | 7-301-19405-8 | 于　英 | 43.00 |
| 8 | 物流运作管理 | 7-301-16913-1 | 董千里 | 28.00 | 31 | 国际物流管理 | 7-301-19431-7 | 柴庆春 | 40.00 |
| 9 | 采购管理与库存控制 | 7-301-16921-6 | 张　浩 | 30.00 | 32 | 商品检验与质量认证 | 7-301-10563-4 | 陈红丽 | 32.00 |
| 10 | 物流管理基础 | 7-301-16906-3 | 李蔚田 | 36.00 | 33 | 供应链管理 | 7-301-19734-9 | 刘永胜 | 49.00 |
| 11 | 供应链管理 | 7-301-16714-4 | 曹翠珍 | 40.00 | 34 | 现代企业物流管理实用教程 | 7-301-17612-2 | 乔志强 | 40.00 |
| 12 | 物流技术装备 | 7-301-16808-0 | 于　英 | 38.00 | 35 | 供应链设计理论与方法 | 7-301-20018-6 | 王道平 | 32.00 |
| 13 | 现代物流信息技术 | 7-301-16049-7 | 王道平 | 30.00 | 36 | 物流管理概论 | 7-301-20095-7 | 李传荣 | 44.00 |
| 14 | 现代物流仿真技术 | 7-301-17571-2 | 王道平 | 34.00 | 37 | 供应链管理 | 7-301-20094-0 | 高举红 | 38.00 |
| 15 | 物流信息系统应用实例教程 | 7-301-17581-1 | 徐　琪 | 32.00 | 38 | 企业物流管理 | 7-301-20818-2 | 孔继利 | 45.00 |
| 16 | 物流项目招投标管理 | 7-301-17615-3 | 孟祥茹 | 30.00 | 39 | 物流项目管理 | 7-301-20851-9 | 王道平 | 30.00 |
| 17 | 物流运筹学实用教程 | 7-301-17610-8 | 赵丽君 | 33.00 | 40 | 供应链管理 | 7-301-20901-1 | 王道平 | 35.00 |
| 18 | 现代物流基础 | 7-301-17611-5 | 王　侃 | 37.00 | 41 | 现代仓储管理与实务 | 7-301-21043-7 | 周兴建 | 45.00 |
| 19 | 逆向物流 | 7-301-19809-4 | 甘卫华 | 33.00 | 42 | 物流系统仿真案例 | 7-301-21072-7 | 赵　宁 | 25.00 |
| 20 | 现代物流管理学 | 7-301-17672-6 | 丁小龙 | 42.00 | 43 | 物流管理实验教程 | 7-301-21094-9 | 李晓龙 | 25.00 |
| 21 | 物流运筹学 | 7-301-17674-0 | 郝　海 | 36.00 | 44 | 物流学概论 | 7-301-21098-7 | 李　创 | 44.00 |
| 22 | 供应链库存管理与控制 | 7-301-17929-1 | 王道平 | 28.00 | 45 | 物流信息系统 | 7-301-20989-9 | 王道平 | 28.00 |
| 23 | 物流信息系统 | 7-301-18500-1 | 修桂华 | 32.00 | | | | | |